AN ENCOURAGEMENT OF
ENTREPRENEURSHIP

事業創造の
すすめ

起業と成長の
マネジメント

田中史人 著

同文舘出版

はじめに

　「事業創造（Business Creation）」とは，文字通りビジネスを創り出すことです。本書は，「創造」の概念を，ビジネスを「生み出すこと」と，そのビジネスを「育て上げること」という2つの側面で捉え構成されています。加えて，経営学を基盤とした理論的側面と現場重視の実務的側面を併せ持つ内容となっています。これらの点が，本書の意欲的，挑戦的な試みであり，類書には無い独創的な特徴となっているのです。事業の創出と企業の成長には，羅針盤が必要です。それが本書であり，その構成はp.ivの図表（『事業創造のすすめ』羅針盤）に示す通りです。

　本書の対象とする読者は，ビジネスの企画・創出を志しているすべての方々です。ビジネスを創り出すことは起業家の専売特許ではありません。ましてや，創り出したビジネスを持続的に成長させることにおいては，ビジネスに関わるすべての方々が対象になるといっても過言ではないのです。もちろん，そのようなキャリアを志す就学生（大学生，高専・専門学校生，高校生など）も含まれます。むしろ，特に若年層への実践的な起業家教育が求められている日本においては，実際のキャリアに踏み出す大学生へ向けた格好のテキストが求められているのです。

　このため，本書は，経営学的な見地から，学術用語と実務で日常的に用いられているキーワードを数多く取り上げ，専門知識の理解と実務能力の向上を図っています。企業規模としては，中小企業，中堅企業に焦点を当てていますが，急成長している新興企業や，アマゾン，フェイスブック（現：メタ）のようなベンチャースピリット溢れる爆速成長企業も本書の対象となります。トヨタや日立などの伝統的な巨大企業については，本業以外の社内ベンチャーなど，新規事業への取り組みが本書の主な対象となっています。

　近年，スタートアップに対する関心が世界中で高まっています。新たな企業を立ち上げ，持続的な成長を成し遂げるためのさまざまな取り組みが，世界各地で繰り広げられているのです。日本においても，2022年を「スタートアップ創出元年」と位置付け，政府をはじめとして，多様な関係者がスタートアッ

i

プ創出に向けた意欲的な取り組みを進めています。書籍についても，「起業」，「創業」，「スタートアップ」と銘打ったたくさんの本が出版されています。その多くは，いわゆるノウハウ本ですが，大学の研究者による意欲的な研究成果に基づく研究書や，実務家やコンサルタントによる理論的，体系的なテキストも出版され注目を集めています。それらの研究書は，中小企業研究の特定分野として取り扱われることが多かったのですが，本書は次の2つの点において，その域を大きく超えるものです。

　1つは，「事業創造」というキーワードに関するものです。前述の通り，本書では，事業を立ち上げるだけでなく，その永続的な成長についても入念な考察と実務的な貢献を目指しています。魅力的なアイデアから会社を生み出すことは，始まりに過ぎません。その後の持続性が重要であり，「打ち上げ花火」で終わらせない道標を示すことが，何よりも望まれているのです。

　もう1つは，理論と実践のほどよい融合です。経営学のテキストの多くに見られる学説研究は，起業（スタートアップ）における一般教養（リベラルアーツ）としては有益ですが，実際の起業活動に使える部分はあまり多くありません。また，「これを読むだけで起業家になれます」というようなノウハウ本は，著者の成功体験などに基づくものが多く，標準化，理論化が未熟で，テクニカル的な面（法人登記や政策支援の申請など）が主流となっています。中にはそのまま適用するには注意が必要な本も見受けられます。そのような中で，本書は，「起業活動」に関して，一般教養や基礎的な理論で知識基盤を整え，最近のスタートアップを取り巻く状況において特に効果的と思われる起業メソッドに基づき，起業の実践に欠かせないプロセスと，そのプロセスに適合したメソッドの体系的知識と実践的能力の体得を目指しています。加えて，企業成長については，そのプロセス，スタイル，ストラクチャーという3つの側面から紐解き，企業成長の概念に関する知識の体系化を図るとともに，実務的な貢献を果たす内容となっています。それらの内容は，実務家のフォローアップのための能力構築にも充分に対応しているといえます。この理論と実践の効果的な融合は，私の研究活動の中核を成すものです。

　本書は，読み物としても興味を引くような内容を随所にちりばめています。

　各部，各章の冒頭には，その内容を端的に表し，心に刺さる偉人たちの名言

を掲げています。まずは，その言葉を，じっくりと味わってください。続いて，部，編，章の冒頭に，それぞれ，その構成や内容に対する思い，概要や概念，目的を端的に整理した文章を添えています。章末のコラムは，その章で学んだことに関して，実践的な示唆を得るために，特に注目してもらいたい事例などを取り上げ，その後の学びや実践の手助けとしています。チャレンジ課題は，能力の向上，実際の起業実践に役立つ挑戦すべき練習問題であり，インターネット，他の書籍や報告書などを活用して，時間をかけて，じっくり取り組んでいただきたいと思います。

　この本を手にした読者が，起業の実践や新規事業の立ち上げを成し遂げ，自己実現を図るとともに，それらの企業が永続的な成長に向けた歩みを進められることが，本書を世に出す意義であり，私の何よりの望みです。

　本書の出版にあたり，同文舘出版の青柳裕之様，高清水純様には，本当にお世話になりました。心より御礼申し上げます。加えて，いつも応援してくれる家族に深く感謝いたします。

2024 年 8 月

田中　史人

〈『事業創造のすすめ』羅針盤〉

第Ⅰ部 事業創造

理論
- 求められる事業創造
- 事業創造と起業メソッド
- イノベーションと
  アントレプレナーシップ

実践＝起業メソッド
- アイデアの創造と検証
- アイデアの実現と成長

第Ⅱ部 企業成長

プロセス
- 企業のライフステージ
- ライフステージ戦略

スタイル
- 企業規模のマネジメント
- 企業スタイルのマネジメント

ストラクチャー
- 企業支援と事業継続
- 企業間分業とエコシステム

プラスα情報のご案内

本書の内容をさらに深めることのできるテンプレートや参考情報など，プラスα情報を公開しています。
右記のQRコードより弊社ウェブサイトをご覧ください。
https://www.dobunkan.co.jp/books/detail/003406

目　次

はじめに………………………………………………………………………… i

第Ⅰ部　事業創造

Ⅰ－1　理論編

第1章　求められる事業創造～事業創造序論～

1　日本の未来と新たな事業創造の息吹 ……………………………… 4

2　事業創造とは ……………………………………………………… 6

3　起業活動と国の経済成長 ………………………………………… 8

4　起業活動の担い手 ……………………………………………… 10

5　起業意識の動向 ………………………………………………… 12

6　起業家活動の活性化に向けて ………………………………… 13

コラム　事業創造はたわいのない夢の実現と発想の転換から

生み出される ………………………………………………… 16

第2章　事業創造と起業メソッド

1　事業創造の類型とプロセス …………………………………… 19

（1）事業創造の類型　19

（2）企業成長の方向性　21

（3）アントレプレナーシップ・プロセス　23

2　起業メソッドの潮流と概要 …………………………………… 24

（1）起業メソッドの潮流　24

v

（2）プランニング・メソッド　25

（3）エマージェント・メソッド　26

コラム　エフェクチュエーション物語 ……………………………………… 31

第3章　イノベーションとアントレプレナーシップ

1　イノベーションの本質 ……………………………………………………… 34

（1）イノベーションとは　34

（2）イノベーションの概念と定義　34

（3）技術革新とイノベーション　37

（4）イノベーションの発生過程とインパクト　40

2　アントレプレナーとアントレプレナーシップ …………………… 43

（1）アントレプレナーとは　43

（2）アントレプレナーシップとは　44

（3）アントレプレナーとアントレプレナーシップの本質　45

3　イノベーションの実現 …………………………………………………… 49

（1）産業の成熟化と破壊的イノベーション　49

（2）プロダクトサイクルとリバース・イノベーション　51

（3）両利きの経営とオープン・イノベーション　54

（4）イノベーションと知識創造　57

コラム　イノベーションはどこから生まれるのか？ ……………… 60

Ⅰ－2　実践編

第4章　起業メソッドⅠ：アイデアの創造と検証

1　事業創造のプロセス ……………………………………………………… 64

2　自己発見（プロセス①）………………………………………………… 66

3　機会定義（プロセス②）………………………………………………… 67

4　アイデア創造（プロセス③）…………………………………………… 69

5　コンセプト検証（プロセス④）………………………………………… 70

目　次

　　　　（1）ソリューション（SOL）検証　70

　　　　（2）ビジネスモデル（BM）＝プランαの構築　74

　　　　（3）ビジネスモデル（BM）検証＝プランαの検証　77

　　コラム　小さいことは良いことだ ………………………………………… 83

第5章　起業メソッドⅡ：アイデアの実現と成長

　　1　事業化（プロセス⑤）………………………………………………… 86

　　　　（1）MVPの構築　86

　　　　（2）ビジネスモデル（BM）の実行と磨き上げ　89

　　　　（3）PMFの達成　92

　　2　事業構築（プロセス⑥）…………………………………………… 94

　　　　（1）起業から企業への脱皮　94

　　　　（2）成長ステージとファイナンス　100

　　コラム　日本的「起業家社会」の構築 ……………………………… 103

第Ⅱ部　企業成長

Ⅱ－1　成長のプロセス編

第1章　企業のライフステージ

　　1　企業の一生 …………………………………………………………… 108

　　2　企業の寿命 …………………………………………………………… 110

　　3　スタートアップの変革期と危機 ………………………………… 111

　　4　「成長の痛み」モデル ……………………………………………… 113

　　5　企業成長の5段階モデル …………………………………………… 116

　　6　企業の衰退 …………………………………………………………… 118

　　コラム　変化に敏感なものが生き残る …………………………… 120

vii

第2章　ライフステージ戦略

1 求められるライフステージ戦略 ……………………………………… 123

2 スタートアップ期のジレンマ ………………………………………… 124

（1）「死の谷」と「ダーウィンの海」　124

（2）成長への挑戦：キャズム越え戦略　126

3 規模による企業の類型化と成長モデル ………………………… 129

（1）規模による企業の類型化　129

（2）企業成長の時間軸の変化　130

（3）企業成長マトリクス　131

（4）事業環境に応じた戦略展開とライフステージ戦略　134

コラム 「朝令暮改を恐れるな」企業成長に向けた決意 ……………… 137

Ⅱ－2　成長のスタイル編

第3章　企業規模のマネジメント

1 企業規模と中小企業 ……………………………………………… 140

2 中小企業の本質 …………………………………………………… 141

（1）中小企業の位置付け　141

（2）企業規模と地域経済　143

（3）中小企業を取り巻く課題　146

（4）中小企業の経営　149

3 中堅企業の存在 …………………………………………………… 152

（1）中堅企業への注目　152

（2）中堅企業と地域中核企業　154

（3）中堅企業（地域中核企業）の成功要因　156

コラム 地域中核企業の群生で「すでに起こった未来」を
乗り越えよう ……………………………………………… 160

第4章　企業スタイルのマネジメント

1 ベンチャービジネス ･･･ 163

（1）ベンチャービジネスの誕生　163

（2）ベンチャービジネスの変遷　164

（3）ベンチャービジネスの本質　168

2 老舗企業とファミリービジネス ･･･････････････････････････ 172

（1）老舗企業とは～世界に冠たる長寿企業大国ニッポン～　172

（2）ファミリービジネスの特徴　174

（3）老舗企業・ファミリービジネスの永続性　176

（4）老舗企業による日本的「企業家社会」の実現　178

3 ソーシャルビジネスとコミュニティビジネス ･････････････ 179

（1）社会的存在としての企業と事業活動　179

（2）ソーシャルビジネスの存在と意義　181

（3）コミュニティビジネスの展開　183

コラム　ビジネスの社会性は普遍的命題 ････････････････････････ 184

Ⅱ－3　成長のストラクチャー編

第5章　企業支援と事業継続

1 産業政策と中小・ベンチャー企業 ･････････････････････････ 188

（1）産業政策における中小企業政策　188

（2）中小企業政策の変遷　189

（3）近年の中小企業政策と企業支援の方向性　193

2 事業承継とM&A ･･･ 195

（1）事業承継による次世代経営者の創出　195

（2）事業承継の本質　198

（3）M&Aの活用　201

コラム　求められるスピード経営 ･･････････････････････････････ 205

第6章　企業間分業とエコシステム

1 企業間分業と系列取引 ··· 208

（1）事業活動のプロセスと企業間の分業　208

（2）日本的系列取引と下請分業構造　209

2 産業集積とビジネス・エコシステム ························· 213

（1）エコシステムとは　213

（2）地域産業の概要　214

（3）産業集積とは　215

（4）産業クラスター　218

（5）第三のイタリアと柔軟な専門化　220

（6）シリコンバレーの産業ネットワークとエコシステム　223

（7）スタートアップ・エコシステムへの注目　226

コラム シリコンバレーのダイバーシティ（多様性）················· 229

参考文献 ·· 231

索引 ··· 238

※本書の図表のうち出所の記載がないものは，筆者作成によるものである。

第Ⅰ部　事業創造

「独立自営の精神が
自己一人にとって必要なる」

渋沢 栄一（しぶさわ えいいち）〈1840-1931〉
第一国立銀行（現・みずほ銀行）をはじめ約 500 の企業の設立と
育成に携わり，「日本資本主義の父」と呼ばれる。

Introduction

　現代社会における真実とは何か？

　私たちは，偉人たちの偉業（アントレプレナーによるイノベーションの遂行）による事業創造によって，繁栄を享受してきました。

　現代社会における真実とは，まさに幸福（身体的，経済的，社会的）の増大です。そのためには，事業創造によって幸福を実現するアントレプレナーの存在が欠かせません。

　これまでもたくさんのアントレプレナーたちが事業創造の海に旅立っています。ぜひあなたも，アントレプレナーになるための航海，事業創造の旅を楽しんでください！！

【Ⅰ－1】
理 論 編

　さあ，いよいよ事業創造の航海の始まりです。でも，ちょっと待ってください。何の準備もなく航海を始めるのは無謀です。大海原への航海を始めるためのしっかりとした決まり事があるのです。「段取り八分，仕事二分」といわれるように，「コト」を成すにはまずそのための準備が必要です。

　事業創造における準備とは，事業創造のための経営理論（Management Theories）を学ぶことに他なりません。「彼を知り己を知れば百戦殆（あやう）からず」です。事業機会をつかむための「敵」（事業環境，市場，ニーズ）を知り，それを実現する「己」（自己能力，経営資源）を知り，それを磨いていくことが，理論編の目的です。まずは，事業創造のための基盤をしっかり身につけましょう。

第1章
求められる事業創造
〜事業創造序論〜

「資本主義の本分は創造的破壊である」

J・シュンペーター（Joseph A. Schumpeter）〈1840-1931〉
オーストリアの経済学者。イノベーション理論を確立し，「新結合」
や「創造的破壊」などの概念を残した。

Summary

　事業創造の本質は，経済的な成長の達成であり，それにより，私たちの生活の質の向上がもたらされます。これからは，持続可能な生活の維持・向上が目指されており，事業創造の中心的なテーマともなっています。

　本章では，現在のような変革期に事業創造が求められる要因について，主に我が国の状況から紐解くとともに，事業創造の中核ともいえる起業家活動に焦点を当て，その活性化の方向性を提示します。

　そして，事業創造を正しく理解するために，その類型と方向性について説明します。その上で，特にスタートアップ型の事業創造の重要性を指摘し，事業創造を成し遂げるための起業家活動のプロセス（＝アントレプレナーシップ・プロセス）と具体的な起業手法（＝起業メソッド）について解説します。

第Ⅰ部　事業創造

1　日本の未来と新たな事業創造の息吹

　日本の未来を表すキーワードをあげてみると，人口減少，高齢化，財政赤字，地球環境問題，グローバル化といった用語が並べられる。高度に成熟した社会が，今まさに到来しつつあることは，防ぎようのない事実である。ドラッカー（P.F. Drucker）は，「すでに起こった未来」として，特に人口問題に言及している。そして，イノベーションによる事業創造は，このような未来を予見することでもある。

　戦後の日本経済の変遷を端的にいうなら，戦後復興期（1945 〜 54 年），高度成長期（1955 〜 73 年），安定成長期（1974 〜 84 年）を通じた右肩上がりの成長と「**ジャパン・アズ・ナンバーワン***」とまでいわれるようになった国際競争力の向上，そして，1985 年の**プラザ合意***による円高，その後のバブル景気，バブル崩壊（1991 年）後の「失われた 30 年」といわれる長期間にわたる景気の低迷となる。すなわち，1985 年は日本経済のターニングポイントといえる歴史的な年であった。1945 年の第二次世界大戦終戦から 1985 年までの 40 年，そして，1985 年から今まさに 40 年の月日を迎えようとしている。そのような状況の中，近年の日本経済は回復基調にあるとの認識が高まっている。2024 年の賃上げ率は 1992 年以来 32 年ぶりの高水準となり，株価では東京株式市場の日経平均株価が史上最高値（1989 年 12 月 29 日）を 34 年 2 カ月ぶりに更新している。このように日本経済再生の動きは見受けられるものの，国内

Keyword ・・

＊ジャパン・アズ・ナンバーワン（Japan as No.1）　1979 年の社会学者エズラ・ヴォーゲル（Ezra F. Vogel）による著書で，日本国内で 70 万部を超えるベストセラーになるなど一世を風靡した。日本経済の黄金期といえる 1970 年代後半から 80 年代を象徴するキーワードとして用いられている。

＊プラザ合意　1985 年，ニューヨークのプラザホテルで開催された日本・アメリカ・イギリス・フランス・西ドイツ（当時）の先進 5 か国財務相・中央銀行総裁会議（G5）の合意事項で，各国の協調介入によってドル高是正を図ることなどが合意された。日本経済は円高不況に陥るが，内需主導の経済政策などによって投機が加速され，1980 年代後半のバブル経済の出現とバブル崩壊後の長期低迷期という日本経済の構造転換を象徴するキーワードとしても用いられる。

総生産（GDP）世界ランキングにおいては 2023 年ドイツに抜かれ世界 4 位（名目 GDP）に後退している。歴史的には，1968 年に国民総生産（GNP）が当時の西ドイツを上回って世界 2 位となり，その後長期間にわたり首位アメリカ，2 位日本であったが，バブル経済崩壊以降アメリカとの差が拡がり，2010 年には 42 年にわたり守り続けてきた GDP2 位の座を中国に明け渡し，その 14 年後の 2023 年には第 4 位となった。ドイツとの差は僅差であるが，アメリカ（6.5 倍），中国（4.3 倍）との差は歴然としている。

しかし，COVID-19（新型コロナウイルス）パンデミック（世界的な大流行：2020 年 3 月〜 2023 年 5 月）という 3 年強のクローズド（閉鎖的）な経済環境を乗り越え，日本経済も再生に向け新たな出発点に立てるかの正念場にいる。失われた 30 年を俯瞰した時，景気回復を実感できない「閉塞」感，「JAPAiN」（Japan（日本）と Pain（痛み）を掛け合わせた造語）と揶揄された日本システムが抱える「苦痛」感，そして世界経済の中で「Japan Missing」（日本，行方不明）とまでいわれた「疎外」感，これら日本経済を取り巻く**3つの憂慮**（田中，2009）から抜け出す機会が到来している。

生産機能の日本国内への回帰，インバウンド*需要の拡大など，日本国内を舞台とした経済活動の胎動は，今まで見過ごされていた日本を再認識させることになり，日本の存在感は高まっていくであろう。この機会は，日本システム飛躍の恰好の契機となる。特に重要な視点は，これからの日本の未来を考えた場合，予測可能な 3 つの課題に適切に対応できるソリューション（解決策）を見つけ出すことである。その課題とは，地球環境問題，少子高齢化問題，グローバル化への対応であり，私たちが直面する社会的課題として確実に対応し続けなければならない。今後一層の成熟度を増していく日本社会の未来を予見しつつ，その中に成長のシーズ（種）を見つけなければならない。そして，その中核をなすものが，**創造**（Creation）と**革新**（Innovation）なのである。今こそ，「横並び」という日本的な意識・風土から，個の創造性や革新性を認知

Keyword

*****インバウンド**（Inbound）　形容詞で「到着する，本国行きの」という意味であり，日本の観光業界において，外国人の訪日旅行や訪日した外国人旅行客を表すキーワードとして使われている。日本から海外への旅行はアウトバウンド（Outbound）という。

第Ⅰ部　事業創造

する社会システムへと脱皮し，新たなイノベーションの創出による事業創造を成し遂げることで成熟社会における繁栄を目指す時である。

2　事業創造とは

　事業（Business）とは，いかなるものであろうか。事業とは，企業が営む基本的な活動であり，事業なくして企業の存在はありえない。そして，事業を適切に運営し，成果を上げるための仕組みが**マネジメント**（Management）であり，事業活動の基盤といえる。このように，事業とは，人（その集合体である組織）が創造し，マネジメントによりその活動を推進していくものである。**事業の目的**は，企業の内部的な利潤追求ではない。利潤は事業を継続する上で欠かせないものであるが，企業活動や意思決定の妥当性を判定するものでもある。事業が何であるかを決定し，事業の土台としてその存在を支えるものは顧客であり，事業の目的は顧客を創造すること（Create a Customer）である（Drucker, 1954：1974）。すなわち，事業には，常に顧客主権の考え方が根底になければならない。**顧客**（Customer）を創造するためには，組織，すなわち**自社**（Company）を最適にマネジメントし，**競争相手**（Competitor）に対して優位性があり，社会に適合した製品・サービスを最適な方法で提供することが求められる（図表Ⅰ-1-1）。これこそが，事業（Business）である。

　顧客の創造に必要な基本的機能は，**イノベーション**（Innovation）と**マーケティング**（Marketing）で，それは企業家的機能であり企業が成果（Results）を生み出す源泉となる。まさに，事業活動の本質は，イノベーションを成し遂げ，マーケティングにより顧客を創造することに尽きる（図表Ⅰ-1-2）。

　企業とは，経済社会において成長，拡大，変化を成し遂げる組織であり，イノベーションとマーケティングが欠かせない。イノベーションとは，より優れた，より経済的な財やサービスを創造することであり，マーケティングは，顧客をよく知って理解し，製品・サービスが顧客に「ぴったりと合って」，ひとりでに「売れてしまう」ようにすることを狙いとした活動で，共に企業の基本的かつ全事業に関わる機能である（Drucker, 1954：1974）。すなわち，事業創造（Business Creation）とは，事業を創り出すことであり，まさに顧客創

6

造の活動といえ，**アントレプレナー**（43 ページ参照）が，イノベーションを成し遂げ，マーケティング活動を遂行することで新しいビジネスを創出することに他ならない。

図表Ⅰ-1-1　事業の基本（3C）

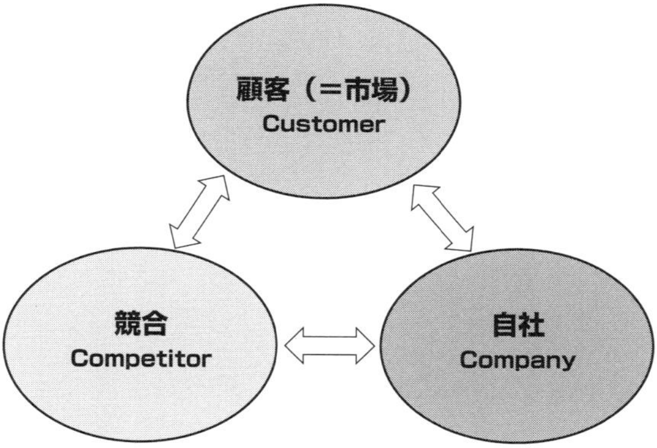

顧客（＝市場）
Customer

競合
Competitor

自社
Company

出所：Ohmae（1982）などに基づき作成

図表Ⅰ-1-2　「事業のマネジメント」概念図

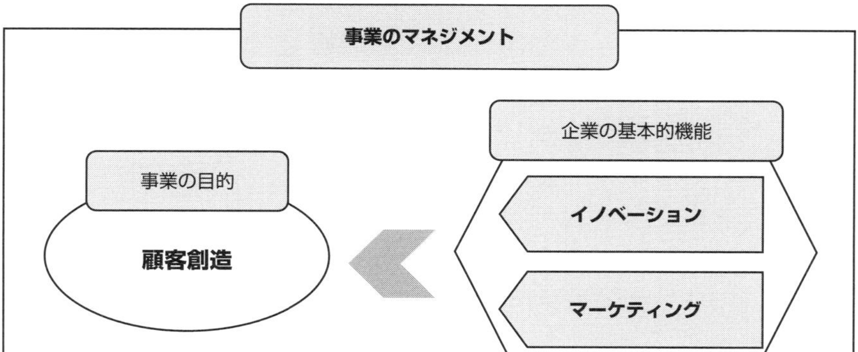

事業のマネジメント

企業の基本的機能

事業の目的

顧客創造

イノベーション

マーケティング

出所：Drucker（1954：1974）に基づき作成

第Ⅰ部 事業創造

3 起業活動と国の経済成長

　経済成長は，①労働と資本という要素の投入量の増加と改善，②通商と比較優位，③イノベーションとアントレプレナーシップという3つの方法が相互に関連し，複合的に補強し合うことによって達成される（Lee, Miller et al., 2000）。その中でもイノベーションとアントレプレナーシップの追求が，近年特に世界中の大きな関心を引きつけている。

　GEM（Global Entrepreneurship Monitor）は，**アントレプレナーシップ**（44ページ参照）に関する国際的な共同研究であり，1997年にアメリカのバブソン大学とイギリスのロンドンビジネススクールの起業研究者などが中心となり組織された，アントレプレナーシップを国際的に測定・評価するプロジェクトである。このプロジェクトの主要な目的は，①国家間の起業家活動のレベル差を測定すること，②起業家活動の国のレベルを決定する要因を明らかにすること，③起業家活動の国のレベルを向上させる政策を見出すことにある。これらの研究課題に基づき，起業家活動が国家の経済成長や競争力，雇用などへ及ぼす影響を定量的に測定し実証的な分析を行うことで，**起業家活動**を活発にするための有効な政策のフレームワークをつくることを目指している。

　図表Ⅰ-1-3は，GEMの概念フレームワークを表したものである。新事業を開始する決断とその実行に影響を与える起業環境の関係を，直接的（経営資源へのアクセス），間接的（社会的な規範や価値観）に示している。起業の決定は，社会的，文化的，政治的な背景の中で行われ，業種の選択，事業の規模，新事業に対する大志やイノベーションのレベルなどの変数から条件付けられる。これらの変数は，雇用数や社会的価値の重み，ひいては経済発展といった他の要因に影響を与える。同時に，新しいビジネスを始めるという複数の行為が社会的な価値観を変化させ，アントレプレナーシップに対してより肯定的な態度を生み出すことで，潜在的な新規起業家にも影響を与え始めるのである。国の経済成長は，既存企業の行動と**起業活動**（態度，活動，意欲）に依存しており，起業家活動の活発さは国のGDPの成長率を左右している。すなわち，アメリカなどのような起業家活動が活発な国は成長率が高い反面，日本やドイ

8

図表 I-1-3　GEM の概念フレームワーク

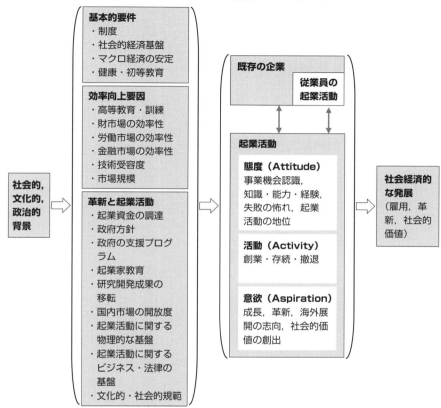

出所：GEM（2022）に基づき作成

ツなど比較的起業家活動が不活発な国は景気低迷に陥る危険性が高く，国のGDPの伸び率と起業率には正の相関関係があると指摘されている。

このように，スタートアップの育成が，国の経済成長にとって特に重要なファクターであるとの認識が世界的に高まっている。2020年7月末の世界時価総額ランキングでみると，上位10社の半数が1990年代中頃以降の創業である。加えて，世界企業番付である「フォーチュン・グローバル500（2019年版）」（世界の企業の売上高を基準としたランキング）では，中国企業が129社と，初めてアメリカ企業（121社）を抜いて第1位となった。1995年に

第Ⅰ部　事業創造

「フォーチュン・グローバル500」が初めて発表された時，中国企業（香港，台湾以外）は3社のみで，日本企業は149社，アメリカ企業は151社であった。その後，日本企業の数は減り続け，2019年には52社（うち，製造業22社）となり，アメリカ企業も2002年の198社をピークに減少している。半面，中国企業の数は急激な増加を示し，2012年には日本企業を抜いて2位となり，2019年には世界1位の座を獲得した。もちろん，その多くは経済成長に牽引された国営企業（主に北京に集中）の拡大・成長が占めているものの，深圳，杭州などでは多くの民営の新興企業が創出され，急激な成長を遂げている。このように，スタートアップの誕生・成長は，国の経済成長に大きな貢献をなすものである。

　対照的に，日本企業は時価総額，世界企業番付でその存在を希薄にしているばかりでなく，1990年代以降の30年間，時価総額上位企業の顔ぶれの変化も少なく，金額面でも注目に値する変化は見られない。そればかりか，NTT（旧：電電公社），日本郵便（旧：郵政省）が上位にノミネートされるなど，民を主体とした経済成長，新興企業への新陳代謝は，あまりうかがうことができない。この停滞感が「失われた30年」の真実であり，日本経済の再興には，スタートアップの群生による「**萌芽更新**」が求められている。

4　起業活動の担い手

　さて，スタートアップの群生による「萌芽更新」のためには，実際に創業活動を行う起業家（希望者，準備者などの予備軍を含む）の存在が欠かせない。起業家活動の対象となる母集団は，起業無関心者＋起業希望者＋起業準備者＋起業家の総和である。**起業希望者**は1987年以降一貫して減少傾向で，特に1997年以降激減し2012年には半減となった。一方，起業希望者が起業家となる**起業実現率**（起業家数／起業希望者数）の割合は上昇傾向にある（中小企業庁，2014）。加えて，**起業準備者**に対する起業家の割合，**起業達成率**（起業家数／起業準備者数）は，2007年から2017年の10年で10ポイント近くも上昇している（中小企業庁，2020）。まさに，起業は実現しやすくなっているのである。

Ⅰ－1　理論編

第1章　求められる事業創造〜事業創造序論〜

　これまで，日本の開業率の低下傾向の要因に関して，開業にあたっての行政手続や許認可などが煩雑で時間がかかり，開業コストも高額であるだけでなく，資金供給面でのベンチャー投資についても低水準であることが指摘されてきた。しかし，近年の起業実現率，起業達成率の上昇傾向は，政府や地方自治体による創業支援施策などの充実により，起業に至る障壁が緩和傾向にあることを示している。加えて，近年開業率が高く，起業数が増加傾向にある業種として情報通信業などがあげられる。このような IT 関連のスタートアップでは，AWS*などの**クラウドサービス**の進展により，システム開発に必要な情報機器などに対する固定費としての初期投資が限りなく低下していることも，起業という決断を後押ししている要因となっている。

　このように起業達成率の上昇傾向は見られるものの，起業家を生み出す苗床である起業希望者の割合は低水準であり，**起業無関心者**の割合は 2013-2017 年の単純平均値で 74% となっている。あくまでも単純平均の比較であるが，欧米・中国（27-45% 程度）といった諸外国との差は歴然である（中小企業庁，2019）。一方で，起業後の**企業生存率**について，日本では起業後の 5 年生存率が 8 割程度で，5 割未満の欧米諸国と明らかな違いが見られる（中小企業庁，2017）。日本は，先進諸国の中でも起業希望者が極端に少ない状況であるが，起業希望者の起業実現率，起業準備者の起業達成率は上昇傾向であり，加えて，起業後の生存率が高い。すなわち，以前から指摘されている欧米は多産多死型，日本は少産少死型の産業構造に，現時点で大きな変化がないことが見てとれる。しかし，ここで注目したいのは，起業実現率の上昇傾向であり，起業の担い手の基盤ともいえる起業希望者が増加することで，起業家活動が活性化する可能性が指摘できる。

Keyword ･･

* AWS　Amazon Web Services の略称で，アマゾンが提供する世界で最も利用されているパブリッククラウドサービス。クラウドサービスとは，インターネット経由でデータの共有や情報管理，アプリケーションの提供などさまざまなサービスを提供する事業で，グローバルな世界シェアは，現時点で AWS，マイクロソフト，グーグルの上位 3 社の寡占状態である。

第Ⅰ部　事業創造

5　起業意識の動向

　起業意識が醸成され起業関心者が生み出される要因としては，①「周囲に起業家がいる」，②「周囲に起業に有利な機会がある」，③「起業するために必要な知識，能力，経験がある」，④「起業は望ましいことである」，⑤「起業すれば社会的地位が得られる」の5項目があげられる。GEMでは，この5項目について国際比較を行っている。どの項目でも日本は低位の水準であるが，特に調査項目の②，③，④について欧米・中国の平均値との差が大きくなっている。ここで，これら5つの項目について，私たちの社会生活との関連性を考えてみよう。

　まず，①「周囲に起業家がいる」については，家庭環境，就学環境，職業環境におけるネットワーク関係に規定されるものであり，当然，起業家の絶対数が多ければこの値は増加する。また，起業希望者は自身の**ロールモデル***も含め起業家を探索するため，起業希望者が多くなればこの値は増加するであろう。

　②「周囲に起業に有利な機会がある」については，起業に対する何らかの肯定的な意識がなければ，起業機会を探索することはないので，起業無関心者が多い場合，この数値は低くなる。まさに，日本の現状を表しているものと捉えられる。

　③「起業するために必要な知識，能力，経験がある」については，自身の能力，資質に関するものであるため，当然起業無関心者は否定的な見解を示すであろう。また，起業に関心があっても，自身の家庭環境，就学経験，職業経験などがネガティブな影響を及ぼすことも考えられる。

　続いて，④「起業は望ましいことである」は，個人の価値観に根ざしたものである。これには，家庭環境，就学経験が大きな影響を及ぼすと思われる。特に，家庭環境における親や近親者の価値観が重要であり，親世代への啓蒙活動

Keyword ・・・

*ロールモデル（Role Model：役割モデル）　自分にとって考えの基準となる「参考」の役割を担うモデルのことで，その行動，規範，成功などが，他の人々，特に若年層に模倣される人物を指す。自分に置き換えて見る存在であり，キャリアターゲットともいえる。

と幼少期からの起業家教育の重要性が指摘できる。

⑤「起業すれば社会的地位が得られる」は，国の文化や社会的規範に基づいている。起業家は，一般的に多額の経済的な報酬が得られると認識されているが，経済的な成功と社会的成功が正の相関関係として捉えられる社会的風土が根付いているのかが，この数値に影響を与えるであろう。もちろん，この数値が高い諸国においても，起業の動機は金銭ではなく成功の尺度であると捉えられており，利潤のみの追求が社会的規範となっているわけではない。欧米でこの数値が高いのは，アメリカン・ドリーム的な成功者を称える風土が根底にあると思われる。

6 起業家活動の活性化に向けて

ここでは**起業家活動の活性化**に向け，今まで考察した起業意識を再配置して，起業社会実現のための正の循環過程を提示する（図表Ⅰ-1-4）。私たちは，**限定合理性***により意思決定を行うアドミニストレーター（経営人）であり，経験に裏付けられた選択肢によって行動する。周りにこの選択肢の基となる起業家がいない場合，起業というキャリア・オプション（職業選択）は少なくならざるを得ない。ここに家庭環境での親や親戚の職業，就学経験や職業経験における人的ネットワークの重要性が指摘できる。まず，A「周囲に起業家がいる」ことが起業に踏み出す出発点となる。

しかし，起業がキャリア・オプションの俎上に乗ったとしても，そのオプションが魅力的かつ合理的であることが重要である。その行為が「割に合う」，すなわち他のオプションよりも望ましいというインセンティブ（誘因，動機）がなければ，その選択肢を積極的に選ぶことは難しい。このように，起業がマズローの**尊厳欲求***を満たすような社会的地位にあると広く認識されることが求められるため，B「起業に成功すれば社会的地位が得られる」とする認識

Keyword ･･
＊限定合理性　人間は，合理的であろうと意図するけれども，その知識や計算能力に関する認知能力には限界があるため，限られた合理性しか持ちえないことを表す概念。ノーベル経済学賞を受賞したサイモン（Herbert A. Simon）によって提唱された。

第Ⅰ部　事業創造

が重要となる。このことによって，自身のキャリア・オプションとして，C「起業することが望ましい」と考えるパイが拡がる（＝**起業希望者**の増加）のである。

　起業希望者になったとしても，起業というキャリア・オプションは，安定した企業への就職に比べ相対的にリスクが高いため，実際に起業に踏み出すには，その行為に「お墨付き」を与えることが大切である。すなわち，D「周囲に起業に有利な機会がある」と認識することで，起業という敷居が低くなり，**初期起業準備者**（起業したいとは考えており，他者への相談や情報収集を行ってはいるものの，事業計画の策定等，具体的な準備を行っていない者）と

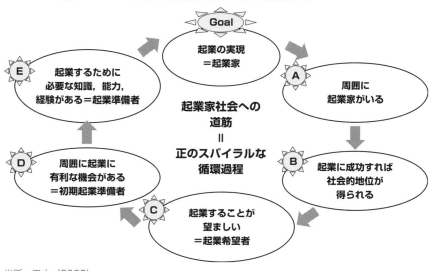

図表Ⅰ-1-4　起業家活動活性化に向けた循環過程

出所：田中（2022）

> **Keyword** ....
>
> ＊**マズローの尊厳欲求**　心理学者のマズロー（Abraham H. Maslow）は，人間は自己実現のために絶えず成長する生き物であるという考え方を前提として，人間の欲求を「生理的欲求」「安全欲求」「所属と愛の（社会的）欲求」「尊厳（承認）欲求」「自己実現欲求」の5つの階層に分け，低次元の欲求が満たされれば，さらに高次の欲求を求めて行動すると提唱した。尊厳欲求とは，自分が仲間から価値ある存在だと認められ，尊重・承認されたいという欲求のこと。

して，起業というキャリアを真剣に考えるようになる。

そして，具体的な起業の準備に入るためには，自身の能力を高める必要があり，**起業準備者**として E 「起業するために必要な知識，能力，経験」の蓄積と自己認知に向けた活動を行うこととなる。その上で，経済環境，職業環境，資金環境，人的ネットワーク環境など，いくつかの起業環境が折り重なり実際の起業活動に結びつき，**起業家**としてのキャリア（ Goal 「起業の実現」）を歩むことになる。もちろん，これは「終わり」を意味するものではなく，この行為による起業家の増加が正の循環過程として，起業希望者⇒起業準備者⇒起業家の増加というスパイラルな展開を生んでいくのである。

起業家社会の実現に向けスタートアップを続々と生み出すためには，①**起業家教育**＝社会的地位の確立，キャリア形成ルートの整備，文化・風土の醸成，②**起業環境の整備**＝制度環境，資金環境，支援環境（ソフト・ハード），③**起業メソッドの開発・整備・普及**という３つの視点が欠かせない。①は循環過程の A ⇒ B ⇒ C に対応し，起業希望者の増加に寄与する（パイを拡げる）。②は D に対応し，起業希望者の夢の実現を後押しする（敷居を下げる）。③は E に対応し，起業の実現という引き金を引くための指南書を提供する（背中を押す）のである。

ここで，起業家活動活性化の **ELP3ヶ条**を提示したい（図表Ⅰ-1-5）。Eは Expand（拡げる）で，パイ＝起業を志す人財（起業志望者）の増加である。

図表Ⅰ-1-5　起業家活動活性化の３ヶ条

出所：田中（2022）に基づき作成

第Ⅰ部　事業創造

Lは Lower（下げる）で，起業しやすい制度環境を整備することで，リスクを感じさせない仕組みを構築する（＝敷居を下げる）ことである。P は Prompt（促す）で，起業という「引き金を引く」ためのマニュアル（**トリガー・メソッド**）の整備・周知（＝背中を押す）を指している。もちろん，これはあくまで概念モデルであるが，起業活動に誰もが親近感を持つためのキーワード（キャッチフレーズ）が求められているといえ，このようなキーワードを広く周知することで，起業家活動活性化に向けた広報活動の一助になると思われる。この ELP3 ヶ条の ELP を Entrepreneurs Leadership Program（起業家リーダーシッププログラム）と名付け，現実的，実践的な展開を推進する取り組みが求められている。

コラム
事業創造はたわいのない夢の実現と
発想の転換から生み出される

　事業創造の本質は，私たち（人類）の「困りごとの解決」です。「困りごとの解決」は，裏返せば「夢の実現」ともいえます。ソニーの創業者である井深大は，企業にとって重要なのは，発明（インベンション）よりイノベーションであり，それは「たわいのない夢」を大切にすることから生まれると述べています。すなわち，事業創造の本質は，「たわいのない夢」の実現なのです。

　また，事業創造について，「イノベーションの遂行による新しいビジネスの創造である」というと，なにやら高度かつ革新的な新技術を用いた製品やサービスを思い浮かべ，難しく考えがちです。しかし，イノベーションの多くは発想の転換から生まれているのです。事業創造はアントレプレナーによるイノベーションの遂行，すなわちイノベーターによってもたらされます。

　ドラッカーは，このイノベーターについて，面白いたとえ話でその本質を表現しています。それは，冷蔵庫を販売するセールスマンの話です。本来，冷蔵庫は食品の腐敗を防ぐために冷蔵保存する製品です。しかし，極寒の地に暮らすエスキモー（イヌイット族）の日常生活にとっては，食品の腐敗より凍結のほうがより深刻な問題です。このため，エスキモーに食品の凍結を防止する用

Ⅰ－1　理論編

途で冷蔵庫を販売したセールスマンは，新しい製品や製法を開発した技術者に匹敵するイノベーターだといいます。まさに，発想の転換の重要性を端的に表現したものといえます。

　皆さんも，柔軟な発想で，「たわいのない夢」の実現を目指して下さい。

やってみよう！　チャレンジ課題

1.　なぜ起業家活動が活発化すると経済成長が実現するのか？　その理由について，具体的な事例なども交えて説明してください。
2.　起業家活動活性化に向けた循環過程の中で，特に重要だと思える項目をあげ，起業家の事例や自分の体験などを交え，その理由を説明してください。
3.　起業希望者，起業準備者，起業家を増やし，起業家活動を活性化するための活動や支援策についてインターネットなどで調べ，関心を持った活動・支援策を３つあげ，その理由を説明した上で，自分自身の活性化のアイデアを提示してください。

第1章　求められる事業創造〜事業創造序論〜

第 2 章
事業創造と起業メソッド

「青年よ，独立せよ。大会社に
あこがれるな。商売はいくらでも
ある。仕事はどこにでもある」

小林 一三（こばやし いちぞう）〈1873–1957〉
阪急電鉄，宝塚歌劇，東宝などの阪急阪神東宝グループの創業者。
鉄道を中心に宅地や百貨店，娯楽施設などの地域開発を一体的に行
い相乗効果を上げる，私鉄経営モデルの創設者である。

Summary

　事業創造と一口にいっても，さまざまなタイプがあります。その実施主体
としては，まったく新しくビジネスを興す起業家だけでなく，既存企業の後
継者によるアトツギベンチャーや大企業の社内起業家などがあげられます。
また，短期間に巨大企業へと急成長する爆速成長型のスタートアップと，カ
フェや古着屋などを個人経営で立ち上げるスモールビジネスもあります。
　本章では，まず，事業創造の類型とそのプロセスを説明します。その上
で，起業家活動を進めるにあたって指針となる起業メソッドについて，従来
の主流であった計画重視のプランニング・メソッドと，近年主流となってい
る創発的な行動を重視するエマージェント・メソッドについて，その概要を
説明することで起業メソッドの重要性についての理解を図ります。

1 　事業創造の類型とプロセス

　前章では，事業創造の中でも，特に新しくビジネスを立ち上げる起業家活動に焦点を当て，日本の状況と活性化の方向性について見てきた。ここからは，事業創造の全体的な枠組みの中から，その類型とビジネスを立ち上げた後の事業成長の方向性について考えてみよう。

（1）　事業創造の類型

　事業を創り出すことには大きく２つの方向性がある。それは，既存ビジネスの深掘り（＝**深化**）と，新規ビジネスの創造（＝**探索**）である。そして，その実施主体としては，既存企業と起業家（新規企業）に大きく分けられる。ここでは，この視点から事業創造の類型を提示する（図表Ⅰ-2-1）。**ローンチ**（Launch）とは実務で頻繁に使われる用語で，新事業・新製品・新サービスなどを立ち上げる（提供を開始し，世に出す）ことで，事業創造の実現を指している。

　まずは，①**市場参入型**起業である。これは，新しく企業を立ち上げる起業家が実現する事業創造として，同様のビジネスを展開している既存の類似企業があり，基本的にそれと同じ分野のビジネスを展開するものである。料理人が老舗店舗で修業をして自分の店を持つなど，のれん分け的な起業ともいえる。他

図表Ⅰ-2-1　事業創造の類型

【ローンチ方向】

		既存ビジネス	新規ビジネス
【ローンチ主体】	新規企業	①**市場参入型 起業** （生計確立型）	②**スタートアップ型 起業** （事業機会型）
	既存企業	③**市場参入型 多角化** （深化型）	④**社内ベンチャー型 多角化** （探索型）

第Ⅰ部　事業創造

の企業に就職するのではなく開業を選ぶという点から**生計確立型**ともいえる。
GEMでは起業の動機として，「ビジネスチャンスを活かす」ために始めた**事業機会型**と，「仕事に関してこれより良い選択肢がない」ために始めた生計確立型に起業活動を大別している。本書では，この生計確立型起業をより幅広く捉え，企業に所属するよりも，より多くの自己的な便益を得るために独立する場合も含む概念と捉えている。具体的には，医師や弁護士などの開業もこの類型に含まれる。ドラッカーは，郊外でファーストフードの店やメキシコ料理店を始める夫婦の例をあげ，彼らは外食という風潮に乗って出店し，リスクをおかしているが，新しいニーズや欲求を創造していない点でアントレプレナーではないとして，創業者（＝起業家）とアントレプレナーを区分している。このタイプはインクリメンタル（漸進的）な成長を指向する点で，**スモールビジネス型**の起業でもある。

　次に，②スタートアップ型起業は，起業家が事業機会（＝ビジネスチャンス）を発見し，それに適合したビジネス・アイデアを創出・実現することで，新規ビジネスを創造することであり，事業機会型ともいえる。このタイプが本書の中核的なテーマとなる事業創造のタイプである。その多くが，新しく創出したプロダクト（＝製品・サービス）が市場適合を果たした時点で，急成長（Jカーブ）を遂げる点が指摘できる。図表Ⅰ-2-2は，スタートアップ型とスモールビジネス型の企業成長を概念化したものである。スタートアップ型は，事業機会を見出し，投資を実行することで，創業当初は赤字が積み重なるが，**PMF**（Product Market Fit：プロダクトと市場との適合）を達成した時から，急成長を遂げるビジネスモデルである。

　続いて，既存ビジネスにおける事業創造は，基本的に**多角化**として位置付けられる。多角化とは，既存企業が新たな製品・サービスを投入したり，新たな市場を開拓したりすることなどにより，現在のビジネスとは別に新たな分野に進出することであり，これも事業創造の範疇である。そのタイプとしては，既存ビジネスへの参入を図る③**市場参入型**多角化（深化型）と，新規ビジネスの創造を目指す④**社内ベンチャー型**多角化（探索型）に分けられる。既存企業において事業創造を目指す場合，本業（**事業ドメイン***）との兼ね合いが特に重要な視点となる。既存企業の事業創造については，本業の深掘りか，本業と関

20

Ⅰ－1　理論編

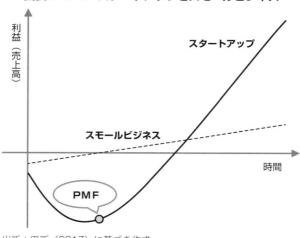

図表Ⅰ-2-2　スタートアップとスモールビジネス

出所：田所（2017）に基づき作成

連性のあるビジネスへの展開（**シナジー**＊型）か，まったく関係のない分野への進出か，深化と探索のバランス（**両利きの経営**，第Ⅰ部第3章3参照）が求められる。

（2）　企業成長の方向性

　事業創造の重要な視点として，ローンチ後の成長がある。ビジネスの前提は，**ゴーイング・コンサーン**（継続企業の前提）であり，企業は将来にわたって継続的に事業活動を行うことが所与とされている。これは，事業創造においても当然前提条件となるものである。そして，その継続には成長指向が内包されている。もちろん，個人事業主などでは，規模の拡大を望まない者もいるが，事業活動を行う者として，売上高や利益の増加を望まない者はいないだろう。しかし，前述したスタートアップとスモールビジネスの違いなど，その成

> **Keyword**
> ＊**事業ドメイン**　企業が経済活動を展開する事業領域，または主力事業となる本業のことを表すキーワードで，持続的な成長を可能とする自社特有の事業活動の領域のことを指す。
> ＊**シナジー**（synergy）　相乗効果のことで，部分・組織などが共同することにより，それぞれの力の和を上回る効果が得られることをいう。

第Ⅰ部 事業創造

長指向の中にも，ラディカル（急速）なものとインクリメンタル（逓増）なものがある。成長の方向性についても，小規模，中規模，大規模といった目指している企業成長の目標がある（図表Ⅰ-2-3参照）。

　事業を行う際，重要なのは想像力であり，将来どのような自分（＝企業像）でありたいのかというイメージが重要になる。事業創造において，何を目標とするのか，創業当初からイメージしておくことは将来的な成長に大きく寄与するものといえる。

　基本的に規模拡大を目指す事業創造は，R1「**スタートアップ**」で市場参入を果たすべきである。ここでは，スタートアップが中規模になった企業をR2「**ベンチャービジネス**」と呼び，大企業まで急速に成長した企業をR3「**メガベンチャー**」と呼ぶ。スタートアップとして市場参入を果たした場合，企業成長は市場の大きさに規定される。**ニッチ市場**＊を創造した場合は，I2「**中堅企業**」となり，ナンバーワン，オンリーワンの**ニッチトップ企業**として，当該市場で持続的な競争優位を発揮する。優良中堅・中小企業はこの類型に分類される。

図表Ⅰ-2-3　企業成長の類型

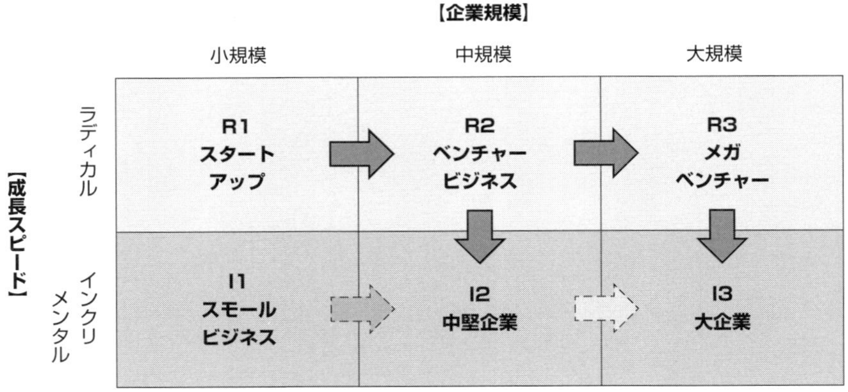

【企業規模】

	小規模	中規模	大規模
ラディカル	R1 スタートアップ	R2 ベンチャービジネス	R3 メガベンチャー
インクリメンタル	I1 スモールビジネス	I2 中堅企業	I3 大企業

【成長スピード】

Keyword ....

＊ニッチ市場（Niche Market）　Nicheは特定分野，適所などの意味で，隙間市場ともいわれる。既存の市場の隙間にある小さな市場・狭い市場のことで，一部の顧客または特定のニーズに対して製品・サービスを提供することでナンバーワンやオンリーワンの存在となり，強い競争力を持つことが可能となる。

Ｉ－1　理論編

ExO（Exponential Organization：飛躍型企業）として，指数関数的な成長を成し遂げ巨大企業となったメガベンチャー（R3）は，**GAFA***のように国や世界の経済に大きな影響を及ぼす存在となる。一般的に，**スモールビジネス**（I1）として事業創造を行った場合，市場やビジネスモデルが限定的であるため，企業成長は望めない。または，起業家自身が望もうとしない。そのような場合でも，限定的な市場が顕在化し大衆市場化するなど，長期的な視点で企業成長を果たし，中堅企業（I2）や大企業（I3）に成長する場合もある。既存企業の経営管理や企業成長については，第Ⅱ部で取り扱う。

（3）　アントレプレナーシップ・プロセス

　GEM では，アントレプレナーが事業創造を成し遂げる起業家活動のプロセスを，**アントレプレナーシップ・プロセス**と呼んでいる（図表Ⅰ-2-4）。それは，A 潜在的起業家（＝起業希望者），B 萌芽期起業家（＝起業準備者：シード），C 事業創造期起業家（アーリー），D 事業確立期起業家（ミドル）である。特に，起業家活動として重要なプロセスとして，まさに企業を立ち上げようとしている B 萌芽期起業家⇒ C 事業創造期起業家のプロセスをTEA（Total Early-Stage Entrepreneurial Activity：総合起業家活動）と呼んでいる。TEA を促進する要因としては，性別・年齢・モチベーションといった個人の属性と，新ビジネスに対する事業成長・イノベーション・市場の範囲・業界からのインパクトなどがあげられる。

　起業に至るプロセスは，いくつかの要素がお互いに影響し合い，相互に作用して成し遂げられる。この要素とは，起業家個人が持っている資質（属性，性格，知識，能力など），社会的状況（家族，知人，地域社会など），組織的状況（学校，会社，サークルなど），外部環境（自然，経済，制度，文化など）であ

Keyword ……………………………………………………………………

* **GAFA**（ガーファ）　グーグル（Google，現アルファベット傘下），アップル（Apple），フェイスブック（Facebook，2021 年 10 月よりメタ（META）に社名変更），アマゾン・ドット・コム（Amazon.com）の頭文字をつないだアメリカの巨大 IT 企業を指す造語であり，ビッグ・テックともいわれる。マイクロソフト（Microsoft）を加えた GAFMA（ガフマ），ネットフリックス（Netflix）を加えた FAANG（ファング）などさまざまなバリエーションがある。

23

第Ⅰ部　事業創造

図表Ⅰ-2-4　アントレプレナーシップ・プロセス

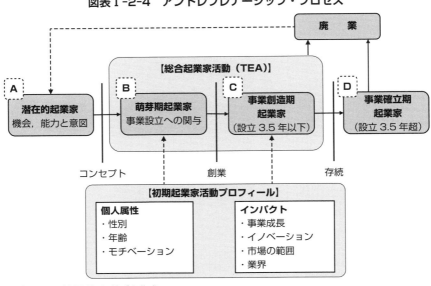

出所：GEM（2023）に基づき作成

る。それらの要素が起業プロセスに直接的，間接的に影響することによって起業家活動が促進される。

2　起業メソッドの潮流と概要

（1）　起業メソッドの潮流

　スタートアップの群生による「**萌芽更新**」のためには，マクロ的な政策支援（産業システムの構築など）だけでなく，個々の起業家に寄り添ったミクロレベルの対応が求められる。起業希望者を増やすためには環境整備（社会環境，文化・風土，価値観，法規制，社会制度など）といったマクロ政策が求められるが，起業家活動活性化のELP3ヶ条のP（Prompt：促す）は，最終段階として起業（業を起こす）という引き金を引く起業家個人の意思決定であり，個別に「背中を押す」仕組み（**トリガー・イベント**）が必要となる。この時に特

に重要となるのは，起業に踏み出す決断を後押しする**起業メソッド**（手法）であり，起業家のバイブルとなるような存在（指南書）が求められる。起業という大海原に踏み出すためには，頼りになる海図と羅針盤が必要なのである。

これまで，これらの範となるものは，的確な事業環境の予測に基づく入念なビジネスプランの作成（**プランニング・メソッド**）であった。ドラッカーも，未来（変化の兆し）の予見と計画の重要性を指摘している。もちろん，変化は，計画（未来の予見）がなければ察することはできない。変化の兆しを察するためには，未来に思いを寄せる計画の重要性は論をまたない。しかし，近年スタートアップにおけるエコシステムの重要性が指摘されている通り，起業活動は生態系の中で繰り広げられる個人と個人，個人と組織，個人と環境などとの相互作用で成し遂げられるものであり，主体間での創発的なアプローチが求められる。ここに起業メソッドにおける**エマージェント**（創発）**・メソッド**の重要性が指摘できる。

(2) プランニング・メソッド

これまでの起業メソッドの中心的な手法が，プランニング・メソッドである。このメソッドは，**バブソン大学**の起業家教育プログラムで実践されてきたもので，「創業プロセス」に対応したカリキュラムを開発し，それを実践し改良し続けている。すなわち，経営学教育で標準的に実践されているカリキュラムではなく，起業プロセスにフォーカスしたプログラムを開発・実践しているところに特徴がある。

プランニングとは，不確実性の極小化とリスクや変化の管理を通じて，企業の進むべき方向，成長の速度，到達の方法など，スタートアップの将来について考える方策の1つであり，ある意味では，成功するスタートアップのほとんどは何らかのプランを作成している。その目的は，資金調達と成長を先導する手段であり，ビジネスプランは，①起業機会（起業機会の存在理由，経営チームが必要とする経営能力）を要約し，②経営チームが起業機会をいかに実現するかを定義し，明確に文書化したものである。

ビジネスプラン作成の目的として，プランそれ自体を完成させることだけではなく，書き上げる過程でさまざまなことを学ぶという策定プロセスの重要性

第Ⅰ部　事業創造

も指摘できる。策定プロセスを通じて，起業家は最も効果的な方法でさまざまな**ステークホルダー***に対して事業機会を明瞭に説明できる能力を構築する。

　このメソッドは，バブソン大学で実践されてきた起業家育成プログラムを基盤としており，従前の代表的なテキストとしては，*New Venture Creation*（Timmons & Spinelli, 2009）と *Entrepreneurship*（Bygrave & Zacharakis, 2008）などがあげられる。*New Venture Creation* は，起業家精神について社会環境と個人的資質などから接近した上で，起業機会の認識，創業者・創業チームの編成，ベンチャーファイナンス，起業の実践とその後の成長といった構成になっている。*Entrepreneurship* の構成は，起業家の時代背景，取り巻く社会環境，起業プロセス，事業機会，ビジネスモデル，マーケティング，創業チーム，ビジネスプラン，財務諸表，金融環境とその動向，資金調達，借入れと金融，法律と税務，知的財産，成長戦略であり，両書ともに起業プロセスとそれに則したメソッドに焦点を当てた構成となっている。

(3)　エマージェント・メソッド

　近年の起業メソッドの主流となっている手法が，起業活動における創発的進化を重視する**エマージェント・メソッド**である。起業とはビジネスを起こし，顧客により良い便益を提供することであり，ビジネスプランの良し悪しを競うものではない。たとえビジネスプランが不完全であっても，「まずはやってみよう」というのがこのメソッドの基盤となる考え方である。近年，研究と実践が積み重ねられ，多くの注目される成果が創出されている。起業活動においては，完成品（製品・サービス）ができてから営業活動（販売活動）を行うのは，時間およびリスクの面において多大な不利益を被ることになるため，アイデアの段階でキーとなる見込み客を探し出し，その顧客の声に耳を傾けることで，製品化の可否や仕様を決定しマーケティング活動を展開していくという考

Keyword ・・・

*ステークホルダー（Stakeholder）　事業の遂行において，直接的または間接的に影響を及ぼす利害関係者のことで，具体的には株主（投資家），従業員，顧客，取引先，同業者，金融機関，行政機関，地域住民，各種団体など多岐にわたり，事業遂行のさまざまな場面での関係性の維持・管理などが求められる。

26

え方である。もちろん，このメソッドにおいてもビジネスプランが不要という
わけではなく，起業家発の自己完結型ではなく，顧客とともに作り上げていく
創発型であることが特徴となっている。代表的な成果として，スティーブ・ブ
ランク（Steve Blank）の顧客開発モデル，エリック・リース（Eric Ries）の
リーン・スタートアップ，サラス・サラスバシー（Saras D. Sarasvathy）の
エフェクチュエーションなどがあげられる。

① 顧客開発モデル

ブランクは，既存大企業の**製品開発モデル**をスタートアップが採用すること
は「大失敗への道」であり，スタートアップの「確信への道」は，従来型モデ
ルから脱却し，まずは顧客の耳に声を傾ける「**顧客開発モデル**」を採用するこ
とであると主張する。

既存大企業の製品開発モデルとは，事業アイデアのコンセプトや技術シーズ
（事業のタネ）から製品開発を行い，試作品の社内テスト（アルファテスト），
社外テスト（ベータテスト）により品質や使い勝手を高め，マーケティング活
動を展開し完成品を大々的に販売するというものであり，プランニング・メ
ソッドにも通じる従来型の新製品開発プロセスに従った手法である。ここに，
顧客不在の製品開発主導によるリスクが内在しているというのである。

顧客開発モデルは，顧客発見，顧客実証，顧客開拓，組織構築の４つのス
テップで構成されている。このモデルの導入段階（顧客発見）で特に重要な
ファクターは，「この世で出会える最も重要な顧客」，すなわち**エバンジェリス
ト・ユーザー***の発見である。それは，スタートアップの事業アイデアを最初
に取り入れ，広く世間に「伝道（Evangelism）」する役割を担うユーザーのこ
とで，未完成で十分に検証されていない製品を実際に購入してくれる**ビジョナ
リー顧客**のことである。この主張は，使い手であるユーザーが目的を達成する

Keyword ··

*エバンジェリスト・ユーザー（Evangelist User）　最初に新しい製品・サービスを利用して
くれる貴重なユーザーのこと。エバンジェリストは，キリスト教における伝道者，主義の熱烈
な支持者という意味で，新しい製品・サービスを積極的に活用し，他者に啓蒙し広めていく役
割を持つユーザーである。

第Ⅰ部　事業創造

ためにイノベーションを起こすという「ユーザー・イノベーション」における
リード・ユーザー（Lead User）と類似した概念である。このようにエマー
ジェント・メソッドでは，各ステップにおいて顧客に直接尋ね，そのフィード
バックにより製品仕様を練り上げていくのである。

② **リーン・スタートアップ**

　顧客志向の視点をより強調し，無駄を排除したリーン（Lean）な考え方，
すなわち，トヨタ生産方式に端を発するリーン生産方式を基盤にしたメソッド
が**リーン・スタートアップ**である。作り手の思い込みによる新製品・サービス
の開発は，顧客にとって価値のないものを創造する可能性があり，その場合，
新製品・サービスの開発にかかった時間，労力，資源，情熱が無駄になる。
リーン・スタートアップは，小さな失敗を積み重ねて確実に育てることで，時
代が求める製品・サービスを，より早く的確に生み出し続けるためのメソッド
である。リーン・スタートアップでは，「**構築⇒計測⇒学習**」のフィードバッ
ク・ループにより，フィードバックにかかる時間を最少化することを目指して
いる（第Ⅰ部第5章，図表Ⅰ-5-1参照）。

③ **エフェクチュエーション**

　加えて，認知科学の熟達研究を応用することで，優れた起業家（熟達した起
業家）の意思決定原理を定式化し，有効な起業メソッドを創り上げた成果が**エ
フェクチュエーション**であり，顧客開発モデルやリーン・スタートアップとも
親和性のある創発的な起業メソッドである。エフェクチュエーション（Effectu-
ation）は，**コーゼーション**（Causation：因果論）の対立概念として提示され
たものである。コーゼーションは，市場環境分析に基づく予測を重要視する伝
統的な意思決定理論である因果推論（Causal Reasoning）によるアプローチで
あり，マーケティング思考の **STP メソッド***を基盤として計画された目標を
達成するため，与えられた手段の中から選択する目標設定型アプローチといえ
る。それに対して，エフェクチュエーションは，効果的（Effectual），すなわ
ち，利用可能な手段を使って可能性のある新しい目的を創造する**起業家的思考**
で，効果（Effect）を重視する問題解決型アプローチである。

28

Ⅰ－1　理論編

何度も成功している熟練起業家（シリアル・アントレプレナー）は，起業の判断の手段として，「自分は誰であるか」，「何を知っているか」，「誰を知っているか」の3つの手段（リソース）を自問し，「何をすべきか」（目的）ではなく，「何ができるのか」（**手段**）で行動を起こす。そして，顧客を含めたさまざまな関係者に出会い，交流するという相互作用によって，起業への参画・支援が得られるパートナーとの**コミットメント**を獲得する。そして，そのコミットメントから，生まれたばかりのスタートアップに新たな手段，新たな目的が生じ，企業を成長に導くスパイラルな展開となって循環するのである。この連続する実行プロセスの中で，熟練起業家は以下の**5つの思考様式**（起業の原則）に従って行動している。

1）　Bird in Hand（「手中の鳥」の原則）～保有する手段でコトを起こせ

目標を設定してそのために必要な手段を集めていくのではなく，まずは今手元にあるリソース（前述した3つの手段）を使ってコトを始めるということ。

2）　Affordable Loss（「許容可能な損失」の原則）～許容可能損失を定めよ

利益を予測しそれが充分に魅力的かを判断するよりも，損失が受容可能かに基づき機会を評価すること。

3）　Lemonade（「レモネード」の原則）～偶然の事態をうまく使え

「酸っぱいレモンを差し出されたら，甘いレモネードを作りなさい」という，日本で「災い転じて福となす」と同義のことわざからきている原則。

既存の目標にとらわれない柔軟な思考を持つために，不確実な状況から生じる驚き（思い通りに行かないこと）があっても，それを受け入れプラスに転じる行動を心がけること。

Keyword ……………………………………………………………………………

＊STPメソッド　新製品・サービスなどの展開において，効果的に市場を開拓するためのマーケティング手法。自社が誰に対してどのような価値を提供するのかを明確にするための要素である，「セグメンテーション（Segmentation：市場細分化）」「ターゲティング（Targeting：標的市場の選定）」「ポジショニング（Positioning：独自の位置決め）」の3つの頭文字をとり，S⇒T⇒Pの順に分析し構築することが基本とされている。

第2章　事業創造と起業メソッド

29

第Ⅰ部　事業創造

4) Crazy-Quilt（「クレイジーキルト」の原則）〜パートナーシップをつくれ

顧客や競合も重要なパートナーと見なし，パッチワークを紡ぎ出すように，提供される資源を柔軟に組み合わせて，新しい独創的な価値を創出すること。

5) Pilot-in-the-Plane（「飛行機の中のパイロット」の原則）〜機会を生み出せ

未来は予測するものではなく自ら築き上げていくものという姿勢で，自分がコントロールできる範囲の物事やパートナーとのコミットメントに集中し，実際に得られた結果から次のアクション（未来のコントロール）につなげていくこと。

　起業メソッドにおけるエマージェント・メソッドは，ドラッカーの顧客創造，ブランクの顧客開発という，まさに顧客を探し求める旅の指南書といえるものである。顧客に寄り添い，顧客の購買行動を旅というストーリーとして分析するツールとして**カスタマージャーニー**（第Ⅰ部第4章図表Ⅰ-4-10）があるが，エマージェント・メソッドは，アントレプレナーが事業創造を成し遂げる旅（航海）を成就するためのメソッド（羅針盤と海図）であり，その旅は**アントレプレナージャーニー**といえる。航海は予測のできない事態との遭遇とそれへの対処の連続であり，まさにエマージェント・イベント（Emergent Event：突発事象）への柔軟な対応が求められる。それがエマージェント・メソッドの神髄である。当然，バブソン大学においても，現時点ではエマージェント・メソッドの研究成果を積極的に取り入れ，より実践的，創発的な最先端の起業家教育プログラムが展開されている。

　起業メソッドは，起業準備者に起業を実現するための指南書を提供するものであり，直接的には起業達成率（起業家数／起業準備者数）の増加に貢献するものである。その中でも，**エマージェント・メソッド**は，初期起業準備者を煩雑なビジネスプランの作成に惑わせることなく，起業の達成に導くものであり，より多くの起業家数の増加（実数）に寄与する。加えて，第1章の図表Ⅰ-1-5で指摘した通り，起業達成率の増加による起業家数の増加は，起業希望者の増加に結びつく正の循環過程にあるため，起業家活動活性化に向けたスパイラル（螺旋的）な展開を成し遂げる主要な方策の1つとして，起業メソッドの充実・周知の徹底が重要となる。

コラム
エフェクチュエーション物語

　「思い立ったら，まず起業」，これがエフェクチュエーション思考です。起業は，熟慮して行うものではなく，自分の「持っているもの」でまずは始めるべきということで，「案ずるより産むが易し」，「思い立ったが吉日」，「善は急げ」，「鉄は熱いうちに打て」，「できない理由を考えるより，できる理由を考える」など，古来より似たような諺，教訓は多くあります。

　発案者のサラス・サラスバシーは，ノーベル経済学賞を受賞した組織論，認知科学，意思決定論の大家であるハーバート・サイモンの最晩年の門下生です。エフェクチュエーションは，認知科学の熟達研究の手法を用いて，「熟達した（優れた）起業家」の意思決定パターンを定式化するための意欲的な実験から生み出されました。

　まず，「熟達した起業家」を「個人・チームを問わず，1社以上を起業し，創業者としてフルタイムで10年以上働き，最低でも1社を株式公開した人物」と定義し，アメリカで成功した起業家リストの中から起業のエキスパートである27名を抽出しました。彼らには，アントレプレナーシップに関するコンピューター・ゲームを扱う「ベンチャリング」という新しい会社を設立する状況について10の質問をして，そこから得られたデータを認知科学における分析手法（シンク・アラウド法）に基づき，起業家的意思決定のプロセスを詳細に分析し，本文で提示した5つの思考様式を発案しました。すなわち，アントレプレナーシップから生まれてきた，起業家のための起業の理論といえます。そして，この思考様式は，志あるものが誰でも習得可能であり，現在，多くの教育プログラムが展開されています。

　皆さんも，自分の身近から「コト」を始めてみませんか。

第Ⅰ部　事業創造

やってみよう！ ** チャレンジ課題**

1. 事業創造の類型の中で，あなたが実践したいと思う類型を1つ選んで，その中での自分の立場と事業創造を推進する上での注意点を説明してください。
2. ビジネスプランを作成する目的について提示するとともに，ビジネスプランの具体的事例をインターネットなどで調べて，その内容を説明してください。
3. 起業メソッドの潮流として，エマージェント・メソッドの有効性が指摘されています。その理由を端的に提示するとともに，事業創造を実現する上で特に重要なポイントをあげて説明してください。

第3章
イノベーションと
アントレプレナーシップ

「変革せよ，変革を迫られる前に」

• •

ジャック・ウェルチ（Jack Welch）〈1935–2020〉
ゼネラル・エレクトリック社（GE）の CEO を務め，一時期 GE を
世界最高の時価総額企業に成長させた。その圧倒的な経営手腕から
「伝説の経営者」，「20 世紀最高の経営者」と称された。

Summary

　日本経済は，現在長期的な閉塞状態にあり，急速な世界的地位の低下に見舞われています。

　その大きな要因としては，日本企業の国際的な競争力の弱体化が指摘できます。日本企業が再び強い競争力を獲得し，持続的な成長を成し遂げるためには，現在の変革期に適応する新たなイノベーション戦略を遂行することが求められています。そして，その実現を担う主人公がアントレプレナーです。

　本章では，イノベーションの概念や変遷などからその本質を説明するとともに，その遂行を担うアントレプレナーの存在とアントレプレナーシップに関する理解を図ります。その上で，近年のイノベーション戦略の特徴やこれから求められる新たなイノベーション戦略に迫ることで，イノベーション実現のための道筋を明らかにします。

第Ⅰ部　事業創造

1　イノベーションの本質

（1）　イノベーションとは

　イノベーション（Innovation）とは，新機軸，革新という意味であるが，一般的に科学技術の革新を表すことが多い。特に日本は，製造業の生産技術の革新などによる**QCD**（Quality：品質，Cost：コスト，Delivery：納期）の実現により高い競争力を獲得してきたため，イノベーションというキーワードは，製造業における技術革新というイメージが強い。このため，多くの書物において，イノベーション＝技術革新という訳語が使われている。近年は，**MOT**（Management of Technology：技術経営）に対する関心の高まりから，技術的側面でのイノベーションへのアプローチが多く見られる。

　しかし，イノベーションを単に自然科学分野の技術という側面だけで捉えることは近視眼的であり，社会科学や人文科学などを含めた概念で捉えることが求められる。スポーツ選手の世界記録や，文学，絵画，音楽の巨匠の作品などもイノベーションであり，イノベーションは，政治，思想・哲学，芸術，スポーツなど社会全体に関わるものなのである。ただし，本書においては偉大な政治家や哲学者，芸術家の成し遂げたイノベーションは取り扱わない。本書で取り扱うイノベーションは，そこに経済的な価値が見られるものであり，社会に富をもたらすものである。すなわち，事業（Business）と関連するイノベーションが本書の対象である。もちろん，この事業は，営利企業だけでなくNPO（非営利組織）の活動も含むものであり，当然，社会的企業（ソーシャルビジネス）の成し遂げるイノベーションにも焦点が当てられる。

（2）　イノベーションの概念と定義

①　シュンペーターのイノベーション

　イノベーションを語る上で欠かせない先達は**シュンペーター**（J.A. Schumpeter）である。シュンペーターは，イノベーションとは「経済体系の内部から生ずるものであり，それはその体系の均衡点を動かすものであって，しかも

Ｉ－１ 理論編

新しい均衡点は古い均衡点からの微分的な歩みによっては到達しえないようなもの」であるとして，システムの性質を変えねば解決できないような不均衡を作り出す変化がイノベーションであると述べている。この自発的，非連続的な変化と均衡中心点の推移は，シュンペーターのイノベーション概念のコアの部分である。「郵便馬車をいくら連続的に加えても，それによって決して鉄道を得ることはできない」と述べているが，これはシュンペーターのイノベーションの本質といえるであろう。現代のIT革命に例えれば，電話機を何台つなげても，インターネットにはなりえない。特に**生成AI***革命といわれる「ChatGPT」の登場による人工知能の飛躍的な進歩は，私たちの社会生活を根底から変革しようとしている。

　シュンペーターによれば，生産とは利用できるさまざまな物（材料や部品など）や力（労働や機械設備など）を結合することであり，生産物や生産方法の変更とは，その結合を変更することである。そして，非連続にのみ現れ，発展に特有な現象が成立する変化，すなわち革新を導く生産（物や力の新しい結合）を「**新結合**」と呼び，5つのパターンを提示している。それは，①新しい製品・サービス，または新しい品質の製品・サービスの開発，②新しい生産方法や物流・販売方法，③新しい販路の開拓，④原料や部品の新しい供給源の獲得，⑤新しい組織の実現である。

　シュンペーターのいうイノベーションとは，連続的な適応によって成し遂げられるものではなく，非連続的な変化を伴うものであり，新結合の遂行によって成し遂げられる。この新結合を成し遂げる原動力となるものが「**創造的破壊**」である。創造的破壊は，「古きものを破壊し新しきものを創造して，絶えず内部から経済構造を革命化する産業上の突然変異」であり，この過程こそ「資本主義についての本質的事実である」という。そして，この創造的破壊によりイノベーション（新結合）を成し遂げる主役が，**企業家（アントレプレ**

Keyword ···

＊**生成AI**（Generative AI）　学習能力があり，さまざまなコンテンツを生成できるAI（Artificial Intelligence：人工知能）のことで，社会に革命的な影響を及ぼすとされている。ChatGPTは，生成AIのアプリケーションとして特に著名であり，条件に応じた文章の生成や，新たなデータなどを学習し生成する文章の精度を高める機能を有している。

第3章 イノベーションとアントレプレナーシップ

第Ⅰ部　事業創造

ナー：Entrepreneur）なのである。すなわち，時代の将来を見通したアント
レプレナーが，まず新しい技術，新しい生産の結合，新しい組織などを持ち込
み，その将来性にかける銀行や投資家が信用創造によって投資資金を提供し，
それらがあいまって既存の構造を揺り動かし「創造」の過程が胎動する。そし
て，その後に（ないしは同時に）新結合が旧結合を破壊するという転換の過程
（創造的破壊）が登場し，イノベーションが成し遂げられる。

②　ドラッカーのイノベーション

　ここで，イノベーションに関してもう1人偉大な先達をあげるとしたらド
ラッカー（P.F. Drucker）であろう。**ドラッカー**は，事業の目的は顧客の創造
であり，そのためにはマーケティングとイノベーションという2つの基本的な
機能（**企業家的機能**）が欠かせないという。**マーケティング**は企業に特有の機
能であり，製品・サービスを市場で販売する企業の基本的な活動である。そし
て，企業を成長，発展させるものが**イノベーション**であり，より優れたより経
済的な製品・サービスを創造することである。ドラッカーのイノベーションの
概念は，非連続的なものではなく，また研究開発や生産技術に限定されるもの
でもない。流通におけるイノベーションも，生産におけるイノベーションと同
じように重要であり，マーケティング活動が重要視される。

　イノベーションの機会となるものは**変化**である。イノベーションには，意識
的かつ組織的な変化の探求が不可欠であり，それらの変化は既に起こっている
か，進行中のものである。変化の探求は，企業が所属している業界の変化，そ
して社会全体の変化である。イノベーションを成し遂げるためには，いかに環
境を適切に把握し，その変化に五感や精神を研ぎ澄ませ，迅速かつ適切な対応
をしていくことが求められる。そして，イノベーションを成し遂げるための基
盤は，**体系的廃棄**にある。体系的廃棄とは，古いもの，死滅しつつあるもの，
陳腐化したもの，もはや生産的ではないものを，計画的かつシステマチックに
廃棄することである。変化への適応は，現状の継続では成し遂げられない。そ
れは，既存の事業活動の否定が前提となり，内部からの多くの「反感」を生み
出す。この現状否定に対する「反感」は，イノベーション推進の妨げになるも
のであり，体系的廃棄はまさにその「反感」を先んじて「共感」に変える仕組

みといえる。イノベーションに優れた企業は，体系的廃棄の仕組みを組織的に構築しており，自らの人材のビジョンとエネルギーを，イノベーションに集中させることができる。そして，その推進者は，急激な構造変化の時代において，変化を求め，変化を機会として捉え，自ら変革の担い手となりイノベーションを推進するアントレプレナーである。

③ イノベーションの定義

ここで本書におけるイノベーションを定義する。シュンペーターのいう**非連続的**なイノベーションは，経済構造を変革し社会に与えるインパクトも大きい。まさしくイノベーションの本質といえるものである。これは，狭義のイノベーションといえる。しかし，イノベーションの目的は，ドラッカーのいう顧客創造であり，それによる企業の成長，ひいては経済全体の発展である。成長という概念はゼロからのスタートではなく，必ずその前に基盤があり，持続的な蓄積により成し遂げられるものといえる。たとえ，その成果が非連続的で社会全体の構造を変革するものであっても，やはり先達の知識の蓄積の上に成り立っている。そして，イノベーションは，何らかの変化が市場に受け入れられることで実現される。たとえ小さな変化であっても，それが後に大きな革新につながることも多い。不断の努力による連続的なイノベーションも，私たちの社会生活にとってなくてはならないものである。

ここでは，イノベーションは，非連続的なものだけでなく，**連続的**なものも含んでいると捉える。これは広義のイノベーションといえる。すなわち，**イノベーション**とは，「事業体が，製品・サービスを創造する過程で生み出す革新であり，それが社会に受け入れられ経済的価値を実現するもの」である。

(3) 技術革新とイノベーション

① イノベーションのダイナミクス

技術革新という観点から，企業が遂行するイノベーションは，①**プロダクト・イノベーション**＝製品（およびサービス）という生産対象自体に関するイノベーション（"What to Make"に関係）と，②**プロセス・イノベーション**＝生産工程や生産技術に関するイノベーション（"How to Make"に関係）の2

種類に大別される。

　産業におけるイノベーションの発生状況ならびに産業の発展段階を見ると，プロダクト・イノベーションとプロセス・イノベーションの発生方法には一定の関係がある（図表Ⅰ-3-1）。すなわち，新しい製品市場においては製品の概念が不確定であり多様であるため，さまざまな製品が登場する。このように，ある産業または製品におけるプロダクト・イノベーションの発生率は，その形成期（＝「流動期」）において最も高い。この時期には，競争企業間でさまざまな製品デザインと操作上の特徴についての実験が行われるが，製品が製造される工程についてはそれほど注意が払われず，人の技能や汎用的な機械設備に依存した生産が行われる。

　続いて，ユーザーニーズを満たす特定のデザインの製品が市場を占有するようになる「移行期」へと進んでいく。この市場の支配を勝ち取った特定の製品

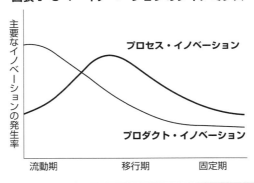

図表Ⅰ-3-1　イノベーションのダイナミクス

プロダクト （製品）	多種多様からドミナント・デザインへ，さらに標準化された製品における漸進的なイノベーションへ
プロセス （工程）	汎用機械と，大きく熟練労働に頼った製造工程から，低い技能の労働者でも使用できる特別な機械へ
組織	有機的な企業組織から，定型化された仕事とイノベーションに対して報酬を与えないような階層的な機械的組織へ
市場	多種多様な製品と迅速な対応をもった分断された不安定な市場から，ほとんど差別化されていない商品的な市場へ
競争	ユニークな製品をもった多数の小企業から，類似の製品をもった大企業の寡占へ

出所：Utterback（1994）に基づき作成

仕様のデザインのことを**ドミナント・デザイン**という。ドミナント・デザインにより製品の形態が急速に決定されるに従って，製品の製造方法（生産技術）に関わるプロセス・イノベーションが活発化する。

　次に，産業は「固定期」に移行していく。この時期には，コスト，生産量，そして生産能力が極端に重視されるようになり，製品と工程の両方のイノベーションの発生率はともに低下していく。このような変化は，製品，工程だけでなく，組織，市場，競争においても見られ，産業の成熟に伴う固定化・定型化が進展する。

　この時間を通じてのプロダクト・イノベーションからプロセス・イノベーションへの移行により，専用の機械設備を使った大規模かつ効率的な生産システムが構築され，生産性は大きく向上する。しかし，これは製品と生産の選択肢を狭め，イノベーションが「二の次」になる状態を生み出す。このような技術的イノベーションと生産効率の**トレードオフ***，すなわち生産性の一貫した上昇に伴うイノベーションの減少という状況は「**生産性のジレンマ**（Productivity Dilemma）」と呼ばれる。

②　技術のブレークスルー

　しかし，この生産性のジレンマが，**技術のブレークスルー**を生む。すなわち，特定の産業や製品におけるイノベーションの減少は，新たなイノベーションの苗床ともなるのである。

　ある製品もしくは製法を改良するために投じた費用（＝努力）とその投資がもたらす成果との関係を図で表すと，S字型の曲線を描くといわれ**S曲線**と呼ばれている（図表Ⅰ-3-2）。新製品の開発は，当初その努力に比してなかなか成果が上がらないが，ある時点から開発を前進させるようなカギとなる技術や情報が集まり急速な進展を見る。しかし，次第に努力に見合う成果が得られなくなり限界を迎えるというものである。そして，この限界を超える不連続な新

Keyword ···

* **トレードオフ**（trade-off）　一方を立てると他方が立たないこと，二律背反。何かを得ると別の何かを失う，相容れない関係のこと。

第Ⅰ部　事業創造

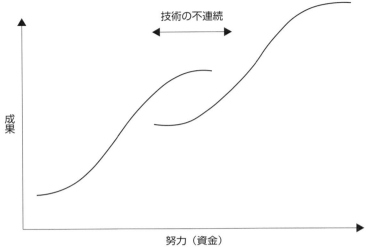

図表Ⅰ-3-2　S曲線と技術のブレークスルー
S曲線はほとんどの場合，ペアとなって現れる。

技術の進歩は幼年期を経て爆発的に急伸し，成熟とともにゆるやかになる。
1つの技術が他の技術に取って代わり，技術の不連続が生じる。

出所：Foster（1986）に基づき作成

しい画期的技術が現れ，新技術の急進により旧技術に取って代わる技術のブレークスルー（不連続）が生じるのである。

(4) イノベーションの発生過程とインパクト

イノベーションはどのような要因から生み出されるのだろう。すなわち，イノベーションの源泉は何かということである。この観点から，イノベーションを発生過程やインパクトにより分類する。

企業のイノベーションは，基本的に顧客の要求や需要の性格というニーズ（Needs）と，技術革新などによる事業のタネの創造というシーズ（Seeds）のいずれかを起源とする。すなわち，まず発明・開発した技術などの種（シーズ）が存在し，それを新たな製品・サービスとして事業化しようとする**シーズ・オリエンテッド・イノベーション**（Seeds-oriented Innovation）と，顧客の要望に応える形で製品・サービスが具現化される**ニーズ・オリエンテッド・**

I－1　理論編

図表Ⅰ-3-3　イノベーションの４類型

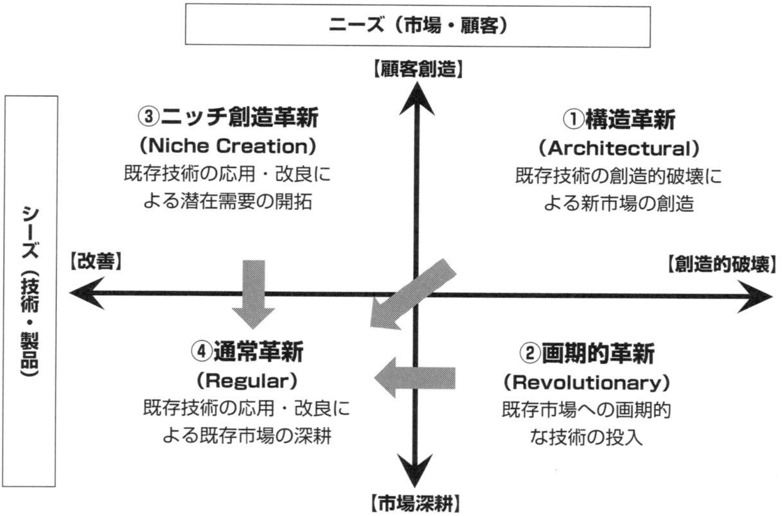

ニーズ（市場・顧客）

【顧客創造】

③ニッチ創造革新
（Niche Creation）
既存技術の応用・改良に
よる潜在需要の開拓

①構造革新
（Architectural）
既存技術の創造的破壊に
よる新市場の創造

シーズ（技術・製品）

【改善】　　　　　　　　　　　　　　　　　　　【創造的破壊】

④通常革新
（Regular）
既存技術の応用・改良に
よる既存市場の深耕

②画期的革新
（Revolutionary）
既存市場への画期的
な技術の投入

【市場深耕】

出所：Abernathy & Clark（1985），一橋大学イノベーション研究センター（2001）な
　　　どに基づき作成

イノベーション（Needs-oriented Innovation）がある。加えて，シーズから
生み出されたイノベーションであっても，ニーズから創出されたものでも，そ
のインパクトが非連続的であるか，連続的であるかという視点で分類できる。
すなわち，生み出されたイノベーションが，従来の既成概念を打ち破るような
画期的な製品・サービスであるものを**急進的**（非連続的，画期的）**イノベー
ション**（Radical Innovation），製品・サービスや生産技術の応用・改良による
継続的なものを**漸進的**（連続的）**イノベーション**（Incremental Innovation）
と呼ぶ。シーズ・オリエンテッド・イノベーションにおける非連続的とは，既
存の枠組みを破壊し新しい次元を創出する「**創造的破壊**」であり，連続的と
は，既存の枠組みの応用・改良，すなわち「**改善**」である。また，ニーズ・オ
リエンテッド・イノベーションにおける非連続は，「新しい顧客の創造（**顧客
創造**）」であり，連続とは，「既存顧客の深掘り（**市場深耕**）」となる。このよ
うにイノベーションはその源泉とインパクトにより，図表Ⅰ-3-3の通り４つ
に分類することができる。

41

第Ⅰ部　事業創造

①**構造革新**は，既存の技術体系を破壊するまったく新しい技術により，新しい市場を創造したものであり，馬車や自転車，蒸気機関や内燃機関などの動力装置，飛行機，コンピューターなどがあげられる。

②**画期的革新**は，既存の技術体系を破壊するような画期的な技術を投入し既存市場を開拓することであり，馬車から自動車，自転車からオートバイ，プロペラ機からジェット機などの事例があげられる。その大きな特徴は，レコードからCDやフィルムカメラからデジタルカメラなど，アナログ技術からデジタル技術への転換というように，既存の顧客市場はそのままにして，旧来の技術体系を破壊しそれを代替してしまうことであり，**破壊的イノベーション**ともいえる。

③**ニッチ創造革新**は，既存の技術体系の応用や組み合わせなどによって，新しい市場を創造することである。外に音楽を持ち出す携帯用音楽プレーヤー市場を生み出したソニーのウォークマンや，家庭用ゲーム機を語学などの個人学習や知識習得，健康管理にまで拡げた任天堂のニンテンドーDSやWiiなどの事例があげられる。

④**通常革新**とは，絶え間ない改善による既存市場の深掘りであり，既存顧客に対する顧客価値を高め，既存市場でのシェア（市場占有率）アップを図ろうとするものである。すなわち，この類のイノベーションは，合理化，効率化，生産性の向上によるコストの低減か，製品性能の向上や機能の追加による顧客効用の増加を達成することを目指す。

さて，①構造革新，②画期的革新，③ニッチ創造革新は，実現された後，次第に④通常革新の段階に入る。すなわち，企業は既存市場の中で顧客価値を高めるため，より高性能でより低価格な製品・サービスの創出にしのぎを削ることになるのである。しかし，これによって達成されたイノベーションは，新たなイノベーションの創造を阻害することになり，「**生産性のジレンマ**」や「**イノベーションのジレンマ**」に陥ることになる。

「ジャパン・アズ・ナンバーワン」といわれた1970年代後半〜80年代前半の日本企業の国際競争力の高さは，③ニッチ創造革新，④通常革新といった漸進的イノベーションから生み出されたものであり，1990年代以降の「**ニューエコノミー**[*]」と呼ばれるアメリカ経済の繁栄は，IT革命といった①構築革新，②画期的革新という急進的イノベーションにより成し遂げられたものであ

I−1　理論編

るといえよう。特に,「ニューエコノミー」を実現したアメリカ型イノベーションは, **パックス・アメリカーナ***をもたらしたアメリカ型大量生産システムといった「モノ」ではなく,「情報」や「知識」が競争の基盤となっているため, 近年においては漸進的イノベーションにより競争優位を成し遂げることがますます難しくなってきている。

2　アントレプレナーとアントレプレナーシップ

(1)　アントレプレナーとは

　アントレプレナー（Entrepreneur）とは, 企業家または起業家と訳されている。**アントレプレナーシップ**（Entrepreneurship）は, 企業家精神または起業家精神である。創業活動を強調する場合に「**起業**」が使われるが, 両者の区別は明確ではない。近年は「起業家」「起業家精神」と表現される場面が多い。経済学の偉人たちによる主なアントレプレナーの概念は, 図表Ⅰ-3-4 の通りである。革新性, 先見性, 変化適応性, 環境適応性, 不均衡への対処, リスクテイク（危険負担）, 価値創造性, コーディネーター, 利益指向性, 指導性など, きわめて多様な見解が述べられている。それらは, 時代背景, 国家制度や風土の違い, アントレプレナーならびにアントレプレナーシップに対する関心の違いなどを表したものであるが, その根底には, シュンペーターのいう新結合を成し遂げる主体（＝**革新者**）, ドラッカーの変化への適応者（＝**変革の担い手**）がある。

Keyword ･･･

***ニューエコノミー**（New Economy）　1990 年代のアメリカで景気拡大が続いたことから, ICT やバイオテクノロジーにおける技術革新や経済のグローバル化などによる生産性の上昇によって, 景気循環が消滅しインフレなき長期景気拡大が実現しているとする考え方。伝統的な産業やそれらを中心とする従来型の「オールドエコノミー」と対比した表現である。

***パックス・アメリカーナ**（Pax Americana）「アメリカによる平和」という意味で, ローマ帝国の全盛期を示す「パックス・ロマーナ」に由来する。第二次世界大戦後, 超大国となったアメリカが中心となって成立した国際秩序のこと。1960 年代半ば以降はその影響力に翳りがみられたため, 大戦後から 60 年代までを指すことが多い。

第Ⅰ部　事業創造

図表Ⅰ-3-4　主なアントレプレナーの概念

学者	年	企業家概念
R. カンティヨン	1725	先見の明を持ち，危険を進んで引き受け，利潤を生み出すのに必要な行為をする者
J.B. セイ	1803	他者を結びつけて生産的な組織体を形成する行為者
C. メンガー	1871	予見に基づき資源を有用な財に変換する変化の担い手
A. マーシャル	1890	多様な生産要素を需要に適合させていくうえで問題を解決し，効用をつくり出す主体
G.V. シュモラー	1900	事業の危険を負担し，イニシアティブをとる者
M. ウェーバー	1905	組織的合理的に正当な利潤を使命として追求する者，革新的企業家はその一類型
J.A. シュンペーター	1912	革新者，新結合を遂行する者
A.H. コール	1959	財の生産・流通を目的とする利益指向型企業の創設，維持，拡大に挑戦する者
D. マックリーランド	1961	エネルギッシュで適度なリスクテイカー
I.M. カーズナー	1973	新しい価値のある目的および潜在的に有用で入手可能な資源に対する機敏性を持つ個人
T.W. シュルツ	1980	不均衡に対処する能力を持つ者
P.F. ドラッカー	1985	変化を探し，変化に対応し，変化を機会として利用する者
W.J. ボーモル	1993	斬新，大胆，想像力，リーダーシップ，持続力などを活用する経済主体

出所：清成（1998）

(2)　アントレプレナーシップとは

　アントレプレナーシップ（Entrepreneurship）は，前述の通り「起業家精神（企業家精神）」と訳されるが，近年は「起業（企業）活動」，「起業家（企業家）活動」と表記されることが多くなってきた。これには，アントレプレナーシップを国際的に測定・評価するプロジェクトである GEM の成果が大きく影響している。GEM においてアントレプレナーシップとは客観的に計測できるもので，「**態度**（Attitude）」「**活動**（Activity）」「**意欲**（Aspiration）」（3つの A）によって構成される。「**態度**」とは，起業家を創業に向かわせる機会

44

や，起業家の能力，社会的な評価のことである。具体的には，起業の機会や起業家自身の能力に対する認識度合い，失敗の可能性，起業家予備軍の数，起業家の社会的な地位や名声，メディアの注目度など，起業に向かわせる態度を醸成する要因となるものである。「**活動**」とは，事業設立段階，創業開始，事業継続，廃業という実際の起業プロセスの各フェーズにおける起業家の存在そのものであり，加えて起業に向かわせる必然性や起業活動を促進する要因なども含んでいる。「**意欲**」とは，企業成長やイノベーション，グローバル展開などに対する起業家の熱意や目標の高さに関する項目である。このように，GEMにおいては，アントレプレナーシップを①態度：起業を促進する環境要因，②活動：起業プロセスと起業理由，③意欲：起業家の精神的側面という3つの複合的な要素（**3つのA**）により明らかにしている。

（3） アントレプレナーとアントレプレナーシップの本質

ドラッカーによれば，**アントレプレナーシップ**とはまったく新しいことに経済的な価値を見出すことであり，権威に対する否定の宣言であるという。**アントレプレナー**とは秩序を破壊し解体する者で，アントレプレナーの責務はシュンペーターのいう「創造的破壊」であり，まさに変化を探し，変化に対応し，変化を機会として利用する者である。また，アントレプレナーは企業の新しさや規模とは関係なく，アントレプレナーシップは大企業や老舗企業でも当然実践されている。

この点，ゼネラル・エレクトリック（GE）をCEOとして約20年間率いて「20世紀最高の経営者」と称されたジャック・ウェルチ（J. Welch）は，**変化**こそがビジネスに活力を与えるための要であると指摘する。未来を予測することは困難であるが，変化を好み願い，飛躍するためのチャンスと捉える組織こそが成功する。その上で，変化を機会として捉える組織を構築するためのリーダーシップの資質について，「**P**」に囲まれた4つの「**E**」という概念を提起している。最初の「E」は，急変する経営環境に即応するための「**活力**（Energy）」であり，2番目の「E」は，情熱を起こさせ業務を推進するために組織を「**活性化する**（Energize）」ことである。3番目は，物事を曖昧にせず「イエス」，「ノー」を即座に伝えるために明確な決定をする「**鋭さ**（Edge）」であ

第Ⅰ部　事業創造

る。最後は，約束したことを確実に「**達成する**（Execute）」ことである。これらすべての「E」は，大きな「P」すなわち「**情熱**（Passion）」があってこそ最適に機能する。リーダーシップには自信が必要であるが，自信の多くは経験から得られるものであり，個人的な資質と経験が大切なのである。ウェルチのリーダーシップに対する思考は，ドラッカーのアントレプレナーシップそのものであり，ウェルチは巨大企業であるGEに対して，個人商店のような家族経営の雰囲気を重視した風通しの良い組織を目指した。ここにも企業規模にとらわれないアントレプレナーシップの重要性が指摘できる。

　成功するアントレプレナーに備わっている資質は，基本的に共通している。世界のトップ経営者についての調査に基づく，成功したアントレプレナーの基本的な要件は，①失敗を受け入れる，②金銭を目的としない，③食らいついたら放さない（不撓不屈の精神），④私生活を犠牲にする，⑤自分の思い描いたビジョンをあくまでも信じるというものである（Boyett, 2001）。

　また，起業家教育で著名であるアメリカ・バブソン大学のバイグレブ（W. Bygrave）らは，成功する起業家に見られる最も重要な特徴としての「**10のD**」を提示している。それは，① Dream（夢）：未来に対して明確なビジョンを持ち，それが実現できる能力を有していること，② Decisiveness（果断）：躊躇しない素早い決断，③ Doers（実行家）：決めたら直ちに実行すること，④ Determination（決意）：困難な障害にも諦めず事業に全身全霊を注ぐこと，⑤ Dedication（献身）：事業にすべてを捧げ，事業の立ち上げ期には疲れることなくハードワークをこなすこと，⑥ Devotion（愛情）：製品・サービスに情愛を注ぎ，自分自身の仕事を愛すること，⑦ Details（細部）：悪魔は細かい部分に潜んでいるため細部にまで気を配ること，⑧ Destiny（運命）：自分自身で運命を切り開くこと，⑨ Dollars（金銭）：金銭は起業の動機ではなく成功の尺度であると認識すること，⑩ Distribute（分配）：事業に貢献した人に応分のインセンティブを与えることである。

　類似した文脈で，クリステンセン（C. Christensen）は，破壊的イノベーションを創出するアントレプレナーの特性として，5つのスキルで構成される「**イノベーターDNA**」モデルを提示している。これらのスキルは，一般的な企業幹部とイノベーターをはっきり区別する特質である（図表Ⅰ-3-5）。

【破壊的イノベーターの5つのスキル】

1) 関連づける力（関連づけ思考）

既にあるアイデアを関連づけて意外な結びつきによる革新的なアイデアを生み出す力。細部にこだわり，時に全体を俯瞰するズームインとズームアウトの視点を持ち，物事の意外な組み合わせを考えることで，幅広い経験の点と点をつなぎ，最終的に新しいビジネス・アイデアを創出する。

2) 質問力

現状に異を唱えるような型破りな内容や新しい着眼点を得るような質問をする力。常に常識を疑い，5W1Hの質問，5回の「なぜ」，「もし〜だったら」という質問を畳み掛けることで，それまで見えなかったものを明らかにしようとする。

3) 観察力

物事を注意深く観察することにより新しいアイデアを着想する力。意識的に周りの世界を注意深くうかがい，目に映るものを固定観念に同化させず，これまでの経験にない物事を鋭く捉えることで，新しいアイデアを掘り起こす。

4) ネットワーク力

新しいアイデアや洞察を引き出すために自分のバックグラウンドや考え方と

図表 I-3-5 「イノベーター DNA」モデル

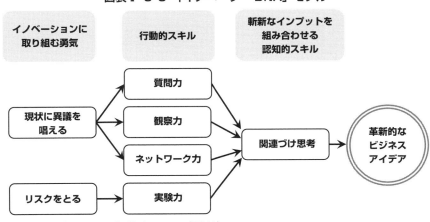

出所：Dyer, Gregersen & Christensen（2011）

第Ⅰ部　事業創造

異なる人とつながる力。自分と異なる分野の人々と触れ合う機会を積極的に増やし，いろいろな考えや視点を持つ人と話をすることで，アイデアを刺激する。

5）　実験力

「新しい経験に挑む」，「ものを分解する」，「試作品や実証実験を通じてアイデアを試す」という3種類の実験プロセスから新しい洞察を得る力。新しいアイデアに基づく製品などのコンセプトについて，物理的または頭の中（空想，イメージ）において実験をしながら，自分のアイデアを成功させるための手掛かりを手に入れ，革新的なビジネスモデルを形作っていく。

　この5つのスキルのうち最も重要なものは，天才的なひらめきなどではなく，一件無関係な事柄を**関連づける力**である。これらの行動について，イノベーターたちは，一般的な企業幹部に比べて1.5倍もの時間を費やしている。彼らは現状を変えたいという意志に燃え，変化を起こすために果敢にリスクをとる。失敗を恐れず，リスクを学習の手段として受け入れることで，挑戦するための勇気が与えられることを知っている。

　成功するアントレプレナーは，独創性や革新性といった能力だけでなく，経営管理，事業のノウハウ，人的ネットワークを兼ね備えている。そして，アントレプレナーの出現と**ロールモデル**には強い関係がある。スタートアップのアントレプレナーは，その両親または近親者が事業に従事している家庭の出身者である可能性が高い。これらの年長者は子どもたちにとって見本（モデル）となる。このような家庭環境で育った人物は，スタートアップの創出という行為は，特別なものではなく「自分にもできること」である。

　この企業家的特性を自ら実践することがアントレプレナーシップである。ドラッカーも，アントレプレナーシップは個人的資質ではなく行動であり，その基盤は直感的な能力ではなく構想や理論であるため，学ぶことができるという。すなわち，**アントレプレナーシップ**は，企業家的能力を実践することであり，「アントレプレナーが持つ能力」とか，「アントレプレナーとしての地位」という意味合いが強く，「企業家精神（起業家精神）」というよりも「企業家活動（起業家活動）」という表現がふさわしいといえよう。

I-1　理論編

3　イノベーションの実現

（1）　産業の成熟化と破壊的イノベーション

　一般的にある業界の構造を考えた場合，産業の成熟化に伴い既存企業の寡占化が進み，参入障壁が高くなるとともに業界内の競争は定型化し，既存大企業に有利に働くであろう。そして，それに伴い成熟産業におけるイノベーションも減少していき，既存企業に安定的な関係をもたらす。すなわち，顧客志向のマーケティング活動を積極的に推進し，製品・サービスの高機能化，高品質化を推し進める戦略は，既存大企業の常套手段であり理にかなったものである。

　しかし現実には，主要な顧客が関心を示さない小さな新技術を無視したため，その技術に集中した新規参入者にリーダーの座を奪われるような状況が多く見受けられる。これが，「**イノベーションのジレンマ**（Innovator's Dilemma）」であり，既存の優良企業が，成功を永続させようと持続的なイノベーションを推進すればするほど失敗に陥ってしまうのである（Christensen, 1997）。

　産業の成熟化過程の企業行動において，イノベーションは**持続的イノベーション**（Sustaining Innovation）と**破壊的イノベーション**（Disruptive Innovation）の２つに区分できる。一般的に既存製品市場での競争は，持続的イノベーションにより既存製品より優れた品質・性能の製品を開発することで，要求水準の高い**ハイエンド**（High End）な顧客の満足度の向上を目指すものであり，顧客志向の大企業に有利となる。ただし，ハイエンドな顧客はいつでもより高い水準の品質を要求するため，企業の持続的な努力による改善は，いつしかメインストリーム（主流）となる顧客の要求水準を上回ってしまう。破壊的イノベーションは，既存製品ほどには優れていない**ローエンド**（Low End）な製品・サービスを提供し，当初は既存大企業にとっては取るに足らないニッチ市場を対象にする。この破壊的技術による新製品市場は，シンプルで使い勝手が良く低コストな製品を生み出す技術で創出された市場であるため，新しい顧客や相対的に要求水準の低い顧客にアピールし，次第に既存市場を淘汰し主

第3章　イノベーションとアントレプレナーシップ

49

第Ⅰ部　事業創造

役交代となり，既存企業が潰えてしまうのである（図表Ⅰ-3-6）。

　持続的イノベーションの概念は，戦後の日本の高度経済成長を可能にした**キャッチアップ型**ビジネスモデルと近似な概念ともいえる。すなわち，粗悪な廉価品と評されていた「**Made in Japan**」製品を，欧米の先進諸国に「追いつき，追い越す」ような製品に磨き上げるためのイノベーションシステムである。そこでは，欧米からの技術導入による製品の改良や生産工程の改善などを通じて品質や生産性の向上を図り，「高品質・低価格・短納期（**QCD**）」による強い競争力を発揮し，「Made in Japan」といえば**高品質**の代名詞とまでいわれるようになった。すなわち，ソニーのトランジスタラジオ，セイコーのクォーツ腕時計，シャープ，キヤノンなどの電卓，ホンダの小型オートバイ，トヨタをはじめとした小型自動車など，かつての日本企業が世界的な競争力を獲得する基盤となったのである。しかし近年，日本のお家芸であった電子デバイスをはじめとした電機産業は，韓国，台湾，中国などのアジア諸国を中心とした企業の破壊的イノベーションの洗礼を受け，急速に国際的な競争力を弱体

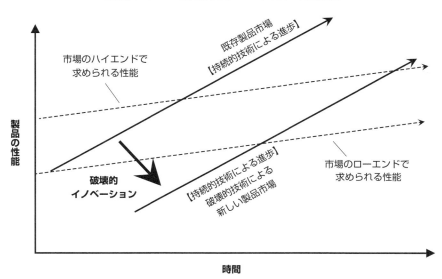

図表Ⅰ-3-6　破壊的イノベーションの概念図

出所：Christensen（1997）に基づき作成

化させている。まさに，国内のハイエンドな顧客の満足を満たすための日本企業間の激しい競争が，新興諸国企業などによる世界市場を舞台とした破壊的イノベーションに晒され，国際的な競争力の低下を生む要因になったといえる。

(2) プロダクトサイクルとリバース・イノベーション

　プロダクトサイクル理論（Product Cycle Theory）は，国際分業の観点から製品の開発，生産，販売サイクルに焦点を当てている。これは，新製品が先進国（アメリカなど）で開発・生産された後，製品需要の拡大に伴う大量生産で成熟化し標準化した製品となることで，その生産の中心が次第に他の国（主に発展途上国）に移行していくことを説明する理論である（Vernon, 1966など）。このプロダクトサイクル理論と発展途上国の輸入代替政策による産業発展を，雁行形態に模して説明した理論が**雁行形態論**である（赤松，1956）。すなわち，後進国の工業化の進展において，第1段階として一次産品（原材料など）の輸出と工業品（先進国の完成品）の輸入が行われ，第2段階では当該国の国内で工業生産が起こり輸入代替が生じ，輸入品は漸減傾向となる。第3段階においては国内生産工業品の比較優位が増大し，海外への輸出を行うようになり，強い価格競争力で先進国向けの輸出が増加することで，先進国において産業構造の転換（高度化）が図られるというものである。この工業化の進展における3段階のカーブが，雁行（雁の群れが飛ぶ形）的であることから名付けられた。また，先頭を行く雁（日本など）から後続の雁（発展途上国＝東アジア諸国など）へと，次々に技術移転が行われることによって，発展途上国が全体として発展しうるという産業発展の**キャッチアップモデル**としても捉えられる。これらの研究は，イノベーションの国際移転と，国の産業のライフサイクルを考察したものである。

　近年，プロダクトサイクル理論のようなイノベーションの国際移転のパターンと異なる状況が見受けられるようになってきた。すなわち，先進国に先んじて新興国，発展途上国でイノベーションが創出され普及するパターンが生み出され，そのイノベーションが先進国に移転する事例が出現し，**リバース・イノベーション**と呼ばれている。リバース・イノベーションとは，このように新興国，発展途上国で最初に導入される可能性のあるイノベーションのことであ

第Ⅰ部　事業創造

る。これまでのグローバル企業における**グローカリゼーション***は，先進国で製品開発を行い，その製品をマイナーチェンジした廉価版を新興国向けに投入してきたのに対し，リバース・イノベーションでは，新興国市場に合った製品・サービスを一から生み出す「イノベーション」を行い，その商品をリバース（逆戻り）させ，先進国に投入するものである。そして，このイノベーションは，先進国のグローバル企業だけでなく，新興国の現地企業が成し遂げているイノベーションも含んでいる。

　リバース・イノベーションは，従来の流れとまさに逆のコンセプトであり，時に大きな破壊力を生み出す。特に，情報技術の飛躍的な進歩によりもたらされている。イノベーションの歴史は，産業革命の歴史であり，その歴史的過程の中でブレークスルーのタイミングを迎えるが，相関的には右肩上がりの直線的な線形を描いて上昇している。すなわち，蒸気機関などを動力源とする工場制機械工業の誕生，電気・石油を動力源とする重化学工業による経済発展と大量生産を中心とした工業化社会の到来，コンピューターやロボット技術による自動化と情報化社会の到来，デジタル技術，IoT の発展などICT 革命による情報化社会の進化である（図表Ⅰ-3-7）。この歴史を経験してきた先進国は，道路・交通網や情報通信網などの社会インフラの整備とともにイノベーションが展開されてきた。しかし，リバース・イノベーションは，そのような社会インフラが未整備の国や地域において最新の情報技術の活用により生み出されている。モバイル決済，**キャッシュレス社会**は中国が先陣を切っており，インドネシアやエクアドル，ペルーなどのアジア，中南米の新興国が牽引している。ライドシェアやシェアモビリティも同様であり，**仮想通貨**についても新興国で盛り上がりを見せている。教育分野もオンライン教育と教育の情報化で先行するのは中国である。

　このように，現在の情報革命を前提としたイノベーションは，プロダクトサイクル理論と逆行した動きとなっている。このイノベーションを支えているの

Keyword ･･･

＊グローカリゼーション（Glocalization）　国際化（Globalization）と地方化（Localization）という2つの言葉を組み合わせた混成語で，企業の国際化など地球規模での事業展開を考えながら，特定の国や地域に密着した活動をすること。

Ⅰ－1　理論編

図表Ⅰ-3-7　産業革命の特徴

第一次産業革命	第二次産業革命	第三次産業革命	第四次産業革命
18〜19世紀初頭 蒸気機関，紡績機など軽工業の機械化	19世紀後半 石油，電力，重化学工業	20世紀後半 インターネットの出現，ICTの急速な普及	21世紀 極端な自動化，コネクティビティ※による産業革新

革命	特徴
第一次産業革命	18世紀後半，蒸気・石炭を動力源とする軽工業中心の経済発展および社会構造の変革。イギリスで蒸気機関が発明され工場制機械工業が幕開けとなった。
第二次産業革命	19世紀後半，電気・石油を新たな動力源とする重工業中心の経済発展および社会構造の変革。エジソンが電球などを発明したことや物流網の発展などが相まって，大量生産，大量輸送，大量消費の時代が到来。フォードのT型自動車は，第2次産業革命を代表する製品の1つといわれる。
第三次産業革命	20世紀後半，コンピューターなどの電子技術やロボット技術を活用したマイクロエレクトロニクス革命により，自動化が促進された。日本メーカーのエレクトロニクス製品や自動車産業の発展などが象徴的である。
第四次産業革命	2010年代以降，デジタル技術の進展と，あらゆるモノがインターネットにつながるIoTの発展により，限界費用や取引費用の低減が進み，新たな経済発展や社会構造の変革を誘発している。

※コネクティビティ：コンピュータと周辺機器との接続や，ネットワークへの接続のしやすさなど，複数のものを連結する際の簡易性のこと。

出所：「情報通信白書　平成29年版」に基づき作成

が，BOPと呼ばれる巨大市場である（図表Ⅰ-3-8）。**BOP**（Base of the Economic Pyramid）とは，年間所得が**購買力平価***ベースで，3,000ドル以下の低所得層で，新興国，開発途上国を中心に，世界人口の約7割を占めている。このBOPを主な顧客ターゲットとし，BOP層にとって有益な製品・サービスを提供することで，当該国の生活水準の向上に貢献しつつ企業の発展も目指す持続的なビジネスのことを**BOPビジネス**と呼ぶ。新興国の人口は，2050年まで

Keyword ・・・

***購買力平価**（Purchasing Power Parity：PPP）　為替相場は長期的に二国間の財・サービスの価格が均衡する水準に収束するという理論に基づき，同一商品で，ある国で買える価格が他国ならいくらで買えるかを示す交換レートのこと。各国のマクドナルドにおけるビッグマック1個当たりの価格を示すビッグマック指数（The Big Mac Index：BMI）が有名である。

第3章　イノベーションとアントレプレナーシップ

53

第Ⅰ部　事業創造

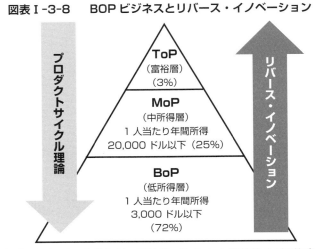

図表Ⅰ-3-8　BOPビジネスとリバース・イノベーション

出所：Govindarajan & Trimble (2012), Prahalad (2010) などに基づき作成

に全世界人口の85%を占めるといわれている。今後，新興国，発展途上国の経済成長に伴うBOP層の所得向上により，その多くが中間所得層になることが期待されている。この新たな有望市場は「ネクスト・ボリュームゾーン」として注目されており，BOPビジネスによるリバース・イノベーションの実現が求められる。リバース・イノベーションが生み出される状況は，先進国と新興国の所得格差，インフラ格差，持続可能性（環境的制約）格差の3つで，すべて社会的課題の解決に資するものであり，BOPビジネスにおけるリバース・イノベーションは**ソーシャルビジネス**の側面も有している。

(3) 両利きの経営とオープン・イノベーション

なぜ成功している企業にとって，目の前で起こっている変化に適応し，イノベーションを起こすことが難しいのか。これは前述した「**イノベーションのジレンマ**」にも通ずるテーマである。この課題の解決手法としてあげられるのが「**両利きの経営**（Ambidexterity）」である（O'Reilly & Tushman）。両利きとは，左右の両手がどちらも利き手であるかのように自在に使えることを意味す

るが，企業経営においては，既存の事業を深めていく「知の**深化**（Exploitation）」と，新しい事業の開拓を目指す「知の**探索**（Exploration）」の活動が，高いレベルでバランスよく実現されている状態を指す。まさにシュンペーターが指摘する通り，イノベーションは生産要素（資本財，労働，土地など）の新しい結合（**新結合**）により成し遂げられるものであり，「深化」と「探索」の結合がイノベーションを生み出す苗床になるのである。

　知の深化は，既存の知識を実際に用い，精度をさらに高めていく行動で，知の探索は，未知の領域で試行錯誤し，自分の知識範囲を拡げる行動であり，まさに「二兎を追う」戦略ともいえる。しかし，業界でトップの企業が，ハイエンドな優良顧客の声に耳を傾け，高品質な製品・サービスを提供するための「深化」活動を続ければ続けるほど，新しい革新的な技術を軽視してしまい，イノベーションに立ち遅れ後塵を拝する立場になる場面がよく見受けられる。すなわち，既存の大企業にとって，新しい事業や技術は，現在の本業に比べ限りなく小さいため魅力なく映るだけでなく，カニバリズム（共食い）によって既存の事業を浸食する可能性があるため，保守的な動きになりがちである。これが**サクセストラップ**（成功の罠）であり，イノベーションのジレンマといえる。

図表Ⅰ-3-9　「深化」と「探索」における組織特性の違い

	深化（既存事業の深耕）	探索（新規事業の開発）
ストラテジック・インテント（戦略的意図）	コスト，利益	イノベーション，成長
重要なタスク	業務遂行能力，効率，漸進的イノベーション	適応力，新商品開発，急進的イノベーション
コンピテンシー（適切なスキルや知識，態度）	業務効率	アントレプレナーシップ
組織構造	形式的，機械的	適応的，自由奔放
評価指標・報奨	利幅，生産性	着実な達成，成長
組織文化	効率，低リスク，品質，顧客	リスク・テイキング，スピード，柔軟性，実験
リーダーシップ	権威的，トップダウン	ビジョナリー，全員参加

出所：O' Reilly & Tushman（2004）などに基づき作成

第Ⅰ部　事業創造

　このような状態に陥らず，持続的な輝きを保つ企業であり続けるための方策が「両利きの経営」の実践である。これには，まったく異なる２つの事業特性を有する組織の統合が求められる。１つは，既に持っている能力を生かして収益性を高める**深化型組織**で，もう１つは，成長のための新しいチャンスを追求する**探索型組織**である。図表Ⅰ-3-9の通り，２つの事業は，まったく異なる戦略，組織構造，仕事のやり方，組織文化を必要とする。この両利きの組織（The Ambidextrous Organization）の構築と経営の実践にあたって求められるのが，**両利きのリーダーシップ**（Ambidextrous Leadership）である。それは，既存事業と新規事業それぞれの事業部門が異なる事業目的を掲げながら，権威，トップダウン，ビジョナリー，全員参加，マネジャーの結束，共通のビジョンや価値観，マネジャーの報奨制度の共通性などによって１つにまとまっている状態を築き上げることである。両利きのリーダーには，①戦略的抱負（達成すべき大志）と幹部の巻き込み，②深化と探索の緊張関係の明確化，③両部門の対立に向き合ったバランスの確保，④「一貫して矛盾する」リーダーシップ行動，⑤深化と探索に関する長時間にわたる深い関与が求められる。

　事業創造におけるイノベーションの実現を目指し「両利きの経営」を実践する場合，効果的な推進形態として，大企業とスタートアップとの**オープン・イノベーション**の実現があげられる。これにより，スタートアップは大企業の豊富な経営資源を活用して企業成長に弾みをつけ，大企業は**サクセストラップ**に陥らないために，スタートアップの独創的なアイデアを活用した組織の活性化を図ることができる。オープン・イノベーションは比較的新しいキーワードであるが，従来から組織間関係，ネットワーク組織，オープンネットワーク経営，組織間ネットワーク戦略などとして，他組織との連携・提携は企業経営の戦略上の重要テーマとして取り上げられてきた。現代のような変革期において，オープンなネットワークがイノベーションの苗床となることは論をまたず，他組織とのオープンな関係でのイノベーションの実現はその有用性をますます増加させている。

　オープン・イノベーションとは，「組織内部のイノベーションを促進するために，意図的かつ積極的に内部と外部の技術やアイデアなどの資源の流出入を活用し，その結果組織内で創出したイノベーションを組織外に展開する市場機

Ⅰ－1　理論編

会を増やすこと」（Chesbrough, H.）であり，自社開発の技術や製品を既存取引先中心に販売する自前主義・垂直統合型のクローズド・イノベーションと対比される概念である。オープン・イノベーションの手法としては，以下のものがあげられる。

1）　インバウンド型

自社で不足している技術やアイデアを外部機関から取り込み，補完・育成することでイノベーションを創出していく手法。ライセンスイン（他社の特許権などの導入），コンソーシアム（複数の組織により「共同企業体」を組成し共同で実施する枠組み），産学連携による大学との共同研究などがあげられる。

2）　アウトバウンド型

自社が持っている技術やノウハウを外部機関に提供することで，新たな技術開発や製品開発につなげる手法。ライセンスアウト（自社の特許権やノウハウ等の他社への売却や使用許諾），技術供与などパートナーシップの締結やコミュニティの形成などがあげられる。

3）　連携型

インバウンドとアウトバンドの統合型で，社内外で積極的に連携して共同開発を実施する手法。**ハッカソン・アイデアソン***，事業提携，**ジョイントベンチャー**，ワークショップの開催などがあげられる。

（4）　イノベーションと知識創造

イノベーションは多分に創造的な活動であり，独創性や新規性が特に重要視される。この独創性，新規性は，不断の人間的努力，組織的努力により成し遂げられるものであり，その中で特に重要な資源は**知識**である。すなわち，知識

Keyword ···

*ハッカソン・アイデアソン　アメリカの IT 業界で生まれた造語で，ハッカソン（Hackathon）はシステムの解析や改良を意味する「ハック（Hack）」と「マラソン（Marathon）」，アイデアソン（Ideathon）は「アイデア（Idea）」と「マラソン（Marathon）」を組み合わせたもの。一定期間集中的にさまざまな企業，部署，立場，職種の人が集まり，特定のテーマに沿った活動を行うイベントで，ハッカソンはアプリやシステムなどのプロダクトで成果を競い，アイデアソンは新たな製品企画やビジネスモデルなどの「アイデア」を競う点が異なる。

第Ⅰ部　事業創造

を創造し，活用することが，イノベーションの遂行にとって欠かせない。ここでは，イノベーション創出の礎ともなる**知識創造**（Nonaka & Takeuchi）の手法について説明する。

　知識は，「個人的で主観的な」知識（＝**暗黙知**）と，「社会的で客観的な」知識（＝**形式知**）という2つの側面に分類できる。**暗黙知**（Tacit Knowledge）は，知ってはいても言葉などに変換できない経験的，肉体的なアナログの知であり，思い，信念，ノウハウなどといったものである。これに対して，**形式知**（Explicit Knowledge）は，暗黙知を言葉や文字，記号などの体系にした，デジタルで共有可能な知である。知識は形式知と暗黙知のダイナミックな複合体であり，その相互作用によって新たな知識が創出される（図表Ⅰ-3-10）。

　暗黙知と形式知の相互作用は，一連の知識創造のプロセスを生み出している。**知識創造**とは，暗黙知を豊かにしつつ形式知化し，それらを組み合わせて実践に結びつけることで，再び新たな知を形成するというダイナミックでスパイラルなプロセスとして捉えられる。すなわち，知識創造のプロセスは，**SECI（セキ）モデル**と呼ばれる4つのプロセスの螺旋運動により成り立っている（図表Ⅰ-3-11）。

図表Ⅰ-3-10　形式知と暗黙知

形式知	暗黙知
・海面上にある氷山の一角 ・言葉，音 ・数字，データベース ・公式，方程式 ・図表	・海面下にある氷山の大部分 ・体験，経験，五感 ・直感，洞察 ・感情，フィーリング ・理想，信念，価値観，想い
↓	↓
簡単に表現でき，コンピュータに入力・保存できる	表現するのが難しい物語，比喩，隠喩を利用する

出所：竹内・楠木（2007）

58

第1のモードである**共同化**（Socialization）は、経験を共有することによって、メンタル・モデルや技能などの暗黙知を創造するプロセスである。フェイス・ツー・フェイスでの暗黙知の共有、獲得、増幅が基本となり、まさに組織内の「**あうんの呼吸**」を体得するプロセスであるといえる。

第2のモードとなる**表出化**（Externalization）は、暗黙知を明確なコンセプトに表すプロセスである。これは、暗黙知がメタファー（暗喩）、アナロジー、コンセプト、仮説、モデルなどの形をとりながら次第に形式知として明示的になっていく知識創造プロセスの真髄といえる。個人と集団の相互作用が媒介となり、思い（暗黙知）を持つ個人が、個人や集団とのやり取りを通じて、それを言葉（形式知）にして、その言葉をさらに磨いて新たな観点を持つ概念（コンセプト）へと進化させていく。

第3の**連結化**（Combination）は、コンセプトを組み合わせて1つの知識体系を創り出すプロセスである。すなわち、形式知の獲得、結合により形式知を体系的に結びつけ、構築的に新たな形式知を生み出すことであり、表出化された概念を操作的に再構成していくプロセスでもある。

第4のモードである**内面化**（Internalization）は、行動による学習を通じて

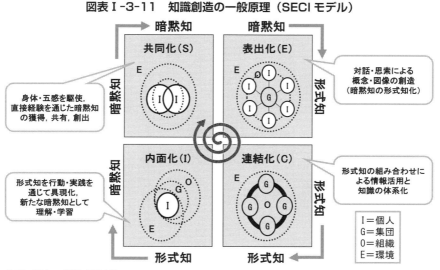

図表Ⅰ-3-11　知識創造の一般原理（SECIモデル）

出所：野中・紺野（2003）

第Ⅰ部　事業創造

形式知を暗黙知に体化するプロセスである。すなわち，形式知を自分自身のものとして身体的に取り入れることであり，そこでは，現場での成果や体験，反省が特に重要視される。この内面化された思いが，新たな暗黙知の共有（共同化）を生み，SECI を回し続けることにつながるのである。

　知識創造プロセスがうまく循環することで，常に新しい知識が生まれ，組織内に埋め込まれていく。そして，その知識がイノベーションのシーズとなり，事業の新陳代謝が活発化する。まさに，知識創造はドラッカーのいう「**体系的廃棄**」を実践する組織的システムであり，イノベーション創造の湧水地ともいえる。

コラム
イノベーションはどこから生まれるのか？

　「天文学の父」といわれるガリレオ・ガリレイは，「懐疑は発明の父」といい，発明王のトーマス・エジソンは，「必要は発明の母」と述べています。発明とイノベーションは厳密には違うものですが，ガリレオもエジソンも，世界を変える革命的な発明を成し遂げている点で，同義と捉えても良いでしょう。そうすると，イノベーションの父は「懐疑（なぜ）」，母は「必要（ニーズ）」ということになります。しかし，よく考えてみると，「懐疑」は現在の事実に関する疑問であり，「ニーズ」は現在の事実に関する不満を表しており，「あるべきもの（欲しいもの）」と「今あるもの」のギャップを表現しています。すなわち，現状を疑うことからニーズをつかむことができ，それがイノベーションにつながっているのです。

　ドラッカーもイノベーションの機会として，予期せぬ出来事，ギャップの存在，ニーズ，産業構造・人口構造・認識の変化，新しい知識の活用を提示しており，そのすべてが「懐疑」と「必要」に立脚しています。ここで一番重要なキーワードは，「変化」です。今まで述べたことは，すべて「変化」へとつながっています。すなわち，イノベーションは，「変化」を創造するか，「変化」に対応することで成し遂げられるのです。「変化はコントロールできない。できるのは，先頭に立つことだけである」（ドラッカー）。

I－1　理論編

変化を敏感に感じ取るセンスは，自らの積極的な取り組みなしに成し遂げることができません。皆さんもセンスを磨くトレーニングを始めてください。

やってみよう！ ▶ **チャレンジ課題**

1. イノベーションの4類型（①構造革新，②画期的革新，③ニッチ創造革新，④通常革新）について，それぞれの具体的事例をインターネットなどで調べて説明してください。
2. アントレプレナーに求められる資質として，特に重要と思われるものを3つあげて，その理由とともに具体的な事例も交えて説明してください。
3. ①破壊的イノベーション，②リバース・イノベーション，③オープン・イノベーションの具体的事例を，それぞれインターネットなどで調べて説明してください。

第3章

イノベーションとアントレプレナーシップ

【I－2】
実 践 編

今までの段階で，事業創造に向けた理論武装ができました。いよいよ船出が迫っています。そのために忘れてはいけないのが羅針盤と海図です。そして，事業創造において，その役割を担うのが，起業メソッドに他なりません。まずは，航路，すなわち事業創造のプロセスを確認しましょう。自己発見，機会定義，アイデア創造，コンセプト検証，事業化，事業構築と続く航路を，正しく安全に航行することが求められます。これが起業家の旅，アントレプレナージャーニーです。

実践編では，事業創造の各プロセスに応じた最適なメソッドが準備されています。さあ，PMF の達成，そして，事業の持続的成長に向けた航海を始めましょう。

第4章
起業メソッドⅠ：
アイデアの創造と検証

「やってみなはれ，
やってみなけりゃわかりまへんで」

鳥井 信治郎（とりい しんじろう）〈1879–1962〉
サントリーの創業者。日本における洋酒産業の創始者であり，日本初の国産ウイスキーを大阪府山崎の蒸留所で製造し発売した。

Summary

　起業において最も大切なことは，「まずは，やってみること」です。しかし，何も計画や準備を行わず闇雲に進むのは，最新鋭の軍隊に竹ヤリで突っ込むようなもので，初めから惨敗が見えています。負けない戦，すなわち，たとえ撤退しても再起できるような準備が必要なのです。そのためには，正しい事業創造のプロセスに従った展開が求められます。

　本章では，事業創造の最初の段階であるアイデアの創造と検証に焦点を当てます。ここでは，顧客の課題に沿ったアイデアの創出が重要であり，その基盤として自分自身を見つめ直すことが出発点となります。そこから事業機会を発見し，ビジネス・アイデアを創造し，そのアイデアが実際に顧客の求めているものと適合しているかの検証が必要となります。その手順およびプロセスごとの適応メソッドについて解説していきます。

第Ⅰ部　事業創造

1　事業創造のプロセス

　ここから，事業創造のプロセス，すなわちビジネスを立ち上げるための具体的な手法についてみていきたい。ここでは，事業創造活動と起業家活動を同一のものとして説明していく。このプロセスは，前述した**アントレプレナーシップ・プロセス**（第Ⅰ部第2章，図表Ⅰ-2-4）の A 潜在的起業家（＝起業希望者），B 萌芽期起業家（＝起業準備者：シード），C 事業創造期起業家（アーリー）であり，特に，萌芽期と事業創造期が中心となる。また，D 事業確立期起業家（ミドル）については，PMF後の事業構築で取り上げる。

　さて，そのプロセスを具体的にみてみよう（図表Ⅰ-4-1）。①**自己発見**は，事業創造のプロローグともいえる段階である。起業というキャリア・オプションが具体的にイメージされていない段階であり，起業に無関心，または多くの選択肢の1つにとどまっている。自己の能力開発や基礎的な研究を行うことで，少しずつ自我が芽生え自己課題に直面するステージである。所与の手段からコトを始める**エフェクチュエーション**理論に通じる段階である。

　②**機会定義**は，自己課題を顧客課題として捉え直す段階であり，顧客にJTBD（片づけるべきジョブ）があることを発見し，その課題を解決するための解決策（＝ビジネス・アイデア）の創出につなげるステージである。すなわち，顧客が解決すべき課題を認識している段階であり，**CPF**（Customer Problem Fit：顧客と課題の適合）を検証し次のステージへ向かう。

図表Ⅰ-4-1　事業創造のプロセス

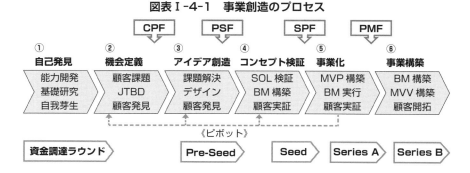

64

③**アイデア創造**は，顧客課題の最適な解決方法を創造するステージである。いくつかの解決案の中から絞り込む段階であり，製品・サービスのデザイン（設計）も含まれる。ここでは，PSF（Problem Solution Fit：課題と解決方法の適合）を検証して，次のステージに移っていく。

④**コンセプト検証**は，SOL（Solution：解決方法）の磨き込み，顧客課題との検証，解決方法の見える化（＝BM（ビジネスモデル）の構築）のステージであり，本当に顧客が存在するのかを検証する段階である。そして，SPF（Solution Product Fit：解決方法とプロダクトとの適合）を検証し，次のステージに移行する。ここでプロダクトとは，製品やサービスだけでなく，それを提供する仕組み，すなわちビジネスモデルを包含するものである。

⑤**事業化**は，ビジネスという大海原に本格的に出航するための処女航海の段階であり，この航海が本当に乗り切れるのか，すなわち実際にプロダクトを購入する顧客がいるのかを実証するステージである。その中核は，MVP（Minimum Viable Product：顧客に価値を提供できる最小限のプロダクト）の構築と，そのプロダクトの有用性を含めたBM（ビジネスモデル）の実行と検証である。これにより，PMF（Product Market Fit：プロダクトと市場との適合），すなわち，実際に需要を創造するプロダクトの検証を経て，新世界に向けた本格的な船出（事業構築）となる。

⑥**事業構築**のステージは，BM（ビジネスモデル）を本格的に実行することにより，より多くの顧客を開拓する段階である。この時期，市場に適合したプロダクトの情報を，より多くの潜在顧客に届けるためには，4P（Product（商品），Price（価格），Place（流通チャネル），Promotion（広告・販売促進）），STP（Segmentation（市場細分化），Targeting（ターゲット選定），Positioning（ポジション決定）といったマーケティング手法を用いることも大切である。また，今後の事業成長を成し遂げるためには，この時期にMVV（ミッション・ビジョン・バリュー）を構築しておくことが肝要となる。

以上の6つのプロセスを乗り越えることにより，事業創造が達成される。まさに，事業創造に向けた旅であり，アントレプレナージャーニーといえる。

第Ⅰ部　事業創造

2　自己発見（プロセス①）

　ここからは，起業活動の活性化に求められる現実的な起業メソッドについて，事業創造のプロセスに従いより具体的に提示していくことにしたい。

　事業創造のプロセスのプロローグは，事業機会を発見する前の**自己発見**の段階である。これは，自己育成（内部資源）と外部環境（外部資源からの影響）が深く関わっているが，両者は相互不可分の関係といえる。将来起業家になる割合が高い条件として，①起業家が多い地域で幼少期を過ごした子ども，②親の所得が高い家庭で育った子どもがあげられ，これは外部環境に関わるものである。しかし，幼少期の経験は，他者から与えられた受動的なものであり自己の選択ではないが，その経験によって起業家としての自己育成，すなわち内部資源の充実・蓄積が図られている。

　能力開発の方向性としては，**リテラシー**（読み書き＝知識の活用能力）と**コンピテンシー**（成果につながる行動特性）があるが，これらも不可分な関係にある。起業希望者を増やすためには起業家としてのコンピテンシーの養成が欠かせないものであり，ここにも外部環境の重要性が指摘できる。日本においては，教養教育（リベラルアーツ）とキャリア教育が切り離されて展開されているが，起業家の養成には，教養教育とキャリア教育の融合が欠かせない。能力開発で特に重要な点は，自分発のこだわりを持つことである。これは，いわゆる「独りよがり」の発想ではなく，自分自身が尊敬する**ロールモデル**を基盤としたものであることが重要である。事業の失敗は，柔軟な視点を忘れることが起点となる。自我の芽生えは，優れた第三者との創発によって磨かれ，それが事業機会へと発展していくのである。他人の尺度で自己を見つめ直すことが自己認識の出発点となる。これには，エフェクチュエーション理論の**「手中の鳥」の原則**（第Ⅰ部第2章参照）が参考になる。

　エフェクチュエーションの基盤は，自分自身が有する所与の手段からコトを始めることであり，所与（自我＝自己認識）が出発点となる。まずは，自分自身を見つめてみよう。図表Ⅰ-4-2の「自分の手段の見える化リスト」の作成が第一歩となる。あまり気にせず，思い出せるところから始めて，それを起点

66

Ⅰ－2　実践編

図表Ⅰ-4-2　自分の手段の見える化リスト

自分は何ものか？ （自分自身）		何を知っているか？ （知っていること）		誰を知っているか？ （知っている人）	
価値観， 嗜好，選好		既知の知識， 教育		人脈リスト （Facebook などの SNS，名刺）	
規範，習慣， 宗教観		仕事の知識		クラスメイト， 卒業生	
情熱		生活の知識		偶然に 出会った人	
趣味		趣味の知識		生活圏内の 見知らぬ人	
興味，関心		私的学習， 雑学的知識		尊敬する人物， ロールモデル	

出所：Read, Sarasvacy et al.（2011）に基づき作成

に拡げていくことが大切である。また，時代を区切って，少年期，青年期などで発想し，自分の棚卸をすることが事業機会の発想につながる。

3　機会定義（プロセス②）

　自分自身の所与の手段から目的となる事業機会を導き出すのが次のステップであり，これが**起業家的思考法**（エフェクチュエーション）である。事業機会とは，解決したいと考えている顧客の課題（困っていること，成し遂げたいこと）を発見することである。この発想には，**ジョブ理論**が有益である。ジョブ理論とは，事業機会として顧客の「**片づけるべきジョブ（用事）** ＝Jobs to be Done（**JTBD**）」を見つけ出し，その解決のための画期的なソリューションを導き出すメソッドである（Christensen, C.）。このメソッドの核心は，「顧客にはただ片づけるべきジョブがあり，それを行うのに最も良い製品やサービスを『雇おう』としているだけである」という概念を基盤として，人（＝顧客）が真に求めているのは何かを探求するところにある。すなわち，顧客は，掃除機が欲しいわけではなく，「部屋をきれいに保つ」というJTBD（＝片づけるべ

第Ⅰ部　事業創造

きジョブ）のために，掃除機を「雇用」している。掃除機の基本的機能は，
ホースでモノを吸い込むことであり，特定の顧客にとって「部屋をきれいに保
つ」という JTBD に対するより優れた別のソリューションがあれば，喜んで
それを選択する。これは，人口統計学データなどによって市場をセグメント化
し，提供する製品やサービスに機能を付加して差別化する既存のマーケティン
グ手法のアンチテーゼといえ，起業手法における**エマージェント・メソッド**を
基盤とした思考方法である。

　JTBD は 2 つのタイプに分けることができる。1 つは，メインの JTBD で，
これは顧客が達成したいタスクで，事業機会の核心となるものである。それに
付随して，メインの JTBD に関連して顧客が成し遂げたい関連 JTBD がある。
起業機会は所与の手段から，この JTBD を発想することが始まりとなる。そ
のためには自由な発想が求められるが，発想の方向性として，JTBD に顧客が
求める実用的で客観的な要件である機能的側面と，JTBD に対する感情や認識
といった顧客の主観的な要件である感情的側面という 2 つの側面を考慮する。
加えて，顧客の感情的な側面は，顧客自身がそのジョブに関して「どう感じる
のか」という個人的次元と，そのジョブについて顧客は「他の人からどのよう
に見られていると思うか」という社会的次元を検討する。これは，そのジョブ
を成し遂げる方法，すなわちソリューション（解決策）の評価につながるもの
である。

　次に，JTBD を具体的に記述するために**ジョブ・ステートメント**を作成す
る。ジョブ・ステートメントは，①ジョブを実行する状況の説明，②行動の対
象，そして③行動を表す動詞で構成される。例えば，掃除機の場合は，「①ご
み，ちり，ほこりが積もりそうなときに，②自分の家を，③きれいにする。」
という JTBD を成し遂げるために掃除機を『雇用する』ことになる。なるべ
く具体的に自分発（所与の手段）からの JTBD を発想することが大切である。
ここでは，質よりも量を重視したい。続いて，その JTBD を遂行する既存の
ソリューションを検討し，そのソリューションが解決できない課題や問題点を
列挙する。その後，発想した多くの JTBD の中で重要度に応じた順位付けを
行い，事業機会として取り上げる JTBD を明らかにする。

　この段階で明らかにすべき項目は，顧客が課題，すなわち「片づけるべき

Ⅰ－2　実践編

ジョブ（用事）」を有しているのかであり，このプロセスは，**CPF**（Customer Problem Fit）の段階である。ここでいう課題とは，顧客が欲するもの（**Gains**）と顧客の困ったこと（**Pains**）で構成される。すなわち，既存ソリューションに対して Gains や Pains を有している顧客が実際にいるのか，**エビデンス**（Evidence：証拠）で明らかにすることが大切であり，既存ソリューションの活用に関するインターネット検索や口コミ評価，インタビューなどで明らかにする。ただし，このステージであまり時間をかける必要はなく，顧客課題のエビデンスは，所与の手段を確認する程度としよう。

4　アイデア創造（プロセス③）

　このプロセスは，JTBD を成し遂げる（＝課題の解決）のためのソリューション（＝**ビジネス・アイデア**）を創造する段階であり，既存ソリューションに対する Gains や Pains を解決する方策を発想する。ビジネス・アイデアの創造は，思考の発散と収束をスパイラルに展開することで成し遂げられる。アイデアを発想するためには**発散的思考法**により多くのアイデアを生み出すことが重要であり，その代表的なメソッドは自由な発想を促す**ブレーンストーミング**である。発散的思考により生み出されたアイデアは，**収束的思考法**によりグルーピング化され，関連付け，集約されることによりアイデアとしての精度が磨かれる。日本発の **KJ 法***が代表的メソッドである。アイデアの発散と収束方法の詳細については関連図書に譲るが，自分発で顧客課題を解決するアイデア（ソリューション）の創造が求められる。

　顧客に優れた価値を提供するビジネス・アイデアの創出ツールの代表として，**バリュー・プロポジション・キャンバス**があげられる（図表Ⅰ-4-3）。バリュー・プロポジションとは，顧客に提供する価値の組み合わせであり，製品やサービスのメリット，自社の存在価値や独自性を顧客に伝えその価値を高め

Keyword　‥‥

* **KJ 法**　文化人類学者の川喜田二郎（1920-2009）が考案した創造的問題解決手法で，KJ は考案者のイニシャルに因んでいる。データなどをカードに記述し，カードをグループごとにまとめ図解することで意味や構造を読み取る「収束」段階の技法といえる。

第4章　起業メソッドⅠ：アイデアの創造と検証

69

第Ⅰ部　事業創造

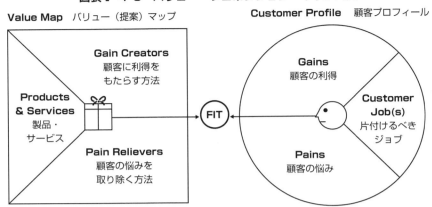

図表Ⅰ-4-3　バリュー・プロポジション・キャンバス

出所：Osterwalder, Pigneur et al. (2014) に基づき作成

ることで，JTBDを成し遂げる最も優れたソリューションを創造することを目指している。創出されたビジネス・アイデアが，バリュー・プロポジション・キャンバスのそれぞれの項目にどのように応えているのかを明らかにすることが求められる。

　ここでは，顧客の課題（JTBD）が顧客プロフィールの項目で表され，その解決策としての価値提案がバリューマップの項目で表出化されて，その両者の適合性が評価される。このプロセスが **PSF**（Problem Solution Fit）であり，顧客課題とその解決策が適合することで，事業機会に応じたビジネス・アイデアが創出される。すなわち，ビジネス・アイデアの創出は，顧客課題に応じた解決策を発想（**発散的思考**）し，その解決策を集約・選定し顧客課題との適合性を評価（**収束的思考**）することで成し遂げられる。

5　コンセプト検証（プロセス④）

(1)　ソリューション（SOL）検証

　続いて，そのビジネス・アイデアの独創性を検証するプロセスとなる。ここでは，選び出されたビジネス・アイデアが既存のソリューションを再定義し，

顧客課題の解決方法として新しい価値を提供するソリューションであるかが問われる。すなわち，価値（Value）と革新（Innovation）の同時達成を志向する**バリュー・イノベーション**の実現であり，この概念は**ブルーオーシャン戦略***の中で取り上げられている。事業創造においては，**コモディティ化***が進み競争の主軸が価格性能比となるようなレッドオーシャンの市場ではなく，未知で新たな市場であるブルーオーシャンを創造することが求められる。このバリュー・イノベーションを引き起こし，ブルーオーシャンを創造するためのツールとして**アクション・マトリクス**と**戦略キャンバス**がある。これは新たなビジネス・アイデアと既存ソリューションの違いを際立たせるツールといえる。

　まず，創出されたビジネス・アイデアを**アクション・マトリクス**で評価する。これは，独創的な顧客提供価値を顕在化するために，4つのアクションにおける既存ソリューションとの違いを列記し，マトリクスで表現するものである。それは，① Eliminate（**除去**）：既存ソリューションに備わっている要素のうち取り除くべきもの，② Reduce（**減少**）：既存ソリューションと比べて思いきり減らすべき要素，③ Raise（**増加**）：既存ソリューションと比べて大胆に増やすべき要素，④ Create（**創造**）：今までに提供されていない今後付け加えるべき要素の4つである。ここでは，既存ソリューションと比べた戦略ロジックやビジネスモデルの革新度が重要視され，差別化，希少性の観点から，新たなビジネス・アイデアを評価する。新しいビジネス・アイデアと既存ソリューションの違いを浮き彫りにさせるための発想法として，**SCAMPER**（ス**キャンパー）法**（図表 I -4-4）を活用して思考を発散することも有益である。発散的思考法で創出されたビジネス・アイデアの独自性をアクション・マトリクスに集約する。

Keyword ･･･

***ブルーオーシャン戦略**　従来は存在しない新しい市場を生み出すことで新領域に事業を展開していく戦略。新市場を創造することにより，他社と競合することなく事業を展開することで，持続的な優位性を獲得する戦略である（Kim, W.C. & R. Mauborgne）。

***コモディティ化**（Commoditization）　新しい独創的な製品の市場価値が低下して一般的な製品になること。市場投入時は差別化された製品が，類似製品などの登場により標準化，同一化し市場価値が画一化されるため，業界の競争は価格競争が中心となる。

第Ⅰ部　事業創造

　ここから，実際の事例を用いてアクション・マトリクスと戦略キャンバスについて，その概要を具体的に説明する。ここでの事例は，大道芸人であったギー・ラリベーテが1984年にカナダで設立し，今や世界屈指のパフォーマンス集団となったシルク・ドゥ・ソレイユである。設立からわずか20年で，サーカス業界のトップに君臨する「リングリング・ブラザーズ＆バーナム＆ベイリー・サーカス（通称：リングリングサーカス）」の売上規模に到達した。世界三大サーカスといえば，ロシア連邦サーカス公団（通称：ボリショイサーカス），アメリカのリングリングサーカス，日本の木下大サーカスといわれている。いずれも100年以上の歴史のある組織であり，その他のプレーヤーは小

図表Ⅰ-4-4　SCAMPER法

S	Substitute （代用する）	製品・サービス，プロセスの一部をほかのもので代用することを考える。（他のもので代用できるか？　一部を置き換えるとどうなるか？）
C	Combine （組み合わせる）	2つ以上の部分を組み合わせて，これまでとは異なる製品やプロセスを創出し，相乗効果を高める。（要素を統合するとどうなるか？　組み合わせるとどうなるか？）
A	Adapt （適合させる）	既存のソリューションを応用して新しいアイデアなどを着想する。（他のアイデアを当てはめるとどうなるか？　過去の事例を応用できないか？）
M	Modify / Mirror / Distort （修正する・真似をする ・変形させる）	現在のソリューションを変えて，通常とは違う方法での課題解決を着想する。（製品・サービス，プロセスを修正，変形するとどうなるか？）
P	Put to other purpose （転用する）	現在のソリューションの他の用途への転用や他のアイデアの再利用による課題解決を考える。（他に使い道がないか？　ターゲットを変えるとどうなるか？）
E	Eliminate （取り除く）	製品やプロセスのさまざまな部分を取り除くことで新しいソリューションを発想する。（不要なものはないか？　プロセスを簡略化できないか？）
R	Rearrange / Reverse （再編成する・逆転させる）	製品やプロセスの一部が逆に作用したり，異なる順序で行われたらどうなるかを検討する。（パターンを再編成したらどうなるか？　原因と結果を逆転させるとどうなるか？）

出所：Silverstein, Samuel & DeCarlo（2015）などに基づき作成

規模な地域サーカスが主体で、大手寡占の成熟産業の中で大きな成功を収めた点が注目される。

図表Ⅰ-4-5のアクション・マトリクスは、既存のサーカス業界（＝既存ソリューション）とシルク・ドゥ・ソレイユ（＝新規ビジネス）との違いを際立

図表Ⅰ-4-5 アクション・マトリクス（シルク・ドゥ・ソレイユの事例）

Eliminate（除去）	Raise（増加）
・花形パフォーマー ・動物によるショー ・館内でのグッズ販売 ・隣接するいくつもの舞台での同時ショー	・個性あふれる独自のテント
Reduce（減少）	Create（創造）
・楽しさやユーモア ・危険やスリル	・テーマ性 ・快適な鑑賞環境 ・演目の種類 ・芸術性の高い音楽とダンス

コスト低減　　　価値増加

出所：Kim & Mauborgne（2015）

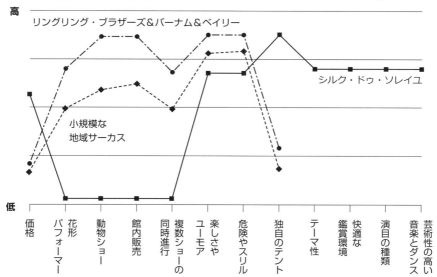

図表Ⅰ-4-6 戦略キャンバス（シルク・ドゥ・ソレイユの事例）

出所：Kim & Mauborgne（2015）

第Ⅰ部　事業創造

たせる項目となっており，これが競争優位の源泉となっている。この違いを見える化したものが**戦略キャンバス**である（図表Ⅰ-4-6）。戦略キャンバスの横軸は，アクション・マトリクスにて整理した顧客課題解決のための既存ソリューションとの競争要因であり，JTBD を遂行する機能となる。縦軸は各機能についてのそれぞれのソリューションの注力の度合いとなり，その取り組みの差（機能差異など）を視覚的に比較するツールとなっている。それぞれのソリューションの機能レベルを線で結んだものが**価値曲線**（Value Curve）であり，独創的な価値曲線を描くことで既存ソリューションとの違いを浮き立たせることができる。ここで重要なのは，類似する機能を比較するのではなく，既存ソリューションとの違いを際立たせることであり，新しいビジネス・アイデアの独創性に注目することが肝要である。

(2)　ビジネスモデル（BM）＝プランαの構築

　さて，検証された新しいビジネス・アイデアをビジネスモデルとして具体化するプロセスに入る。すなわち，**プランα**の構築である。これは，新しいビジネスをデザインすることであり，初期段階での最善のソリューションとしてまとめ上げることになる。ここでは，新規事業のビジネスモデルを可視化するフレームワークである「**リーンキャンバス**」（図表Ⅰ-4-7）を使ってビジネスモデルを構築する。

　リーンキャンバスは，今わかる範囲の情報で一気に書き上げることが大切である。不足情報にとらわれず，書けないところは空欄にして，簡潔に書き上げていく。まずは，①**課題**と②**顧客セグメント**である。この２つは「鶏と卵」の関係にあり，どちらが先かを気にせず記述する。課題の上位３つは機会の定義で検討した JTBD（＝片づけるべきジョブ）であり，重要な課題を３つ列挙する。その課題に対して現在どのような対応をしているか，既存の代替手段を記述する。続いて，その課題を持っている顧客セグメントを特定し，特に課題に対して前向きに解決策を探している**アーリーアダプター**の特徴を絞り込み，最初にターゲットとすべき顧客層として狙いを定める。③**独自の価値提案**（UVP：Unique Value Proposition）は，ターゲット顧客が解決したい課題に対して，既存の代替案との違いを明確にした注目に値する提供価値を，簡潔か

74

I－2　実践編

図表Ⅰ-4-7　リーンキャンバス

課題 上位3つの課題 **1**	ソリューション 上位3つの機能 **4**	独自の価値提案 あなたの差別化 要因と注目に値 する価値を説明 した単一で明確 な説得力のある メッセージ **3**	圧倒的な優位性 簡単にコピーや購 入ができないもの **9**	顧客セグメント ターゲットにす る顧客 **2**
	主要指標 計測する主要活 動 **8**		チャネル 顧客への経路 **5**	
コスト構造 顧客獲得コスト（CAC） 流通コスト ホスティングコスト 人件費など　　　　**7**			収益の流れ 収益モデル 顧客生涯価値（LTV） 収益 粗利益　　　　　　**6**	

出所：Maurya（2012）

つわかりやすいメッセージで表現する。④**ソリューション**は，顧客の課題を解決する上位3つの機能を書き出す。⑤**チャネル**は，UVPを顧客に届ける経路であり，顧客との対話をどのような手段で実践するかを簡潔に記載する。⑥**収益の流れ**は，マネタイズ（誰からどのようにお金を稼ぐか）の方法とそのタイミングであり，⑦**コスト構造**は，顧客に製品・サービスを提供するために費やすコストの内容である。⑧**主要指標**は，課題，顧客セグメント，UVP，ソリューションがすべてフィットしているかを，数値として定期的に計測するための指標であり，ここで構築するプランαの成否の判断材料となる指標を提示する。⑨**圧倒的な優位性**は，プランαについて，簡単に真似のできない「模倣困難な項目」を列記して，持続的な競争優位性の判断材料とする。

　ここでは，リーンキャンバスの事例として，バケーションレンタル（民泊）のオンラインマーケットプレイスによるマッチングサービスの世界的企業であるエアビーアンドビーを取り上げる（図表Ⅰ-4-8）。エアビーアンドビーの事例は，2サイデッドマーケットプレイスといわれる属性の異なる2つのグルー

第4章　起業メソッドⅠ：アイデアの創造と検証

75

第Ⅰ部　事業創造

プが，仲介者を通して取引をするマーケットであり，ウーバーやメルカリも同様のビジネスモデルである。このビジネスモデルは，両サイドの利用者が増えれば増えるほど，お互いに享受する効用や価値が増加するという**ネットワーク効果**が強く効くモデルである。エアビーアンドビーの場合は，部屋を貸すホストと借りるゲストの二者がいないとビジネスは成立しない。リーンキャンバス

図表Ⅰ-4-8　エアビーアンドビーのリーンキャンバス

課題	ソリューション	独自の価値提案	圧倒的な優位性	顧客セグメント
ゲスト （宿泊者側） ・安価で快適に旅行をする手段がない ・宿泊場所の有無により旅行先が制限される ホスト （提供者） ・使っていない部屋があり所有する住居が無駄になっている	・ゲストとホストのマッチング ・空き部屋の一時提供 ・プラットフォームによる課題解決 **主要指標** ・ゲストのアプリダウンロード数やコンバージョン率 ・ゲストの予約数 ・ホストの部屋の提供数 ・1ホストあたり契約数や収益	ゲストにとって ・快適かつ安価・安全な旅行体験 ・宿泊施設の選択肢の拡大 ・地域色に富んだ独自の旅行体験 ホストにとって ・副収入を得る機会の増大 ・余剰資産の有効活用	・膨大な部屋数によるスケールメリット ・レビューによる信頼性・安全性の向上 ・安価な価格での宿泊 ・部屋の破損・汚損への保険 ・支払，代金回収における即時性，安全性の確保 **チャネル** ・Web Siteやコミュニティの活用 ・Web 広告，SNS広告などオンライン広告で認知度向上 ゲスト： ・部屋検索アプリの展開 ホスト： ・Webサイトでビジネスモデルの共有	・快適な旅行と安価な宿泊先を求めるゲスト ・空いている部屋を提供するホスト

コスト構造	収益の流れ
・アプリやWebサイトなどのシステム構築・保守 ・決済システムの構築・管理 ・広告費用 ・ゲストのアカウント管理 ・宿泊施設やホストのレビューの管理 ・部屋の保険サービスの運営	・ホストからのブッキング手数料 ・ゲストからのブッキング手数料 ・定額ではなく契約ごとに徴収 　＝利用頻度が少ない層も取り込む

出所：田所（2017）などに基づき作成

76

Ⅰ－2　実践編

を作成する上で，特に注意すべき点は，ホストとゲストの両者の課題，価値提案を具体的に想定し，お互いが Win-Win の関係になるように描くことである。場合によっては，ホスト側，ゲスト側で別々のリーンキャンバスを描き，それを統合したプラン α を構築することが求められる。

(3)　ビジネスモデル（BM）検証＝プランαの検証

　続いて，リーンキャンバスで整理されたビジネス・アイデアであるプラン α を顧客視点で検証する。ここでの目的は，製品・サービスの市場投入時に最も重要な**エバンジェリスト・ユーザー**を探索することである。**エバンジェリスト**とは，前述の通りもともとキリスト教における伝道者のことを指すが，近年は，IT 業界において，IT の最新トレンドや製品・サービスなどを世の中に発信し啓蒙する役割を担う職種，もしくは専門人材を意味するキーワードとなっている。ここでのエバンジェリスト・ユーザーとは，スタートアップのビジネス・アイデアを最初に取り入れ，広く世間に「伝道」する役割を担う顧客のことであり，未完成で十分に検証されていない製品を実際に購入し製品改良などの意見を述べてくれる**ビジョナリー顧客**のことである。エマージェント・メソッドの大家であるスティーブ・ブランクは，「**顧客開発モデル**」の導入段階（**顧客発見**）で特に重要なファクターは，「この世で出会える最も重要な顧客」であるエバンジェリスト・ユーザーの発見であると述べている。ここでも個（自分自身）からの発想が重視され，STP 思考からの脱却が求められ，演繹的思考ではなく，帰納的思考による検証が重要となる。すなわち，特定の顧客の製品・サービスの購入から利活用に至るまでのストーリーに寄り添った検証である。そのために，まず想定顧客としての**ペルソナ**の設定，次に**共感マップ**による顧客購買行動の深掘り，続いて**カスタマージャーニー**によるストーリー化を進めていく。

　顧客の購買ストーリーの具現化の出発点は**ペルソナ**の設定である。これには，「課題ありき」，「人間ありき」の発想が求められる。イメージの具体化のためには，「万人に好かれる商品」ではなく，「この人に好かれる商品」（特定の個人）という発想が必須であり，居住地域で日常生活を送る生活人としてのペルソナ設定が重要である。具体的な叙述であればあるほど，チーム内の顧客

第4章　起業メソッドⅠ : アイデアの創造と検証

第Ⅰ部　事業創造

イメージの共有化が図れる。できれば，ペルソナのアバターを作成し，ネーミングをして固有名称で呼び合えば，よりイメージの統一が図れチーム内での一体感が醸成される。

ペルソナの項目としては，以下のようなものがあげられる。
・名前，年齢，職業，性別，趣味，生活スタイル，居住地，出生地など
・情報収集の方法，最近の関心事
・性格，情報等への反応，宗教，政治観など
・行動の特徴，ITリテラシー，業務内容
・課題，達成したいこと，本音

次に，より想定顧客に近づくために，**共感マップ**（Empathy Map）を作成する。共感マップは，ペルソナ像を深掘りし，事業創造を成し遂げるメンバーが，ペルソナに対してより強い共感を持つために作成する。共感マップには，

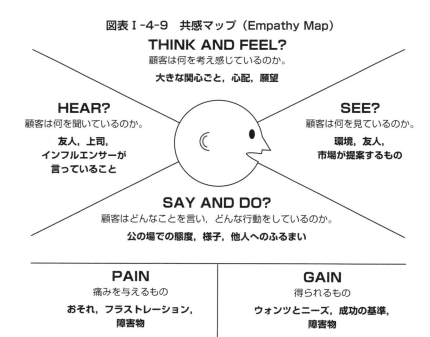

図表Ⅰ-4-9　共感マップ（Empathy Map）

出所：Osterwalder & Pigneur（2010）

図表Ⅰ-4-9の通り6つの項目がある。顧客の① Think and Feel?，② Hear?，③ See?，④ Say and Do? を整理することで，ペルソナの現在の⑤ Pain，⑦ Gain を創出し，プラン a がペルソナの望む JTBD を遂行する最も適切なソリューションであるかを検証する。

ここまでで，エバンジェリスト・ユーザー（ビジョナリー顧客）として設定したペルソナについて，かなり具体的なイメージを描くことができている。続いては，そのペルソナの具体的な**購買ストーリー**を明らかにする。ペルソナである想定顧客が，実際に JTBD のためにビジネス・アイデア（新規ソリューション）をどのように購買するのかをシミュレーションする。これが，**カスタマージャーニーマップ**である。カスタマージャーニーとは，顧客の一連の JTBD ソリューションの体験を「旅」に例え，マップ上のストーリー展開として見える化したツールである。顧客の JTBD ソリューションは，製品・サービスの認知，購入，利活用などのステージで，店舗や EC サイトなどさまざまな接点における体験によって達成される。その一連のプロセスを，「顧客の旅＝顧客体験」として捉えたものである。カスタマージャーニーマップは以下のステップでストーリー展開を行っていく（図表Ⅰ-4-10）。

【準備①】プラン a の JTBD **ソリューション**の確認

【準備②】**ペルソナ**の確認

①行動の洗い出し：JTBD ソリューションでの顧客体験の一連のプロセスにおける行動を洗い出す。

②顧客行動の**グルーピング**：顧客行動をグルーピングしてステージを設定する。

③**顧客接点**（タッチポイント）の明確化：人，店舗，ウェブ，アプリなど，顧客行動において利活用する接点を書き出していく。

④**感情変化**を思い描く：顧客行動における感情の起伏や思考内容など，ペルソナの感情や思考の変化を描いていく。

⑤**対応策**の検討：顧客体験をより良いものにするための対応策を検討する。

さて，今までは顧客視点から**プランα**の妥当性の検証を行ってきたが，それのプロセスを企業側，すなわち自社の立場で記述したものが**サービスブループリント**である。サービスブループリントは，サービスが顧客に提供されるまで

図表Ⅰ-4-10 カスタマージャーニーマップの例

★ソリューション：思わず外出して街を歩きたくなる帽子の企画・販売

☆ペルソナ：女性、25歳、社会人3年目、人材サービス企業でマーケティング担当、
世田谷に一人暮らして青山に勤務、週に3日はリモートワークetc…

ステージ	認知	リサーチ	検討	来店・試着	購入	帰宅
顧客行動	SNSで かわいい帽子を 発見	ネットで 着こなしや 取扱店など を確認	店舗の 所在地など を確認	来店して 試着・確認	気に入って 購入	使用開始 SNS活用
顧客接点	SNSなどでの 商品露出	HP情報 (自社・取扱店)	HP情報 (場所・在庫)	店舗（接客） 店員（接客）	レジ・ 会員登録など	愛着・ ロイヤリティ
感情変化（満足／不満）	これカワイイ！ ほしいな	似合いそう ステキ	お店は？ あるかしら？	気に入った サービスもよいね	これください お得なら登録 します	買ってよかった SNSで自慢しよう
対応策	SNSへの投稿増加 インフルエンサーの 活用	SNSやHPで使用例 を宣伝 モデルの活用	HPに店舗や在庫情 報を掲載 取り置きなどの検討	試着時のサイズが合わ ない場合のフォロー 接客方法の工夫	会員登録の促進 囲い込み	SNSへの投稿促進

出所：加藤（2018）などに基づき作成

のプロセスを，サービスの提供者やシステムの動きと合わせて視覚化し，可視化するためのツールであり，初期段階のビジネスプランとしてのプランaの質を磨き MVP を創り出す基盤となるものである（図表Ⅰ-4-11）。

サービスブループリントは，以下の手順で作成していく。

【準備】**顧客行動**：カスタマージャーニーマップの顧客行動をそのまま転記する。

①**物的エビデンス**：そのサービスのエビデンス（物的証拠）を表すもので，顧客行動が実際にどこで何に基づいて行われているのか，その物的根拠を示すものである。

②**表舞台の行動**（Frontstage Actions）：顧客が直接見えるところで発生する従業員の行動を明らかにする。

③**舞台裏の行動**（Backstage Actions）：舞台上の出来事をサポートするために舞台裏で発生するステップや活動を明らかにする。

④**支援プロセス**：組織内の業務ステップや従業員によるサービスの提供をサポートするやり取りを記述する。

サービスブループリントでは，顧客と自社との間の直接のやり取りの境界を**インタラクションの境界**（Line of Interaction），顧客に見える行動と見えない行動を**可視／不可視の境界**（Line of Visibility），顧客への直接のサービス活動と支援活動の境界を**内部インタラクションの境界**（Line of Internal Interaction）として区分している。

ここまでは，顧客の発見に向けてユーザーインタビューや市場動向の調査などは行うものの，基本的に机上で新たなビジネスモデル（＝プランa）を磨き上げる段階である。この段階で，**SPF**（Solution Product Fit），すなわち，JTBD（＝顧客課題）とそれを解決するビジネスモデルの適合性が検証され，求めている顧客が実在するという机上での顧客実証の確認が行われた。

いよいよ，実際のプロダクト（＝製品・サービス）を世に問う本格的な航海（＝事業化）の段階に進もう。

第Ⅰ部　事業創造

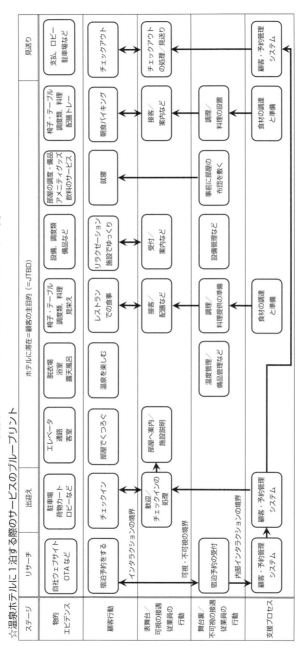

図表 I-4-11　サービスブループリントの例

出所：Kalback (2016) に基づき作成

I−2　実践編

コラム
小さいことは良いことだ

　なぜスタートアップが，大企業を凌駕する勢いで成長を遂げるのでしょうか？　それは，小さく始めることに起因しています。コンピューターと電子計測機器の世界最大手であるHPの共同創業者パッカードが提唱した「パッカードの法則」があります。それは，「偉大な企業は事業機会がなさすぎて餓死するよりも，事業機会がありすぎて消化不良を起こして倒れる」というものです。これは，第3章で紹介した「イノベーションのジレンマ」や「サクセス・トラップ」に通じるもので，大企業病といえるでしょう。そこに，スタートアップの付け入るスキがあるのです。

　世界的なオンライン決済企業ペイパルの創業者ピーター・ティールは，「どんなスタートアップも非常に小さい市場から始めるべきだ」と述べています。理由は単純で，「小さい市場のほうが支配しやすい」ということです。小さい市場では，スタートアップでも多くの事業機会を見つけることができます。第Ⅱ部第2章で紹介する「キャズム越え戦略」もまさにティールの指摘通りといえます。バングラデシュでグラミン銀行を創設しマイクロファイナンスを創始したムハマド・ユヌス（ノーベル平和賞受賞）は，「大きく考え，小さなことから始めるならば，自己実現が可能になる」と述べています。

　さあ，夢は大きく持ち，そして，今の自分から湧き出る小さなことからコトを始めましょう。

第4章　起業メソッドⅠ：アイデアの創造と検証

第Ⅰ部　事業創造

やってみよう！　チャレンジ課題

1. 自分の手段の見える化リストを作って，自分の強み，独自性を認識した上で，それに適合する「片づけるべきジョブ（用事）」を発想し，バリュー・プロポジション・キャンバスを作成してください。

2. 上記で導き出されたビジネス・アイデア（素案）の独自性，優位性を検証するために，アクション・マトリクスと戦略キャンバスを作成した上で，リーンキャンバスに落とし込んでください。

3. 今までの手順で作り上げられたビジネスモデル（プランα）について，ターゲット顧客の検証を行うため，ペルソナを設定し，共感マップを作り上げ，カスタマージャーニーマップを作成してください。その上で，事業化にあたっての社内の体制などを確認するために，サービスブループリントを作成してください。

第5章
起業メソッドⅡ：
アイデアの実現と成長

「創業は大胆に，守成は小心たれ。
樽よりくむ水にまして，
洩る水に留意すべし」

岩崎 弥太郎（いわさき やたろう）〈1835-1885〉
三菱財閥の創始者。下級武士から実業家に転身し，三菱の起源となる海運業を立ち上げ躍進し，「東洋一の海上王」と呼ばれた。

Summary

　ビジネス・アイデアの検証が完了したら，いよいよ製品・サービスを世に問う段階です。ここで大切なことは，顧客の意見を聞きながら，製品・サービスの改良を重ねていくことです。特に，アイデアをカタチにして，製品・サービスの伝道師となってくれる貴重な顧客からフィードバックを得るというプロセスが，その後のビジネスの成否を分ける要といえます。

　本章では，最低限の機能を持った製品である MVP の構築，それを世に問うビジネスモデルの実行と改良を経て，スタートアップの最初の目標である PMF の達成を目指すプロセスを解明します。続いて，起業から企業に脱皮するステージとなる PMF 後の事業構築の段階に進みます。それは，組織的展開を可能にするマネジメントシステムの構築とそれを実現する資金調達の遂行で，そのためのメソッドの理解と遂行能力の獲得を目指します。

第Ⅰ部　事業創造

1　事業化（プロセス⑤）

（1）　MVPの構築

　いよいよ，新しいビジネス・アイデアを実際に試すプロセスである。これまでも，もちろんユーザーインタビューなどを行い，顧客の意見を吸い上げることを適宜行ってきたが，あくまでも机上のシミュレーションが中心であった。ここからは，実際に製品・サービスを市場に投入して，顧客の反応を得て学び直すフィードバック・ループを繰り返すことになる。このための手法が**リーン・スタートアップ**である。

　リーン・スタートアップは，第2章で説明した通り，顧客志向の視点をより強調し，無駄を排除したリーン（Lean）な考え方を基盤にしたメソッドである（図表Ⅰ-5-1）。まずは要となる仮説に基づき，初期投資を抑えた最低限の機能を有する実用最小限の製品（**MVP**：Minimum Viable Product）を作り（＝**構築**），早期に製品・サービスを受け入れる顧客（**アーリーアダプター**）による実験結果（＝**計測**）から，成長につながる価値を学ぶ（＝**学習**）というプ

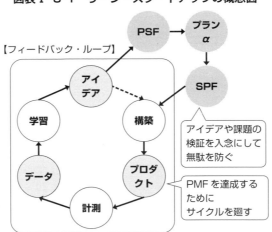

図表Ⅰ-5-1　リーン・スタートアップの概念図

出所：Ries（2011）に基づき作成

86

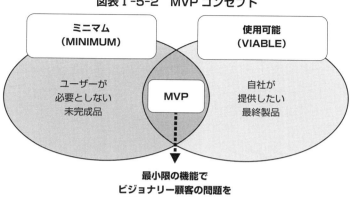

図表Ⅰ-5-2　MVPコンセプト

ロセスを繰り返し，製品・サービスをブラッシュアップしていく。結果が仮説と相違した場合は，早めに撤退か方向転換（**ピボット**）を検討し，被害の最少化，成長機会の見逃しを防ぐのである。これは，エフェクチュエーションの**許容可能な損失の原則**にも当てはまる。

　ここでのポイントは，完成品を目指したプロダクトアウト指向の製品開発ではなく，あくまでも必要最小限の機能を有したMVPを創出し顧客に聞く，仮説検証のプロセスが重要となる（図表Ⅰ-5-2）。代表的なものとして，「**オズの魔法使い**」と呼ばれるMVP手法（**オズの魔法使い型MVP**）は，WEB画面やDB（データベース）などのユーザー・インタフェース（**UI**）ではシステム化されているように見えるが，実際は生身の人間が手動で実行することで，大規模なシステム開発をせずにユーザーニーズを確かめる手法である。また，「オズの魔法使い」のような顧客の目に触れるフロントエンド開発もせずに，すべてを人力のマニュアルで実行し，顧客の真のニーズを探る手法を**コンシェルジュ型MVP**という。その他に，プロトタイプ型，動画型，スモークテスト型など多くのMVPが紹介されているが，時間と労力をかけずに，**エバンジェリスト・ユーザー**となる顧客が，自己の課題を解決する手法を五感で実際に体験できるような仕組み・雛形を作ることが基本となる。顧客に対して自分自身の

第Ⅰ部　事業創造

JTBDが，より良く解決できる場面を実感させることが成否を分ける要となる。

　まずは，どのようなMVPを創作するのかを発散的思考と収束的思考により特定し，その制作のための**ロードマップ**を作る。ロードマップは，MVPのリリースの具体的なスケジュールを見える化するもので，部門（機能），やるべきこと，期間で表し，制作のスケジュール管理などを行う（図表Ⅰ-5-3）。

　MVP開発においては，優先順位を明確にして推進することが肝要である。MVPは完璧を求めるものではなく，エバンジェリスト・ユーザーから貴重なフィードバックを受け，プロダクトが顧客のJTBDの遂行に必要なものであるという確証を得る必要がある。このためスピード感を持って，優先順位を明確にして推進する。この優先順位については，MVPに盛り込む機能，特徴について，MoSCoW Method（**モスクワ・メソッド**）を活用して評価する。MoSCoWの優先順位付けカテゴリー（MoSCoW Prioritization Categories）は，以下の4つに分けられる。

・Must Have：この要件が実現されなければ，システムやサービスの導入目的（要求）が果たせないもの（必須）
・Should Have：この要件が実現されなくても，システムやサービスの導入目的が果たせるが，メリットが大きく損なわれるもの（推奨）
・Could Have：プロジェクトの主な価値ではないが，対応することで顧客体

図表Ⅰ-5-3　MVPのロードマップ（アプリケーション開発の事例）

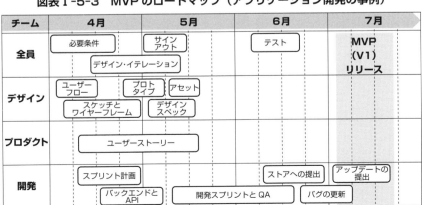

出所：ICT企業のWEB SITEなどに基づき作成

験（UX）が向上するもの（可能：できれば）

・Will not Have：重要度や費用対効果が低く，現時点では取り組むべきではないもの（対応不要）

（2）　ビジネスモデル（BM）の実行と磨き上げ

　MVP の市場投入に合わせ関係者へのインタビューを実施する。これは，エバンジェリスト・ユーザーを発見するためのものである。ここでも，**エフェクチュエーション**の考え方が参考になる（図表Ⅰ-5-4）。

　「手中の鳥」の原則の自分の手段の見える化リストから，「誰を知っているか？（知っている人）」リストがインタビューの対象となる。その中にはMVP の最初の顧客で，貴重なフィードバックをもらえるエバンジェリスト・ユーザーがいるはずである。そして，所与の知人からパートナーシップを拡げていく。これは，**「クレイジーキルト」の原則**（パートナーシップをつくれ）である。

　どのような起業であっても，1人ですべてを成し遂げることはできない。創業にあたっての関係者との相互作用は欠かすことのできないものである。その状況について，クレイジーキルトを創り出すメタファー（隠喩）で表現したのが，この原則である。クレイジーキルトとは，土台布の上に不規則に布を縫いつけ，刺繍を施したキルトのことで，形や色，柄の異なるさまざまな布をパッチワークのように縫い合わせて作り上げるものである。エフェクチュエーションの市場は，発見されるものでなく「紡ぎ出される（Fabricated）」ものという概念は，この原則のメタファーにちなんだものであろう。

　顧客や競合企業も重要なパートナーと見なし，起業家を取り巻くさまざまなステークホルダーと関係性を保ち，その相互作用によりパッチワークを紡ぎ出すように，提供される資源を柔軟に組み合わせて，新しい独創的な価値を創出する。そして，あらゆる自発的な関与者との**パートナーシップ**によるパッチワークのキルト（新しいビジネスモデル）が成長し，新しい市場の創造に結実する。すなわち，利害関係者からのコミットメントを，環境の不確実性の低減，自分の手段の拡充，出発点とは異なるものを創造する方法として活用し，パートナーシップで市場を創り出すことを目指している。

第Ⅰ部　事業創造

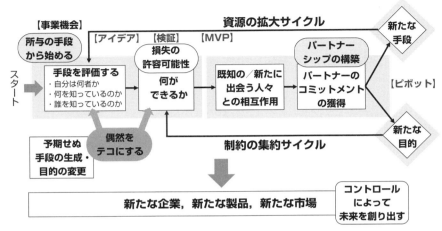

図表Ⅰ-5-4　エフェクチュエーション・プロセス

出所：Sarasvacy (2008), 吉田・中村 (2023) などに基づき作成

　ここで重要なのは，MVPをPMFとなる製品・サービスに昇華させることである。顧客を含むパートナーからのフィードバックを活かし，MVPに磨きをかけなければならない。加えて，イノベーターやアーリーアダプターからの評価を適切に分析する指標の設定が必要である。

　MVPの評価指標として著名なものが，**AARRR（アァー）指標**である（図表Ⅰ-5-5）。世界で最もアクティブなシード投資ファンドとして著名な500スタートアップスの創業者であるデイブ・マクルーア（Dave McClure）により提唱されたフレームワークであり，「アァー」という呼称が海賊の叫び声に似ていることから**海賊指標**（Pirate Metrics）とも呼ばれている。この指標は，顧客獲得から収益を生み出すまでのステージを5段階に分けたもので，ステージを追うごとに顧客数が減少するファネル状（漏斗）状になる。ここでは，AARRR指標の各ステージにおいて，そのパフォーマンスを評価するためのKPI（Key Performance Indicator：主要業績指標）を設定し業績管理を行うことが求められる。

1）　Acquisition：新規顧客の獲得

　新規の顧客を獲得するステージであるが，顧客がプロダクトのランディング

Ⅰ－2　実践編

図表Ⅰ-5-5　AARRR 指標（海賊指標）

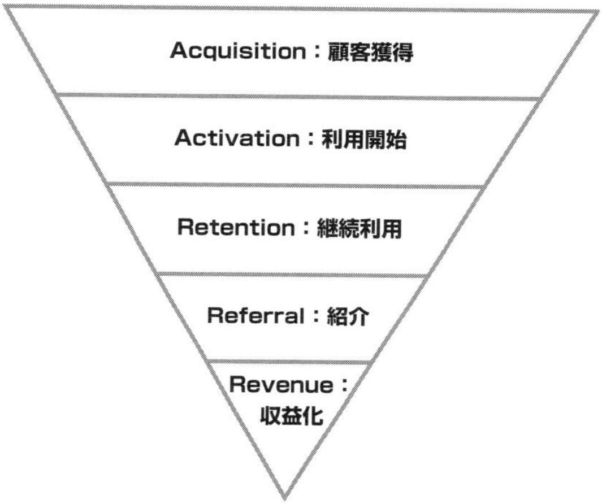

Acquisition：顧客獲得

Activation：利用開始

Retention：継続利用

Referral：紹介

Revenue：
収益化

出所：田所（2017）などに基づき作成

ページを訪れるか，アプリをダウンロードするなどの段階である。KPI として
は，ダウンロード数，App Store ページ訪問数，サイト訪問数，広告クリック
数などがある。

2）　Activation：利用開始

　顧客が利用を開始するステージで，ダウンロードしたアプリを立ち上げる，
自分のアカウントを作成するなどの段階である。KPI としては，会員登録率，
アカウント作成率，DAU（Daily Active Users）などがある。

3）　Retention：継続利用

　利用を開始した顧客が，一定期間を過ぎても利用を継続している，または再
訪問，再利用している段階である。KPI は，再訪率，MAU（Monthly Active
Users），訪問頻度，セッション時間などがある。

4）　Referral：紹介

　既にサービスを利用している顧客が，他の人にサービスを紹介・誘導するた
めの口コミや，SNS でのシェアなどがあげられる。KPI は，ツイート数，ソー
シャルメディア投稿数，「いいね」の数，App Store の平均点数，レビューの
数などがある。

91

第Ⅰ部　事業創造

5)　Revenue：収益化

プロダクトが，実際に収益を上げることができるようになった段階であり，顧客が定着してコンバージョン（Conversion：商品の購入，有料会員化など）する段階である。ビジネスモデルによって管理指標は異なってくるが，KPI としては，ARPU（Average Revenue Per User），有料サブスクリプション数，広告収入などがある。

KPI を定めたら，目標値を設定し**予実管理**をしていく。MVP の場合，急速な売上の伸びは期待できないが，基本的に日次ベースで管理し，週次で取りまとめて，予実差異の分析と対応策の検討を行う。微調整ですむ場合は，適宜 MVP の修正を行い，予実管理を継続していく。この段階で磨き込んでいくべきものは **UX**（User Experience）である。UX とは，顧客が製品・サービスを通じて得られる印象・体験のすべてを指す。「**Contents is king, UX is queen.**」といわれるごとく，プロダクトであるコンテンツとその体験は，双頭をなすものである。まずは，AARRR 指標の各ステージの UX について，より顧客体験を向上させるための方策を検討し，できるものから実施して，その効果を測定していく。

（3）　PMF の達成

ここで，PMF を目指すため，予実差が激しく UX の磨き上げでは解決しない場合は，**ピボット**（Pivot：方向転換）を検討する。ピボットにおいて重要なのは，**エバンジェリスト・ユーザー**の声に耳を傾けることである。MVP を投入し，関係者との相互作用を重ね，目標管理をする中で，プロダクトの伝道師となるエバンジェリスト・ユーザーが見えてくる。そのユーザーに寄り添って MVP の改良，方向転換を行わなければならない。それは，ヒッペルのユーザー・イノベーションの主張における**リード・ユーザー**に相当する存在となる。

ピボットを検討する場合，どのタイプのピボットを選択するかの決定が必要となる。そのタイプによって，事業創造プロセスのどこからやり直していくのかが決まる。事業創造の初期段階であるほどピボットの実施は難しい選択となる。

I−2　実践編

・ズームイン型（Zoom-in）：特定の製品機能に集中する。
・ズームアウト型（Zoom-out）：製品全体をより大きな製品の一機能として捉
え直す。
・顧客セグメント型（Customer Segment）：想定顧客を変更する。
・顧客ニーズ型（Customer Need）：想定課題（JTBD）を変更する。
・事業構造型（Business Architecture）：BtoB から BtoC への変更など事業構
造を転換する。
・チャネル型（Channel）：販売・流通チャネルを変更する。
・技術型（Technology）：同じソリューションをまったく異なる技術で実現す
る。

など

　ピボットはリソースとコストがかかるため，事業の継続可能性をしっかりと把握しながら実施していくことが肝要である。この時期において特に注意しなければならない指標として，①**バーンレート**（Burn Rate：現金がなくなる速さ），②資金がいつ枯渇（**バーンアウト**：Burn Out）するか？，③枯渇するまでに何回ピボットできるか？の３点があげられ，ピボットを行うときの管理指標として活用していくことが求められる。

　さて，ここまでくれば **PMF** 目前である。ここで注意しなければならないのは，PMF 状態の確認である。季節的，偶発的な要因により需要が変動することはよく見られることであり，本当に自社のプロダクトが顧客の需要にフィットしているのかを正しく確認することは，持続的成長に向けて欠かすことができない。特に，**プレマチュアスケーリング***を阻止するために細心の注意を払うことが大切である。PMF は，スタートアップにおける**ティッピングポイント***の時期とも重なる。第Ⅱ部第２章で詳述する「**キャズム越え戦略**」の初期

> **Keyword** ……………………………………………………………………………………
> ***プレマチュアスケーリング**（Premature Scaling：時期尚早の拡大）　製品・サービスと市場との適合性をしっかりと確認・確立する前に，急激に成長を追求し事業を拡大すること。
> ***ティッピングポイント**（Tipping Point：転換点）　それまで小さく変化していたある事象が，突然急激に変化する時点を指す。臨界点や閾値ともいわれる。

第5章　起業メソッドⅡ：アイデアの実現と成長

第Ⅰ部　事業創造

市場からメインストリーム市場への移行期でもある。すなわち，今まではリニア（直線的）に逓増していたパフォーマンスが，指数関数的に増加する時期である。

　PMF の達成は，ギャップが生じる時期でもある。すなわち，今までは特定のニッチ市場に向けて MVP を投入し，エバンジェリスト・ユーザーからのフィードバックを得て，継続的な製品・サービスの改良などに努めてきた。その結果，逓増的なパフォーマンスの増加がみられたが，その数が指数関数的に急激な増加となり予測とのギャップが生じる時期である。このギャップが，PMF によるものなのか，それとも偶発的，季節的要因によるものなのかを適切に判断しなければならない。そのためには，その判断基準としての **KPI** の設定が欠かせない。MVP の評価指標として AARRR 指標を取り上げたが，PMF 判断の基準として，どの指標を重視するかの判断が求められる。新規顧客の獲得数が急激に伸びて，それに合わせて事業を拡大しても，離脱率が上昇し継続利用がなされない場合は，プレマチュアスケーリングとなる。「本当に顧客は満足しているのか？」，現場目線で確実に実感することが大切である。その上で，顧客獲得数の増加が，確実に収益と結びついているかの確認が必要であり，**ユニットエコノミクス**による継続的な業績管理が求められる。

2　事業構築（プロセス⑥）

（1）　起業から企業への脱皮

　企業成長は第Ⅱ部のテーマであるが，スタートアップの目的は PMF の達成ではない。究極の目的は「顧客の創造」であり，PMF はそのマイルストーン（通過点）に過ぎない。事業の存続・繁栄が絶対条件であり，アントレプレナーシップ・プロセス（図表Ⅰ-2-4）でいう TEA の状態を抜け出し，□D□ 事業確立期起業家として事業を確立させ成長に向けた組織体制を構築する時期である。それは，第Ⅱ部第2章で詳述するスタートアップのジレンマを乗り越えることであり，ダーウィンの海を泳ぎ切り，キャズムを飛び越えることが求められる。ここでは，持続的な成長に向けた事業の構築についての具体的な手法を解説する。

94

① PMF の確認

PMF とは前述の通り，売上高や顧客獲得数などの企業業績の急拡大期であり，それに合わせて経営資源を急速に調達しなければならない時期でもある。業績の拡大は，従業員数の増加，機械設備や店舗・営業所の増加，在庫など棚卸資産の増加を生み，資金需要が急速に高まる時期となる。損益管理やキャッシュフローの厳密な管理が求められる。それ以前に重要なのは，「本当に PMF の状態に達しているのか？」の確認である。それは，顧客の製品・サービスへの満足度であり，顧客の課題（＝JTBD）の解決度合いである。主な KPI としては，継続利用と紹介数（口コミなど）であるが，顧客への継続的なアンケートなどの利用調査やインタビューによる聞き取り調査，クレームなどの原因分析を継続的に行い，状況の変化を適切に見極める必要がある。急拡大期は，製品・サービスを愛してくれている少数のビジョナリー（**初期市場**）から，一般顧客（**メインストリーム市場**）への拡大期であり，一般顧客からのフィードバックが特に重要な情報となる。一般顧客の課題を解決していると判断できれば，一挙に規模拡大に向け大胆な投資を目指すべきであり，一人勝ちも視野に入れ，爆速成長に向けた準備を進める必要がある。

成長期において持続的なビジネスを進めるためには，継続的に管理できる利益指標が求められる。企業のパフォーマンスは，獲得した顧客から得られた個々の利益の総和であり，1 顧客あたりの採算性である**ユニットエコノミクス**を KPI として管理していくことが求められる。ユニットエコノミクスは，「顧客獲得のために投入したコスト」と「獲得した顧客から得られる利益」のバランスを見る指標であり，**LTV**（Life Time Value：**顧客生涯価値**）と **CAC**（Customer Acquisition Cost：**顧客獲得コスト**）という 2 つの重要指標から導き出される。LTV は，1 顧客が取引を開始してから終了するまでの期間にどれだけの利益をもたらしてくれるかを表す指標である。LTV の計算方法は複数あり，ビジネスモデルによって使い分けられているが，一般的には「LTV ＝平均顧客単価×収益率×購買頻度×継続期間」の式で計算される。また，CAC の計算方法は「CAC ＝顧客獲得コストの総額÷新規顧客獲得数」の式で求める。ユニットエコノミクスの計算式は，「LTV ÷ CAC」となる。一般的には，LTV が CAC よりも 3 倍以上多い場合，ユニットエコノミクスが健全

第Ⅰ部　事業創造

な状態であるといえる。

②　MVV の構築

　PMF が確実になった段階で，次に目指すのは，**My Company**（創業者中心）から **Our Company**（組織中心）への脱皮である。このためには，組織成員全員の行動や意思決定の基準となる憲法（掟），羅針盤が必要となる。憲法（掟）というと堅苦しく堅持すべき規則というイメージがあるので，羅針盤といった表現のほうが良いかもしれないが，企業が守るべき約束事であることに間違いない。それが MVV である。MVV は，顧客に独自の価値提案（Unique Value Proposition）を提供する基盤となるものであり，PMF 実現後の企業の永続的な繁栄の礎となる。それは，以下の３つの問いに対する企業としての答えに他ならない。

・**存在意義**：なぜ（Why）その事業をやるのか？＝ミッション（**Mission**）
・**目的**：実現したい未来像，どこを目指すのか？＝ビジョン（**Vision**）
・**価値観・行動指針**：どのようにビジョンを実現するのか？＝バリュー（**Value**）

　企業経営の基盤をなす羅針盤については，以前より，企業理念，経営理念，経営目標，経営方針などのキーワードが使われてきた。近年は，企業の社会的な存在価値や存在意義を意味する言葉としてパーパス（Purpose：目的，意図）が使われている。また，企業の全従業員が心掛けるべき信条や行動指針を明文化したものとして，**クレド**（Credo：ラテン語の「志」「信条」）を掲示している企業も多く見られる。**MVV** は，それらを包含する概念であり，**ミッション**は企業理念，経営理念，**ビジョン**は経営目標，経営方針，**バリュー**はクレドと類似した考え方であるといえる。また，パーパスは，ミッションとビジョンを含めた概念といえる。特段言い方にはこだわらないが，ここでは MVV で統一する。

　まずは，ミッションを明らかにすることが必要である。「**Why** から始めよ！」（Sinek, S.）。すなわち，理念を掲げて社会を巻き込む力を持つリーダーの共通点は，まず「WHY（理念と大義）」を語ることであり，それが組織の内外の成員のやる気の源泉となる。すなわち，MVV を検討，構築するためには，

WHY：理念や信念，志（ミッション，経営理念，ビジョンなど）⇒ **HOW**：WHY 実現のための行動（行動指針，独自の価値や技術など）⇒ **WHAT**：HOWの結果（具体的な製品やサービスなど）の順番で思考することが求められる。

例えば，ニトリにはロマンとビジョンという企業理念がある。創業者である似鳥昭雄が，1972 年のアメリカ視察研修で実感したアメリカの暮らしの豊かさが基盤となり，「日本人の暮らしを豊かにする（住まいの豊かさの提供）」がロマンとなった。これは，まさに**ミッション**であり，Why が起点となっている。そして，アメリカが実現した期間の半分（60 年）で実現するというのが，**ビジョン**（経営目標）となった。それを実現するために，60 年計画の前半の30 年を 10 年ごとに分けて，多店舗展開の基盤となる「店づくり」，定期採用やスペシャリストの養成（アメリカ研修）という「人づくり」，育成した人材によるグローバルなチェーン展開を目指した「商品づくり・仕組みづくり」という**バリュー**を進化させて，企業成長を実現させてきた。ロマンとビジョンと謳っているが，まさに MVV を基盤とした経営の実践に他ならない。いずれにしても，肩肘張らずに，素直な表現で訴求力のある **MVV** を構築することが重要である。

③ マネジメントシステムと予実管理

MVV を確立したら，それを確実に実行できる**マネジメントシステム**を構築し，組織として全社一丸となった事業運営が行える体制を目指す。マネジメントシステム構築の手順は，図表 I -5-6 の通りである。MVP の市場投入，ビジネスモデルの構築，MVV の構築は既に述べた通りであり，次は「**事業ドメイン**」を確立することが求められる。事業ドメインとは，自社が展開する事業領域を規定したものであり，主力事業となる本業やコア・ビジネスのことを指す。これは，自社のビジネスの評価軸を設定することに他ならない。

例えば，ファーストリテイリングの中核事業であるユニクロは，Life Wear（究極の普段着）というコンセプトから，高品質な素材や機能性素材を使った独自商品をリーズナブルな価格で提供することを事業ドメインとしている。ニトリは，中核事業であるホームファニシング事業で，家全体のトータルコーディネートにおいて，「お，ねだん以上。」という価格帯で住まいの「楽しさ」，

「豊かさ」を提供することが事業ドメインである。そして，この事業ドメインから自社のあるべき姿（市場の定義と自社のポジションの確認）を探索し，今後の戦略の立案と事業組織の構築を推進することが求められる。

　ここでは，事業ドメインに基づき，事業領域における外部環境と内部資源を評価する。そこに使われるのが，内部要因である「Strengths（強み）」，「Weaknesses（弱み）」と，外部要因である「Opportunities（機会）」，「Threats（脅威）」の4つの要素に着目する**SWOT分析**のフレームワークである。まずは，事業ドメインについて外部環境から分析する。この時に使えるのが**PEST分析**である。PESTとは，Politics（政治），Economy（経済），Society（社会），Technology（技術）の4つの頭文字を取ったもので，それぞれの切り口で事業環境における機会と脅威を抽出・評価していく。政治とはビジネスを規制する法律や政治動向，各種の制度や条例などであり，市場のルールや枠組みなどに影響を与える。経済とは，所得や消費の動向，経済水準，為替，金利の変動などで，バリューチェーンなどに影響を与える。社会とは，人口動態，価

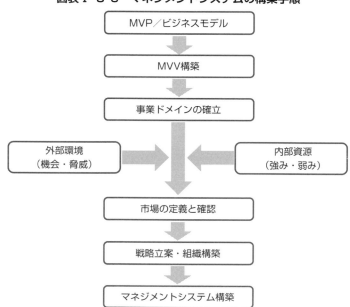

図表Ⅰ-5-6　マネジメントシステムの構築手順

値観，文化，流行，習慣，ライフスタイルの変化などで，需要構造，消費動向などに影響を与える。技術は，技術革新の動向などであり，競争ステージや製品開発などに影響を与える。これは，あくまでも自社の事業ドメインに沿って分析しなければならない。そして，外部環境の評価を基盤として，自社の経営資源（ヒト，モノ，カネ，情報）について，強みと弱みを分析・評価し，進むべき方向性に沿った経営戦略を立案することが求められる。

　経営戦略の立案にあたっては，事業ドメインに基づき対象市場を明確に定義・確認する必要がある。それが**STP フレームワーク**である。市場を細分化し（**セグメンテーション**：Segmentation），その中でターゲットとすべき対象市場を定め（**ターゲティング**：Targeting），競合他社と差別化した独自のポジションを見出すことで（**ポジショニング**：Positioning），持続的な競争優位性を目指す。市場の定義・確認において考慮すべき概念として，TAM，SAM，SOM がある。**TAM** は Total Addressable Market の略称で，「ある事業が獲得できる可能性のある全体の市場規模」を意味する。当該事業の「対応可能な最大市場」であり，具体的には「年間で市場全体に支払われる金額の総額」のことで，「マーケットの想定規模」とも呼ばれている。**SAM** とは Serviceable Available Market の略称であり，「ある事業が獲得しうる最大の市場規模」を意味する言葉である。TAM のうち，実際に顧客としてアプローチできるターゲット層となる。**SOM** は Serviceable Obtainable Market の略称で，「ある事業が実際にアプローチできる顧客の市場規模」を意味する。TAM・SAM と比較して最も現実的な指標で，売上目標としても扱われる。STP フレームワークと合わせ，TAM ⇒ SAM ⇒ SOM の順に整理することによって，自社事業の対象市場を具体的かつ適確に算出することができる。そして，SOM で提供する価値が，**バリュー・プロポジション**に他ならない。

　ここから，①事業機会を自社の強みで開拓する**積極的戦略**，②事業機会において自社の弱みで機会損失とならないための**補強戦略**，③事業環境の脅威を自社の強みで守り抜く**防衛的戦略**，④事業環境の脅威が自社の弱みで防ぎきれない場合の**撤退戦略**といった切り口で，今後の事業展開に関する戦略オプションを立案し，それぞれの戦略案を取捨選択，統合することで，望ましい経営戦略を策定し，その実現を図るための組織を改編・構築していく。

第Ⅰ部　事業創造

　組織構築にあたって，特に注意すべき点は，経営戦略を着実に実行できる組織体制を構築することである。従来型の職能別組織にとらわれることなく，より柔軟な組織を志向することが求められる。目指されるのが，「**分散型自律組織（DAO**：Decentralized Autonomous Organization）」であり，役職などによる指示系統がなく，各メンバーがそれぞれに意思決定権や裁量権を持ち，自律的に動くことで運営する組織形態である。MVV を軸にして，個人が自らの行動を決定していくフラットな集合体である。その他に，企業におけるすべてのメンバーが，企業目的の実現に向けて自律的に工夫し，意思決定していく新しい組織モデルである「**ティール組織**」や，役割（ロール）によって紐づけられたチーム（＝サークル）が能動的に活動する自主管理型組織である「**ホラクラシー組織**」など類似した組織形態が提唱されている。

　自律型の組織を運営するためには，組織目的に対する組織成員の共通認識が必要であり，そのためには**クレド**などの行動規範を予め定めておかなければならない。クレドは，MVV をより具体的かつ実践的に表現したもので，従業員に共有され，意思決定の基準として浸透することが大切である。そのことにより，クレドに基づいた個々の従業員における **PDCA**（Plan，Do，Check，Action）の確実な実践が遂行される。上長による指示ではなく，個々の従業員が，独自に計画，実行，測定・評価，対策・改善という仮説・検証型プロセスを循環させることで，最適な組織運営が実現されるのである。

（2）　成長ステージとファイナンス

　スタートアップの成長ステージは，大きく「シード」「アーリー」「ミドル」「レイター」の 4 つに分けることができる。**シードステージ**は，アイデアに基づいた事業構想の段階であり，事業化に向けた研究・開発を進める，文字通り「種（seed）」の段階である。発芽段階となるのが**アーリーステージ**であり，初期段階の製品・サービス，すなわち MVP を市場に投入し，ビジョナリー顧客の意見を聞きながら改良を重ねて，顧客数の拡大や社内体制の整備を図る段階で，PMF 前の先行投資で赤字が膨らむ時期でもある。続く**ミドルステージ**は，PMF を達成し，事業が本格稼働して顧客の増加に伴い売上高が拡大する時期で，急成長を達成するため従業員の増加など組織が急拡大する。**レイター**

ステージは，事業が軌道に乗り，組織の拡大に伴うマネジメントシステムの整備も進み，次の成長に向けた新規株式公開（IPO）や事業売却（M&A）などの**イグジット**（出口）に向けた体制の整備を進める段階である。

スタートアップは，これらの成長ステージに応じて，必要となる資金が異なるため，企業成長に応じた**資金調達**を行うことが求められる。スタートアップが，その成長段階に応じて，事業拡大のための資金を調達するプロセスのことを**資金調達ラウンド**という。起業前の準備段階で行う最初の外部資金の調達を**シードラウンド**という。**シリーズ A** は，事業が本格的にスタートして顧客が増加するエクスパッション（拡大・拡張）と呼ばれる時期に行う資金調達である。事業活動における資金需要が増加し，そのための外部資金を調達する段階である。企業成長に伴い企業評価額も増加していくが，その段階に応じて必要な資金調達を行うため，順次シリーズB，C，D と繰り上がっていく。日本を代表するスタートアップ情報プラットフォーム「INITIAL」の定義では，調達後の企業評価額が 5 億円以上となる時期がシリーズ A，その後，「原則，対象ラウンドの調達前企業評価額と前回ラウンドの調達後企業評価額の変化率が20% 以上」となった場合，次のラウンドに移行するとしている（図表 I -5-7）。

スタートアップへの投資は，VC，CVC，**ビジネス・エンジェル**が知られているが，調達方法として個人投資家から幅広く資金を集めるクラウドファンディングも注目されている。また，事業会社が直接スタートアップに投資し協業を目指す動きも近年盛んに行われている。

1） VC（ベンチャーキャピタル）

機関投資家などから資金を集め，未上場の新興企業（スタートアップ）に出資して株式を取得し，企業の成長による M&A（合併・買収）や株式公開（IPO）の際に株式を売却し，大きな値上がり益（**キャピタルゲイン**）の獲得を目指す投資会社や投資ファンドのことである。

2） CVC（コーポレートベンチャーキャピタル）

事業会社が自己資金でファンドを組成し，未上場の新興企業（スタートアップ）に出資や支援を行う組織である。自社の本業や新規事業などと関連性のあるスタートアップに投資し，自社事業との相乗効果を得ることを目的として運

3）ビジネス・エンジェル

　創業前もしくは創業間もない起業家に対し，資金を供給する富裕な個人資産家のことである。多くは引退した起業家や経営者などで，純粋な経済的追求を超えた理由（若年起業家群に対するメンタリングや，自らの経験や人的ネットワークの有効活用など）で投資を始めることが多い。語源は，イギリスで演劇事業に資金供給する富裕な個人を表現した言葉に由来する。エンジェル投資家またはエンジェルともいわれる。

4）クラウドファンディング

　群衆（Crowd）と資金調達（Funding）を組み合わせた造語で，インターネットを通じて多くの投資家から少額の投資を募集する新たな資金調達の手法として注目されている。

　シード期や起業直後は，3F（Founder，Family，Friend）と呼ばれる創業者本人，家族，友人という自己資金に近い資金調達が中心となるが，ビジネス

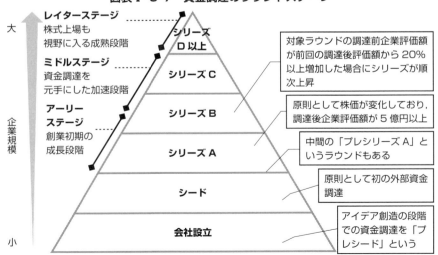

図表Ⅰ-5-7　資金調達のラウンドステージ

出所：週刊東洋経済（2023.9.16-23）に基づき作成

プランコンテストなどの**ピッチ**（短いプレゼンテーション）の場で，ビジネス・エンジェルの目に留まり資金援助が得られる機会もある。シリーズ A 以降は，ステージを登るごとに，本格的な事業資金をそのステージに応じて VC や CVC，事業会社などから調達することになる。初期のアーリーステージにおいては，**クラウドファンディング**などで多くの小口資金を集めて，小口投資家に見返りとして製品・サービスを提供することで顧客化することも，起業直後の戦略として有効である。加えて，大手企業の M&A をいったん受け入れて傘下になった上で，経営の独自性を保ちながら IPO を目指す「**スイングバイ IPO**[*]」と呼ばれる手法が，日本のスタートアップの成長を促進させる「第3の**出口戦略**」として注目されている。

　第 4 章冒頭の図表 I -4-1「**事業創造のプロセス**」における資金調達ラウンドでは，③アイデア創造の段階で，小口資金を調達する**プレシードラウンド**を表記している。自己資金が少ない場合は，この段階での資金調達を検討する必要があるが，主に政策金融やビジネス・エンジェルなどからの調達が中心となる。続いて，④コンセプト検証の段階で，**シードラウンド**の調達を行う。プレシードは，アイデア創造とビジネスモデルの構築のための資金で，シードは MVP を世に問うための投資資金となる。⑤事業化により **PMF** を達成した場合には，規模拡大のために**シリーズ A ラウンド**の資金調達を行い，企業成長に伴う資金需要の拡大に合わせ，**シリーズ B，シリーズ C** といった資金調達ラウンドを検討することになる。

コラム
日本的「起業家社会」の構築

　一般的に，欧米は個人主義で，日本は集団主義であるといわれています。そして，「起業家社会」（スタートアップが次々と生み出される社会）は，個人の

Keyword ....

＊スイングバイ IPO　惑星の引力を利用して探査機を加速させる宇宙用語「スイングバイ」に由来する日本発祥の用語で，大手企業の資本力や顧客基盤を生かしながら企業成長を目指す手法である。

第Ⅰ部　事業創造

能力や特性に重点がおかれ，欧米的な個人主義が基盤になっていると思われています。では，本当に日本に「起業家社会」は馴染まないのでしょうか。日本でも明治初期より，渋沢栄一，岩崎弥太郎，小林一三，豊田喜一郎，松下幸之助をはじめとした数多くの起業家が輩出され，社会的な尊敬の念を得ています。

　近年，起業家の活躍が注目される場面も増え，企業においては個人の能力を積極的に育成し，評価する取り組みが図られています。これから求められるのは，教育の「現場」における起業家人材の育成です。起業家は，横並びを「良し」とする社会で育つことは難しいでしょう。渋沢栄一は，「国家が健全な発展を遂げるためには，商工業，外交などにおいて，常に外国と争い必ずこれに勝ってみせるという意気込みが必要であり，個人においても常に周囲に敵があって苦しめられ，その敵と争い必ず勝つという気がなければ発展は望めない」と述べています。日本的「起業家社会」の基盤は，明治という激動期に日本の企業社会の基盤を構築した渋沢の教えを受け継ぎ，「競争」を是とした教育をあまねく実践することにより創出されると思われます。

　皆さんも自分の能力を向上させ，競争社会の海原で活躍できる素養を培ってください。

やってみよう！　チャレンジ課題

1. 前章で創り上げたビジネスモデル（プランα）について，MVPとして市場に問う場合の最低限の機能とその理由を説明してください。
2. あなたの考えたビジネスモデルが，PMFを達成したかを判断するKPIとして適切な指標を少なくとも3つあげて，その理由を説明してください。
3. あなたのビジネスモデルについて，そのMVVを設定して，TAM，SAM，SOMを明らかにした上で，事業の持続的な成長を目指す事業戦略の概要を立案してください。

第Ⅱ部　企業成長

「成長そのものを目標にすることは
　まちがいである。よい企業になる
　ことが正しい目標である。」

P・ドラッカー（Peter F. Drucker）〈1909-2005〉
20世紀を代表する経営学者。「現代経営学」や「マネジメント」の
発明者として「マネジメントの父」や「知の巨人」と称された。

Introduction

　ゴーイング・コンサーン（永続企業の原則）といわれる通り，事業は創造
だけでなく，継続・成長が重要なのです。

　永続的な発展が，企業の最も重要な存在意義となります。顧客にとって価
値のある製品・サービスを生み出し，提供することが責務であり，その文脈
において，企業の永続的な発展が約束されます。まさしく，顧客にとってな
くてはならない「よい企業」になることが企業成長の要諦です。

　企業成長はどのようなプロセスで成し遂げられるのか？　企業成長にはど
のようなスタイルがあるのか？　企業成長が成し遂げられる構造，制度はい
かなるものなのか？

　さあ，企業成長の秘密を求めた探検の始まりです。企業に永遠の命をもた
らす「指輪」の正体を明らかにしましょう。

【II－1】
成長のプロセス編

企業成長は一朝一夕に成し遂げられるものではありません。そこには，人の人生のような紆余曲折があり，困難を乗り越えて成長していくのです。

その有様は，まさにライフステージと呼べるでしょう。企業成長をライフステージと捉え，そのことに寄り添うことで本質が見えてきます。

本編では，企業成長がどのように成し遂げられるのか。そのプロセスを明らかにすることで，企業成長における道標と方向性を提示します。

第1章
企業のライフステージ

「私の最大の光栄は，
　一度も失敗しないことではなく，
　倒れるごとに起きるところにある。」

本田 宗一郎（ほんだ そういちろう）〈1906-1991〉
ホンダの創業者であり，小さな町工場から一代で世界的な企業に育
て上げた。独自の経営理念や人生哲学を持つ，日本を代表するアン
トレプレナー。

Summary

　企業が，生まれ，育って，活躍し，家族（子会社など）を作り，繁栄し，
衰え，消滅する。企業の活動は人の一生とも重ねることができます。そし
て，その節目ごとに，思わぬアクシデントに見舞われ，それを乗り越えるこ
とで成長し，存続していくことができます。

　本章では，企業成長について，そのプロセスに応じた特徴を明らかにし，
企業の活動や存在をライフステージとして捉える重要性を提示します。すな
わち，企業の一生と寿命について言及した後で，誕生期に迎える危機につい
て明らかにします。その上で，企業成長を「成長の痛み」というメタファー
で表現したモデルなどいくつかの企業成長のモデルを提示します。最後に，
企業の衰退を取り上げ，企業のライフステージの全容の理解を図ります。

企業の一生

「ゆりかごから墓場まで」とは，人間のライフステージを端的に形容する言葉であろう。もちろん，人間のライフステージは，正確にはゆりかごから始まるわけではなく，ゆりかごの準備をする懐妊期も含まれる。墓場についても，逝去後の相続や諸手続などもあり，納骨までという捉え方だけではない。ここで，**ライフステージ**（Life Stage）とは，人間の一生における各段階のことで，特に，人の一生を年齢によって幼年期・少年期・青年期・壮年期・老年期などに区分した用語である。類似用語としては，ライフサイクルがある。こちらは，誕生から死に至る人の一生のことで，人生の周期や生活周期ともいう。

さて，人間と同じく，企業においても誕生（起業）から死（＝消滅，倒産など）に至る一連のプロセスがある。ここで，まず注意しなければならないのは，その対象に関わるものである。企業という存在を対象にしたものと，製品・サービスや事業を対象にしたものがあり，これを同じ基準で捉えることはできない。もちろん，人間においても，人生の初めと終わりだけでなく，それぞれのライフステージにおいて始まりと終わり（入学と卒業など）があり，職業生活においても入職，退職，転職といった始まりと終わりがある。製品・サービスや事業は，基本的に企業が創造するものであり，企業の存在と不可分であるため，厳密に区分することはできない。このため，両者を俯瞰しつつ企業成長について述べていく。

ライフステージという文脈で最初にあげられるものは，**製品ライフサイクル**（PLC：Product-Life Cycle）であろう。この理論は，新製品・サービスが市場に投入されてから，やがて他の製品・サービスなどに駆逐（代替）され，衰退し消滅するまでの売上と利益の変化を示したものである。ライフサイクルには，図表Ⅱ-1-1 の通り5つの段階がある。

①製品開発段階：企業が新製品のためのアイデアを創出し練り上げていく段階であり，投資額のみが増加する。②発売（導入）段階：製品が市場に出され，売上が徐々に増加していくが，生産やマーケティングに多額の資金を投じるため利益はほとんどない。③成長段階：市場で製品が急速に受け入れられ，

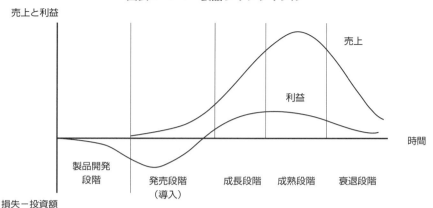

図表Ⅱ-1-1　製品ライフサイクル

出所：Kotler & Armstrong（2001）

利益も増加する。④成熟段階：ほとんどの潜在需要が顕在化したため，売上の伸びが鈍化するとともに，競合他社との守備的な競争（主に価格競争）のため利益は横ばい，ないしは減少する。⑤衰退段階：売上が落ち利益は減少する。

　続いて，製品・サービスというプロダクトではなく，イノベーションの観点からのライフステージを提示したのがロジャーズ（E. Rogers）の**イノベーション普及理論**である（図版Ⅱ-1-2）。イノベーションの普及とは，イノベーションが，コミュニケーション・チャネルを通じて，時間の経過の中で，消費者の間に伝達されるプロセスである。イノベーションが，消費者に採用される相対的な速さのことを採用速度といい，新しいアイデアを相対的に早期に採用する度合いのことを革新性という。そして，この革新性に基づいて消費者を分類したものが，イノベーション採用者カテゴリーである。すなわち，イノベーションを採用する人を，その採用時期によって，①イノベーター＝冒険的，②アーリーアダプター（初期採用者）＝尊敬の対象，③アーリーマジョリティ（初期多数派）＝実利派，④レイトマジョリティ（後期多数派）＝保守派，⑤ラガード＝遅延者の5つのカテゴリーに区分している。イノベーションの普及は，導入時は穏やかな曲線を描き，その後，離陸（テイクオフ）期を経て成長期に急激なカーブを描き，成熟期に再び緩やかになるというS字型の曲線を描く。

第Ⅱ部　企業成長

図表Ⅱ-1-2　イノベーションの普及パターン（S字型曲線）と採用者カテゴリー

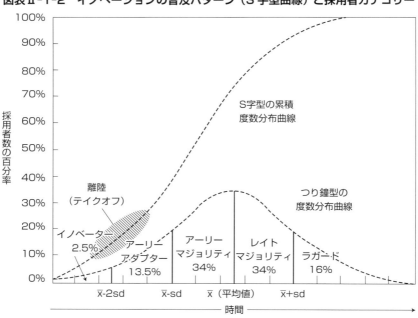

出所：Rogers（1983：2003）に基づき作成

2 企業の寿命

　人に寿命があるように，法人である企業にも寿命がある。それは，一般的に倒産といわれるものである。倒産は，債務超過の状態で経営が維持できなくなった企業の強制的な「死」を意味するが，それ以外に休廃業，解散など自発的な事業の休止もある。近年，中小企業においては，経営者の高齢化が顕著となり，後継者不在により廃業に追い込まれる事例も増加傾向にある。加えて，**M&A**（Mergers and Acquisitions：合併と買収），**バイアウト**＊（Buyout：企業買収），事業譲渡などにより，事業自体は継続されるものの，企業名，企業

Keyword
＊**バイアウト**　対象企業の株式の過半数以上を買い取ることで，経営権を取得し買収すること。

Ⅱ-1 成長のプロセス編

形態などが変更される場合もある。

例えば，1887年（明治20年）に創業し，粉飾決算などにより経営破綻し2008年に消滅したカネボウは，創業時の業種である繊維事業の主力はセーレン（福井の繊維メーカー）に営業譲渡され，化粧品事業と「カネボウ」のブランド（商標）は花王が引き継いでいる。その他の事業（日用品，医薬品（漢方薬），食品など）は，産業再生機構などの支援により，事業継承のため新たに設立されたクラシエに引き継がれた。このように，独立した企業（法人）ではなく，事業単位で継承されることもあり，厳密に企業の寿命を確定することは難しい。企業は生まれてから成長とそれに伴う危機，難関の克服という過程を経て段階的に成長していく。もちろん，すべての企業が大企業に成長するわけではなく，そのほとんどが中小規模のまま事業を継続しているが，企業規模は時代の変遷によってダイナミックに変化し，中小企業から大企業への成長，大企業から中小企業への規模縮小などが繰り返されるのである。

1980年代，会社の寿命は30年といわれた。会社の寿命30年説は，1983年の『日経ビジネス』が，「日本のトップ企業100社」の過去100年間の変遷について調査したデータ（売上高・総資産額基準）に基づくものである。ここでいう会社の寿命は，「優良企業として繁栄を謳歌できる期間」であり，会社の消滅を意味していないが，この30年という数字は，当時の代表的な経営者の体験に基づく実感とも近いものであった。しかし，1990年代に入り経営環境が激変し，多くの優良企業が衰退する事例が見られた事実から，会社の寿命の短命化が進んでいる。『日経ビジネス』の2013年の調査では18.07年（時価総額基準）となっている。ちなみに，東京商工リサーチによると2022年の倒産企業の平均寿命は23.3年であった。このように企業の寿命の評価には，企業の存在そのものだけでなく，企業業績の視点での評価も求められる。

3 スタートアップの変革期と危機

新規事業，新製品・新サービスが無事市場投入を完成させ，事業化が順調に進み，**GEM**（Global Entrepreneurship Monitor）の**TEA**（Total Early-Stage Entrepreneurial Activity，第Ⅰ部第2章1参照）の段階を超え，**キャズム**（深

第Ⅱ部　企業成長

い溝，第Ⅱ部第2章2参照）を乗り越えて **PMF**（Product Market Fit）を達成し急成長期に向かったとしても，企業組織がその規模拡大に応えられなければ永続的な繁栄を成し遂げることはできない。すなわち，企業の成長は，マーケティング戦略だけでなく，成長段階に応じた組織を創り上げることに求められる。このような観点から，企業成長を捉える分析枠組みも多くみられる。すなわち，企業成長を段階的な成長モデルとして捉える視点である。

　企業（広くは，事業や製品・サービス）には寿命があり，特に導入（スタートアップ）期において危機が発生する場面が多い。先述した GEM のアントレプレナーシップ・プロセスにおいても，設立 3.5 年は事業創造期で，3.5 年を超えたところで事業確立期とされている。また，中小企業庁における企業生存率の国際比較において，設立後経過年数が経つほど生存率が高まる傾向があり，諸外国においても設立 4 年目以降の生存率が高くなっている。

　スタートアップの成長プロセスにおいては，時間，売上高，従業員数について，各プロセス間の「境界」で生ずる危機が指摘されている。これが，**スタートアップの成長 4 段階モデル**である（図表Ⅱ-1-3）。まず，研究開発期であるが，この時期は創業者主導で事業化を目指す時期である。GEM の B 萌芽期起業家にあたり，事業化前の死の谷（第Ⅱ部第2章2参照）の危機に直面する。**ビジネス・エンジェル**や公的支援などが重要となる時期である。次のスタートアップ期は，GEM の C 事業創造期起業家にあたる。時期的にも 3 〜 4 年であり，ダーウィンの海（第Ⅱ部第2章2参照）を泳ぎ切り，事業を軌道に乗せるための重要な時期である。この創業後 2 〜 3 年のスタートアップ期が最も危険な時期であると指摘されている。ここでも，やはり創業者主導で，自らの行動により創造性を生み出すことが重要である。そして，キャズムを乗り越えて PMF を達成し急成長期を迎える。この時期，組織の規模は拡大するが，創業者自らが先導し管理していくスタイルが継続するため，創業者の創造性が浸食され，役割や責任，目標に関する混乱が生まれる。ここでは，有能なビジネス・マネジャーの獲得が重要となる。ここで，My Company（創業者主導）から，Our Company（マネジャーの管理）に脱皮する成熟期を迎える。しかし，創業者の事業にかける熱意を受け継ぐ後継者の不在や，創業チーム内のコンフリクトという危機も生まれる時期でもある。

112

Ⅱ-1　成長のプロセス編

図表Ⅱ-1-3　スタートアップの成長 4 段階モデル

ステージ	研究開発期	スタートアップ期	急成長期	成熟期
時間	0-1.5 年	〜 3-4 年	〜 10 年	〜 15 年
売上高	0 ドル	0 〜 500 万ドル	500 〜 1,500 万ドル	1,000 万ドル以上
従業員数	0 〜 5 人	0 〜 30 人	30 〜 75 人	75 人以上
主要な管理方式	計画	実行	先導	マネジャーの先導
変遷	特徴： ・創業者主導 ・大きな変化 ・影響力のある非公式のアドバイザー ・資源の枯渇 ・意思決定は，素早いかとっても遅い	特徴： ・創業者主導の創造 ・絶え間ない変化，曖昧さ，不確実性 ・時間圧縮 ・インフォーマルなコミュニケーション ・反直感的な意思決定と構造 ・相対的に経験不足	想定される危機： ・創業者の創造性の低下 ・曖昧な役割，責任，目標に関する混乱 ・「権限移譲」対「自主と統制」に対する欲求 ・組織と運営方針に対するニーズ	想定される危機： ・創業者のクローン作成の失敗 ・「専門化／コラボレーションの浸食」対「権力，情報力，影響力の行使」 ・運営管理とメカニズムの必要性 ・創業者間のコンフリクト

出所：Spinelli & Adams（2016）

4　「成長の痛み」モデル

　「**成長の痛み**」は，企業成長における危機を表すキーワードでである。起業家が起こした企業が急成長する段階で，さらなる生き残りをかけた問題や課題が発生するため，急成長の段階での「勝つための条件」が変化し，成長の痛みを経験する。これは，組織に必要なインフラ（基盤）と，組織が実際に持つインフラとの間に存在する組織開発のギャップによって引き起こされる症状（図表Ⅱ-1-4）であり，企業の成長段階に適合した組織開発のあり方が重要視される。すなわち，企業規模と既存組織のインフラとのギャップが成長に向けた組織開発の原動力であり，企業成長を実現させるためには，成長段階に合わせた組織開発が必要となる。

第Ⅱ部　企業成長

　組織開発とは，企業の全般的な能力を変えていくために計画を立て，それを実施するプロセスで，その目的は業務効率と収益性を上げることである。組織開発の計画と実施は，成長段階に応じて首尾良く次の段階に成長するために，企業全体について考慮し必要な変化をもたらすことが重要である。

　「成長の痛み」モデルでは，組織のライフサイクルを7つの成長段階に区分している。

　第1段階：ニュー・ベンチャーの創設（新しいベンチャー事業の創設）
　第2段階：事業拡大
　第3段階：プロフェッショナリゼーション（プロフェッショナル化）
　第4段階：コンソリデーション（強化）
　第5段階：多角化
　第6段階：統合
　第7段階：衰退・再活性化

　組織成長の7段階のうち最初の4段階は，スタートアップ（ベンチャー企業）が**プロフェッショナル企業**になるまでの段階である。第5段階から第7段階は，組織が成熟期に到達した後のライフサイクルを示している。スタートアップ期の組織開発においては，特に最初の4段階が重要であり，組織の成長

図表Ⅱ-1-4　「成長の痛み」の原因

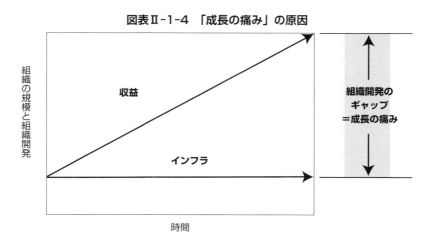

出所：Flamholtz & Randle（2000）

Ⅱ-1 成長のプロセス編

段階に応じた重点開発分野がある。それが，**組織開発ピラミッド**（図表Ⅱ-1-5）であり，事業の基盤としてのビジネスコンセプトと組織開発における6つの主要タスクで構成されている。すなわち，①市場の特定および定義，それによるニッチ・マーケットの形成，②製品・サービスの開発，③資源の獲得，④オペレーション・システムの開発，⑤マネジメント・システムの開発，⑥企業文化の管理である。この組織開発における6つのタスクは，それぞれが企業成長のために重要なだけでなく，それぞれのタスクが協調・補強し合い6つの主要タスクが1つの統合システムとして機能することが求められる。

　第1段階のニュー・ベンチャーの創設では，ビジネスコンセプトを事業の基盤として，市場の特定と製品・サービスの開発が重点を置くべき成長課題となる。第2段階の事業拡大期の企業は，必要な経営資源の獲得とオペレーション・システムの開発が重点的な成長課題である。第3段階のプロフェッショナリゼーションの段階では，計画立案，組織構造，マネジメント能力，コントロールといったマネジメントシステムの開発が重点課題となる。そして，第4

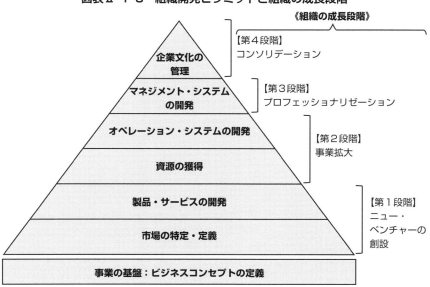

図表Ⅱ-1-5　組織開発ピラミッドと組織の成長段階

出所：Flamholtz & Randle（2000）などに基づき作成

第Ⅱ部　企業成長

段階のコンソリデーションでは，価値観，信念，規範といった企業文化の管理が重点的な開発課題である。ここで，プロフェッショナル企業とは，起業家的思考を残しつつ，プロフェッショナル・マネジメントの能力を有した企業のことである。スタートアップとプロフェッショナル企業との最も大きな違いは，①利益，②計画立案，③組織，④コントロール，⑤マネジメント能力，⑥予算管理，⑦イノベーション，⑧リーダーシップ，⑨企業文化という9つの重点分野においてみられる。すなわち，プロフェッショナル企業への脱皮は，創業者主導で，非公式，曖昧，場当たり的であった組織体制において，企業成長により生じたさまざまなギャップを，段階に応じて順次解消していくべく，統合的な組織開発と戦略展開を行うことにより達成される。

5　企業成長の5段階モデル

　今まで見てきた企業成長のステージの全体像を，わかりやすいモデルで提示したものが，**企業成長の5段階モデル**である（図表Ⅱ-1-6）。組織の成長過程において，その規模の拡大に従い，誕生期から成熟期に至る5段階の成長過程があり，それぞれの成長段階において危機（Crisis）が出現するため，それを乗り越えさらなる成長を成し遂げるためには革命（Revolution）を行わなければならない。

　すなわち，①起業家の独創性による進化（Evolution）が，規模拡大，従業員数の増加による管理の混乱を生み，リーダーシップの危機が生じる。それを，②有能なビジネス・マネジャーの登場と指揮命令系統の確立により乗り越え，成長の段階に入るが，さらなる組織の複雑化により，下位層のマネジャーの間で不満が生まれ，自治に対する欲求という危機が生じる。そして，③この危機を権限委譲（分権化）により解決し組織はさらなる発展に向かうが，現場マネジャーの権限強化に対し，トップが統率力を取り戻そうとするとき管理（統制）の危機が生ずる。しかし，トップの集権化では解決ができないため，④各企業独自の調整技術（Special Coordination Techniques）を生み出すことで，新たな発展段階に向かうことができる。ここでは，独自の調整技術のための正式なシステムと，トップによる運用で組織の成長が達成される。しかし，

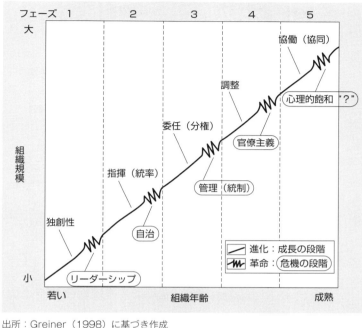

図表Ⅱ-1-6　成長の5段階モデル

出所：Greiner（1998）に基づき作成

このシステムの導入が肥大化した組織に官僚主義を引き起こすことで、新たな危機に直面することになる。⑤この段階では、官僚主義の弊害を乗り越えようとする強い個人相互間の協同が組織成長の原動力となる。この段階の進化は、管理に対するより柔軟で行動科学的なアプローチにより達成される。そして、従業員の心理的飽和（Psychological Saturation）という新たな危機が生じる。心理的飽和とは、猛烈な共同作業と革新的なソリューションへの強いプレッシャーから感情的および肉体的に疲弊した状態を指している。まさに、現代の**ビッグテック**（GAFAM など）が直面している組織的課題といえる。

　この成長5段階モデルは、わかりやすく単純化されているため、経営コンサルタント、人事コンサルタントをはじめとした実務家が多く援用している。例えば、リクルートのグループ企業であり、企業の人材採用・育成、組織開発に関するサービスを提供するリクルートマネジメントソリューションズは、成長

第Ⅱ部　企業成長

5段階モデルをベースに「組織の発展モデル（Organization Transition Model）」を開発し，企業内研修および人事コンサルタントに活用している。また，HRM（Human Resource Management）分野のスタートアップである Smart HR は，従業員数として，第1段階の危機を50人，第2段階の危機を100人，第3段階の危機を300人，第4段階の危機を1,000人，第5段階を1,000人超に区分している。

6 企業の衰退

　さて，一般論として，成長企業の多くは成熟期となり，成長の鈍化，衰退の局面を迎えることになる。コリンズ（J. Collins）の「衰退の5段階」は，成功した企業の衰退の要因に焦点を当てている。コリンズは，非常に強力な勢力が必ずトップにとどまるという自然の法則はなく，どの組織もどんなに偉大であっても，誰もが転落しうると指摘している。しかし，組織の衰退は，段階的な病のようなものであり，初期の段階は発見するのが難しいが治療はやさしく，後期の段階は発見するのは簡単だが治療は難しい。その衰退の段階を理解することで，リーダーは奈落の底に落ちる可能性を大幅に減らすことができる。それが「**衰退の5段階**」，すなわち①成功から生まれる傲慢，②規律なき拡大路線，③リスクと問題の否認，④一発逆転の追求，⑤屈服と凡庸な企業への転落か消滅である（図表Ⅱ-1-7）。

　第1段階の「成功から生まれる傲慢」の現象は，成功は当然だとする傲慢，主要な弾み車の無視，何からなぜへの移行，学習意欲の低下，運の役割の軽視である。ここで弾み車（＝フライホイール）とは，エンジンなど動力を伝える回転軸に取りつける重い車のことで，その慣性を利用して回転の速さを平均化し，回転エネルギーを保持する役割を持つ部品のことである。コリンズは，この回転し続ける弾み車に例え，強い会社は勢いを生み出す弾み車を構築し，それを回し続けることで大きな成功を収めているとして，偉大な会社に飛躍するためのロジックとして「**弾み車の法則**」を提示している。

　第2段階の「規律なき拡大路線」の現象としては，持続不可能な成長の追求，大きさと偉大さの混同，関連しない分野への規律なき飛躍，主要なポスト

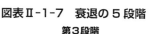
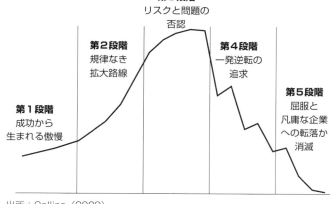

出所：Collins（2009）

のうち適切な人材が配置されている比率の低下，容易に利益が得られることによるコスト面の規律の緩み，官僚制による規律の破壊，問題のある権力の継承，組織の利害より個人の利害の優先があげられる。

　第3段階の「リスクと問題の否認」でみられる主な現象は，良いデータを強調し悪いデータを小さく見せる傾向，事実の裏付けがない大きな賭けと大胆な目標，曖昧なデータに基づき非常に大きなリスクをおかす動き，経営陣の健全な行動様式の衰退，外部要因への責任の押しつけ，組織再編への固執，傲慢で超然とした姿勢である。

　第4段階の「一発逆転の追求」の現象は，特効薬の追求，救世主のような指導者への期待，パニックと拙速，抜本的な変化と「革命」の喧伝，業績より売り込みの優先，当初の業績回復とその後の失望，混乱と皮肉な見解，リストラの繰り返しと財務力の低下があげられる。

　そして，一発逆転策にすがり，失望し，次の策にすがるという悪循環のサイクルに陥って抑えがきかなくなり，次第に経営資源が失われ，現金に余裕がなくなり，キャッシュフローが悪化することで，第5段階の「屈服と凡庸な企業への転落か消滅」という，倒産か買収，弱小企業として生き延びるという局面に直面することになる。

第Ⅱ部　企業成長

コラム
変化に敏感なものが生き残る

　企業の栄枯盛衰は，枚挙にいとまがありません。

　西武百貨店，西友，ファミリーマート，良品計画などは，皆さんご存じの企業だと思いますが，すべて西武セゾングループ（西武鉄道の流通グループ）から生み出された企業です。西武セゾングループは 2001 年に破綻し，主力の西武百貨店は，セブンイレブンを展開するセブン＆アイ HD の傘下から，現在アメリカの投資会社フォーレストとヨドバシ HD へ経営権の移行が進んでいます。基幹スーパーの西友は，世界最大の小売業ウォルマートの傘下となり，近年はアメリカの投資会社 KKR が資本参加しています。ファミリーマートは，総合商社の伊藤忠商事の傘下となり，無印良品などを展開する良品計画は，西友から分離後，事業譲渡を受け独立系として運営されています。このように企業のライフステージは，波乱万丈の展開を辿ることがあります。

　しかし，主力事業を経営環境に合わせ転換しながら，強い競争力を維持している企業も多く見られます。富士フイルムは，祖業で社名ともなっている写真フィルム事業が，デジタルカメラの普及により急激な需要減少に見舞われました。このため，写真フィルム事業で培った技術の棚卸を行い，事務機器などのビジネスイノベーション部門，続いて医療機器や医薬品の開発製造受託などのヘルスケア部門に軸足を移し，直近も最高益を更新しています。写真フィルム事業は，ピーク時の 2000 年度には売上高の 19% を占めていましたが，10年後の 2010 年には 1.5% と劇的な減少となっています。2012 年にはアメリカの名門であったイーストマン・コダックが破綻しており，富士フイルムも事業転換なくしては生き残れなかったでしょう。

　企業のライフステージには，常に変化に柔軟に対応する企業姿勢が求められます。それは，常日頃，本業の技術を深掘りすること（深化）と，時代の要請に従った新規事業を創出すること（探索）によって実現できるものです。そして，人生のライフステージにおいても，自分自身の能力の棚卸と，時代環境にあった能力の蓄積が欠かせません。変化を柔軟に嗅ぎ取る能力は，不断の心がけから生まれてくるのです。

Ⅱ-1 成長のプロセス編

やってみよう！ チャレンジ課題

1. 今使っている身近な製品・サービスを提供している企業について，その創業から現在に至るまでのカンパニー・ヒストリーを調べ，その特徴について，「何が難関で，どう乗り切ったか」という視点でまとめてください。

2. 企業成長における困難性について，企業の経営資源や組織の側面から説明し，特に重要だと思われる成長ステージをあげて，その克服方法について自分自身の考えを述べてください。

3. なぜ企業は衰退するのでしょうか？　近年，破綻した有名企業3社について，その要因を調べ，それを個別要因と共通点に分けて提示し，破綻を回避する方法について自分の考えを述べてください。

121

第2章
ライフステージ戦略

「決断しないことは，多くの場合，間違った行動よりたちが悪い。」

H・フォード（Henry Ford）〈1863-1947〉
世界で初めて自動車の大量生産を実現した20世紀を代表する自動車会社フォード社の創設者。「自動車王」と称えられた。

Summary

　新しい企業を生み出すことと，その企業を成長軌道に乗せることは，国の競争優位と経済発展に大きな影響を与えています。ただ単に新しい企業を創出させるだけでなく，その企業をグローバルな競争優位性を持つエクセレントな企業に育て上げることが要となります。まさに，企業のライフステージに応じた戦略的な展開が求められています。

　本章では，そのような観点からスタートアップ期のジレンマとして，「死の谷」と「ダーウィンの海」のメタファーを取り上げた後，企業成長への道標として「キャズム越え戦略」を提示します。その上で，規模による企業の類型化を示し，近年の爆速成長企業を含めた「企業成長マトリクス」を明らかにします。加えて，企業のライフステージと事業環境に応じた戦略展開の重要性について言及します。

1 求められるライフステージ戦略

　企業の活動は，起業家活動により企業が設立され（誕生），成長を志向しイノベーションを実践することで，幼年期から成長期となり企業規模の拡大が図られる。その後，成熟期を迎え，事業や経営資源の承継（撤退を含む）により次世代にバトンタッチを行うというスパイラルなプロセスであり，これが企業のライフステージである。このように企業の活動はライフステージとして捉えられるが，企業の場合，成長は受動的（栄養素の取得など）ではなく，能動的な「顧客の獲得」という手段で達成しなければならない。以前より新規事業の立ち上げやイノベーションの実現における困難性（事業化のジレンマ）と事業拡大の困難性（普及・成長のジレンマ）の克服における異なる戦略的な対応の必要性が指摘されている。

　事業化のジレンマは，アイデアがイノベーションに至るまでの関門である。製品開発から市場投入に至る崖を描いた「**死の谷**（Valley of Death）」，市場投入からイノベーションの成就までの困難性を示した「**ダーウィンの海**（Darwinian Sea）」というメタファー（暗喩）で表現され，技術基盤型企業などがシーズ（技術のタネ＝基礎研究・発明）を，ニーズ（市場の要求＝顧客価値）に変換するプロセスの困難性とその対応方法に焦点が当てられる。

　普及・成長のジレンマは，事業化後の普及・成長の困難性に焦点を当てており，外部環境（市場や顧客ニーズ）への的確な適応が主要なテーマとなる。代表的な戦略手法として「**キャズム越え戦略**」があげられる。このように，企業成長を成し遂げるためには技術や市場（顧客ニーズ）といった外部環境への適応が必要であり，スタートアップ期に起業家のアイデアと独自のポジショニングで事業化を果たしたとしても，持続的成長を成し遂げるためには，顧客特性に応じた顧客価値の訴求を異なる観点から提示することが肝要となる。

　すなわち，企業の永続的な繁栄のためには，企業のライフステージに適応した戦略展開が必要であり，まさに，「戦略は成長ステージに応じた顧客価値（顧客知覚価値）に従う」という**ライフステージ戦略**の遂行が求められる。

第Ⅱ部　企業成長

2　スタートアップ期のジレンマ

(1) 「死の谷」と「ダーウィンの海」

　事業創造のステージにおいて，技術の高度化に伴う研究開発費負担の増加などの要因により，基礎的な研究段階（いわゆるシーズ段階）と商業化の段階の間に事業化に対する資金供給が欠如する領域が存在し，研究開発の成果が円滑に商業化や新規事業の創出に結びつくことを阻害している状況がある。「基礎研究」から製品の「市場投入」の間に存在する「開発」と「スケールアップ」の段階においては，基礎研究で創出された技術（＝シーズ）が事業化可能かどうかの見極めが困難であるため，資金調達が容易でなく資金供給サイクルが途切れてしまう。まさに，貴重な技術開発の成果が「日の目を見る」ことなく，「**死の谷**」に葬り去られてしまうのである。この「死の谷」を越えるために，アメリカにおいては，民間部門への技術移転，共同研究開発協定，SBIR（Small Business Innovation Research：研究開発予算の一定割合を中小企業に優先的配分する制度），ベンチャーキャピタルやビジネス・エンジェルの支援などが行われている。

　しかし，事業化が成し遂げられたとしても，それが市場に受け入れられイノベーションの普及が成し遂げられるわけではない。高い技術力を有する技術開発基盤型ベンチャー企業（Technology-based Start-up Firms）が市場に受け入れられ，事業として独り歩きすること（Take-off）の困難性を指摘したメタファーとして「**ダーウィンの海**」がある。これは，研究開発や発明からイノベーションに至るギャップをダーウィンの進化論になぞらえたものであり，最新の技術で開発された製品が市場競争を通して生き残ることが難しい状況を表したものである。すなわち，新たな発明やアイデアなどの成果（事業化）は，生存競争の激しい多くの生命体が存在している「ダーウィンの海」に入り，サメなどの外敵（ライバルとの競争など）や荒れ狂う嵐（技術的困難性や事業化リスク）に耐えて生き残ったものが進化し，イノベーションや事業創造（ニュービジネス）の岸にたどり着くことができるのである。このように，新

124

Ⅱ-1 成長のプロセス編

図表Ⅱ-2-1 企業成長のジレンマ（技術リスクと市場リスク）

出所：Wessner（2003），Hughes（2014）などに基づき作成

しい技術やアイデアの創出と，それがイノベーションを成し遂げ事業化に至るまでにはいくつかの段階があり，困難なギャップがあることが指摘されている（図表Ⅱ-2-1）。

基礎研究から事業化までのプロセスに資金ギャップ（死の谷）があるだけでなく，応用研究から事業化の見込みがついた段階から，市場に受け入れられイノベーションを実現するまでのプロセスにも多くの障害（ダーウィンの海）がある。技術的な制約を克服し，たとえ「死の谷」を渡ることができたとしても，繁栄のジャングルで成長するビジネスにたどり着くためには，マネジメントの失敗，代替ビジネスモデルの存在，知財などの訴訟リスク，敵対的買収など，数々の困難を乗り越えなければならない。「死の谷」と「ダーウィンの海」のメタファーは，発明がイノベーションとして市場に受け入れられるまでのさまざまな障害を比喩したものであり，ビジネスとして持続的な成長を成し遂げるためには，技術的な課題（＝技術的リスク）とマネジメントの課題（＝起業家リスク）の両方を乗り越えなければならない。

第Ⅱ部　企業成長

　加えて，基礎研究から新技術の創出までの段階を研究ステージとして分類し，そこに存在する障壁を「魔の川（Devil River）」というメタファーで指摘する場合もある。この場合，イノベーション実現のステージは，①研究ステージ（技術を育てる＝「魔の川」の克服），②開発ステージ（市場への出口を作る＝「死の谷」の克服），③事業化・成長ステージ（社会を動かす＝「ダーウィンの海」の克服）の３つのステージで表現される。

（2）　成長への挑戦：キャズム越え戦略

　ここから企業成長への挑戦について，「**キャズム越え戦略**（Crossing the Chasm）」を取り上げる。**イノベーションの普及**におけるイノベーション採用者カテゴリーと製品ライフサイクルの考え方から，企業の成長戦略を導き出したものがムーア（G. Moore）のテクノロジー・ライフサイクルの概念とキャズム越え戦略である。

　テクノロジー・ライフサイクルは，新たなテクノロジーに基づく製品が市場に受け入れられていくプロセスを，製品ライフサイクルの進行に伴って顧客層がどのように変遷するかという観点から捉えた概念である。企業成長のカギは，①今がライフサイクルのどの段階にあるのかを見極め，②その段階における顧客の購買心理をよく理解し，③その顧客層にあったマーケティング戦略を展開することである。特に，革新的なテクノロジーが市場に登場したときに，人々や企業がとる対応のパターンを理解する必要がある。それは，以下の５つのパターンである（図表Ⅱ-2-2）。

1）　イノベーター（テクノロジーマニア）：「とりあえず使ってみよう」

　冒険的で，新しいアイデア（テクノロジー）への関心が高い。複雑な技術的知識を理解し活用する能力を持つ。イノベーション普及のゲートキーパー的存在となる。

2）　アーリーアダプター（ビジョナリー）：「他人より先に行きたい」

　技術に強いが技術指向ではなく，新たなテクノロジーがもたらす利点をよく検討し，理解し，正当に評価する。既存システムのブレークスルーを求める。オピニオン・リーダー（世論形成者）として社会システムの中でロールモデル

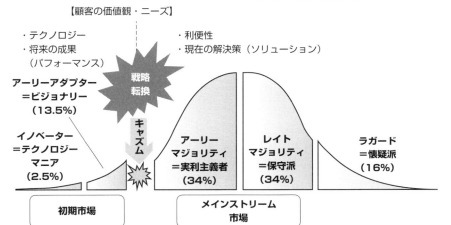

図表Ⅱ-2-2　テクノロジー・ライフサイクルの概念図

出所：Moore（2014）などに基づき作成

を演じる。コミュニケーション能力に優れ，ネットワークの中心となる。**エバンジェリスト・ユーザー**になりうる存在である。

3）　アーリーマジョリティ（実利主義者）：「他人と同じにしたい」

　実用性を重視し，テクノロジーが着実に成果を測定できるものであるか見極める。実績や他社の導入事例を重視する。イノベーションの採用に慎重で，イノベーション決定期間が長期になる。マーケットリーダーの動向を重視する。

4）　レイトマジョリティ（保守派）：「実績あるものだけを使いたい」

　進歩ではなく習慣（従来のやり方）を重視する。懐疑的で警戒の念を持ちながらイノベーションに接近する。業界標準になるまで待ち，実績のある大企業から購入する。

5）　ラガード（懐疑派）：「ノーといったらノー」

　新しいテクノロジーには関心がない。イノベーションやチェンジエージェント（変革推進者）に対して懐疑的である。個人的な理由や経済的な理由による場合もある。

　このライフサイクルの構成要素間には，同じ手法で製品・サービスを提示し

第Ⅱ部　企業成長

た場合に効果を発揮しない不連続な関係をなすクラック（隙間）がある。その中でも最も深刻な問題となる深い溝が，アーリーアダプターとアーリーマジョリティの間を分かつ深く大きな溝（**キャズム**）の存在である。キャズムの存在は，イノベーション採用者カテゴリー間において，その「属性」に大きな隔たりがあり，購買心理に差があることから生じている。すなわち，あるテクノロジーが「かっこいい」と感じる層（イノベーター）と革新的な可能性を理解する層（アーリーアダプター）とで構成される初期市場と，テクノロジー導入の実用性と現行オペレーションの生産性の改善を重視するアーリーマジョリティでは，製品・サービスの導入目的が大きく異なる。初期市場においては，製品の革新性やテクノロジーの新規性などを訴求することで受け入れられるものが，アーリーマジョリティにおいては使い勝手や目に見える改善効果など，UI（ユーザーインタフェース）の容易化・単純化など，具体的かつ実利的な成果が求められる。

　このキャズムを越えるための戦略は以下の通りである。

【キャズム越え戦略】
1)　ある特定のニッチ市場を対象とすること
2)　ホールプロダクト（顧客の目的を達成するために必要とされる一連の製品やサービス）の提示
3)　口コミ効果の活用
4)　ニッチ・マーケットにおけるリーダーシップの実現

　そして，あるニッチ市場がテクノロジーを受け入れると，関連する他のニッチ市場もそれに触発されそのテクノロジーを受け入れるようになる。続いて，テクノロジーはそれぞれのニッチ市場で有効性が実証されて，キラーアプリケーション（圧倒的な魅力と人気を持ったアプリケーション）などが登場するため，テクノロジーは必要不可欠で標準的な存在と見なされ，実利主義者たちが一気に市場に参入し，イノベーションの普及が加速化され企業成長が実現される。

　キャズムは，前述したダーウィンの海と類似した概念といえる。事業化後に

おけるイノベーションの普及に潜む不連続性は，初期の企業成長にとって特に重要な局面である。この考え方の根本は，先端的な技術に対する偏重が生むシーズとニーズの乖離に注目したもので，事業創造における顧客創造の重要性を明示している。持続的な企業成長のためには，キャズムを乗り越え，ダーウィンの海を泳ぎ切らなければならない。

3 規模による企業の類型化と成長モデル

（1） 規模による企業の類型化

　企業の内部資源・組織開発の分析視点は，売上高の増加（＝企業成長）に伴う企業規模の拡大（従業員数，設備・技術，資金など）への組織的な適応を指向したものであり，図表Ⅱ-2-3 のように整理することができる。これは，中小企業基本法の中小企業の定義なども踏まえ，売上高や従業員数に応じた企業

図表Ⅱ-2-3　企業規模の類型

【組織フェーズ，組織開発】

区分	売上高	従業員数	条件	スタートアップの4段階	成長の痛み	企業成長の5段階
個人事業／家族経営	1億円未満	5名未満	or（または）	研究開発／スタートアップ	ニュー・ベンチャー	フェーズ1
小規模企業	3億円未満	10名未満	or（または）		事業拡大	
中小企業	100億円未満	100人未満	or（または）	急成長	プロフェッショナリゼーション	フェーズ2
中堅企業	600億円未満	1,000人未満	or（または）	成熟期	コンソリデーション	フェーズ3／フェーズ4
大企業（多角化）	1,500億円未満	2,500人未満	or（または）		多角化	フェーズ5
大企業（統合）	上記以上	上記以上	and（かつ）		統合	

第Ⅱ部　企業成長

規模に関する既存研究を基盤にしつつ，それらの基準の大枠を整理した企業規模の概念モデルである。

(2)　企業成長の時間軸の変化

　今まで，スタートアップが市場適応（PMF の達成）を成し遂げ，組織成長を図るための分析枠組みについて，企業のライフステージの観点から提示した。しかし，これまでの視点は，成長のスピードという時間軸に焦点を当てていない。このため，企業成長に時間軸（**成長のスピード**）という概念を取り入れた分析枠組みを提示する。

　ブリッツスケール（飛躍的な成長），飛躍型企業（Exponential Organization：指数関数的な成長），J カーブ型成長，ホッケースティック型成長，爆速成長，ムーンショットなど，画期的なイノベーションを成し遂げ，爆速的な成長を実現している企業が多数出現している。それぞれの概念や主張には若干の違いは見受けられるものの，これまでの企業成長の時間軸を超えた新たな成長概念（成長ステージ）として捉えられている。

　製品・サービスが 5,000 万人のユーザーを獲得するのに要した年数として，飛行機 = 68 年，自動車 = 62 年，電話 = 50 年，テレビ = 22 年，コンピューター = 14 年，携帯電話 = 12 年，インターネット = 7 年，ツイッター = 2 年などというデータから，イノベーションの普及速度が加速度的に早まっている。先進国と発展途上国の経済成長が雁行的であると例えた工業化社会における製品・サービスの普及は，生産量の拡大が設備投資に支えられ，大量生産によるコストダウンが大量消費を生んだという背景から，製品・サービスの普及曲線は y=x に近似となるリニア（直線的）な線形を描いてきた。しかし，限界費用が限りなくゼロに近いデジタル経済においては，容易に $y=a^x$ という指数関数的な成長が可能になる。事実，アマゾンは，1996 年から 3 年間で従業員数50 倍・収益 322 倍・顧客口座数 94 倍，グーグルは，2001 年から 6 年間で従業員数 60 倍・収益 193 倍・年間検索件数 14 倍，フェイスブックは，2006 年から 5 年間で従業員数 21 倍・収益 77 倍・月間アクティブユーザー数 70 倍という驚異的な成長を遂げている。

(3) 企業成長マトリクス

　現在の変革期においては，企業成長を分析し戦略展開を検討する視点として，外部環境・戦略展開，内部資源・組織開発といった視点だけでなく，成長の規模と時間軸（成長のスピード）に焦点を当てた分析が求められている。このような視点から，事業創造を成し遂げるための**企業成長マトリクス**として図表Ⅱ-2-4を提示する。これは，縦軸に成長のスピードをとり，横軸には組織開発の程度を低次（単一）から高次（複雑）に区分し，マトリクスとして表したものである。ここで，組織開発の程度とは，企業の規模と事業内容の多様性（多角化の割合など）の程度を表す尺度である。ここでは，単に売上高や従業員数といった企業規模だけでなく，事業内容の多様性，すなわち事業の種類や幅といった組織管理の複雑性により焦点を当てている。その上で，企業成長のタイプとして，①単一事業専業型，②複合事業総合型，③ニッチ創造型，④単一事業爆速成長型，⑤複合事業爆速成長型の５つに分類している。

　まず，①**単一事業専業型**とは，基本的に生計確立型の起業で，個人創業の最も一般的な形態であり，個人事業主や家族経営の小規模店舗を表し，成長のスピードも組織開発の程度も低い。代表的なものとして，飲食店，小売店，個人向けサービス業などがあげられる。広義には，SOHO，フリーランス，副業に

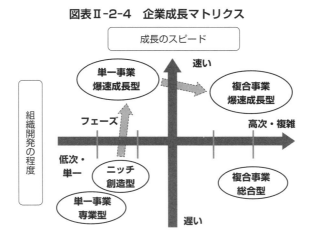

図表Ⅱ-2-4　企業成長マトリクス

第Ⅱ部　企業成長

よる起業も含まれる。これらは，パートタイム起業家ともいえ，近年シェアリングビジネス*やクラウドソーシング*の普及により，起業の担い手の増加の旗手として注目を集めている。

　続いて，②**複合事業総合型**は，従来の日本的経営のモデルともいわれ，かつての日本産業のリーディングカンパニーであった総合電機メーカーなどに代表される総合型経営モデルである。組織開発の程度は複雑であるが，既に成熟期を迎えた産業群に属している企業であり成長のスピードは遅い。このタイプの企業は，変革期への適応能力が不足しているため，革新を成し遂げることが困難な状況となっている。現在は，業界として再編成の時期を迎えており，多くの企業が事業部門の売却など，事業の「選択と集中」に取り組み，リストラクチャリングを進めている。また，革新の方向性として「**両利きの経営**」が提唱されている。

　これまでの2種類のタイプは，規模の経済が競争優位性を規定していた大量生産大量消費型の企業成長モデルで，右肩上がりの比較的安定した経営環境に適合的である。もちろん，複合事業総合型は，創業当時から複合事業を行っていたわけではなく，シャープ，松下電器（現：パナソニック）など，単一事業から事業範囲を拡大し，複合事業総合型に企業成長を遂げているが，現在の激変期にある経営環境を説明する概念モデルとして提示している。

　続いての3つのタイプは，第四次産業革命と呼ばれる激変期を象徴する成長モデルである。最初の③**ニッチ創造型**は，起業家の事業アイデアによりまったく新しい市場を創造するものであり，通常はその新規性のため，イノベーターという革新的な顧客層にのみ受け入れられ，市場は限定的である。ベンチャー型新興企業（スタートアップ）の一般的な創業タイプといえる。起業家は自身の事業アイデアの適切性を確かめるため，ニッチ市場の創造を図らなければな

Keyword ···

＊**シェアリングビジネス**　カーシェアリング，シェアハウスなど，主にインターネットを介して，余剰となっている資産を活用するビジネスのこと。このような経済概念をシェリングエコノミーという。

＊**クラウドソーシング**　「crowd（群衆）」と「sourcing（調達）」を合わせた造語で，企業や個人がインターネット上で不特定多数の人に業務を委託するビジネス形態のこと。

らない。そして，この時に適合的なスタートアップ戦略が，**エマージェント・メソッド**である。このタイプの新興企業の成長曲線は基本的にリニアであり，未上場市場で**ユニコーン***の評価を得ていても，売上規模としては中堅レベルの企業である。日本の上場企業では，バイオベンチャーのユーグレナ，家電ベンチャーのバルミューダなどが当てはまる。また，日本のユニコーン企業はこのタイプが多い。

　続いて，キャズムを乗り越えることにより，④**単一事業爆速成長型**の成長軌道に乗り，ユニコーンを超えデカコーン企業（ユニコーンの 10 倍の企業評価額）として新市場を席巻する存在に成長していき，その上で加速度的に成長を継続させる企業は，その 10 倍の企業評価額となるヘクトコーン企業として巨大な新市場に君臨する。未上場企業のヘクトコーン企業としては，動画サイト「TikTok」を運営するバイトダンス，ロケット・宇宙開発のスペース X がある。また，世界最大手のバケーションレンタルサービス（俗にいう民泊）のエアビーアンドビー，短文のソーシャル・ネットワーキング・サービス（SNS）を展開するツイッター（現：X Corp.）などがこのタイプの企業としてあげられる。この企業群の特徴は，シェアリングエコノミーを牽引し，ネットワーク外部性により「一人勝ち」となり，急速成長する傾向が強いところである。

　その上で，単一事業爆速成長型企業の一部は，多様な業種に対する M&A を積極的に展開することにより，⑤**複合事業爆速成長型**として，巨大企業に成長している。GAFA（グーグル（現：アルファベット），アップル，フェイスブック（現：メタ），アマゾン）などと呼ばれる企業群が，このタイプの企業成長を成し遂げている。ここでも，ネットワーク外部性や収穫逓増型ビジネスモデルにより急速な成長を遂げ，巨大プラットフォーム企業として，顧客データなどのビッグデータの独占が可能となり，一層の成長力を増加させている。複合事業爆速成長型企業にとって，M&A は最も重要な戦略といえる。これは，事業開発のスピードを速めるだけでなく，複合事業を運営するための優秀

Keyword ･･･

＊ユニコーン　企業評価額が 10 億ドル以上で，設立から 10 年以内の未上場のテクノロジー関連の新興企業（スタートアップ）のこと。2013 年当時，特に稀少な存在であったため，神話的な伝説の生き物にちなんで，ベンチャーキャピタリストが発案した。

第II部　企業成長

な人材の獲得に欠かせないものであり，グーグルが検索サービスからデバイス用OSのアンドロイド，クロームといった新しい事業を生み出す基盤となっている。

　ベンチャー型新興企業は，まずニッチ市場への進出を図り（ニッチ創造型），そこで技術マニアやビジョナリーの支持を得て，エバンジェリスト・ユーザーの声に耳を傾け戦略転換を図ることで，口コミの連鎖によりマジョリティに受け入れられ，単一市場爆速成長型への進化を遂げている。まさに，キャズム越え戦略の遂行が企業成長の原動力となっている。そして，この時の事業転換のスピードが爆速成長型に進化するポイントとなる。単一市場で爆速成長を果たした企業は，M&A，他社との連携やオープン・イノベーションなどを駆使することで，複合事業爆速成長型への進化を図ることができる。ここで問題となるのが，組織開発の巧拙であり，ウーバーやウィーワークのように戦略の再構築を迫られることもある。まさにチャンドラー（A. Chandler）の指摘の通り，「組織（＝マネジメント体制）は，戦略（＝環境適応，事業展開，成長スピード）に従う」という命題が導き出される。しかし，外部環境の変化，事業展開の巧拙，成長スピードは，所属する業界や提供する製品・サービスなどにより企業それぞれに独自なものであり，統一的な適応メソッドだけで企業の繁栄は享受できない。ここに事業環境に適応した事業展開，戦略展開の重要性が指摘できる。

（4）　事業環境に応じた戦略展開とライフステージ戦略

　企業成長に関して，創業時の市場適応（＝PMFの達成）と規模拡大に伴う組織適応（＝組織開発）の観点から説明してきたが，企業の持続的な成長のためには，自社のライフステージだけでなく，自社が属している業界の特性を充分に吟味した戦略展開が必要となる。多くの企業が，競争環境に合わせた戦略の必要性を認識しているが，依然として伝統的な戦略ツールを導入しているため，思うような成果が得られていない場面が散見される。それは，その戦略ツールが自社の所属する業界に適していないからであり，戦略ツールを選ぶときこそ，「戦略」が欠かせない。

　図表II-2-5の「**戦略パレット**」は，事業環境の不確実性とダイナミズムが

Ⅱ－1　成長のプロセス編

増大する中で，事業環境の①「予測可能性」（将来の変化を予測できるか？），②「改変可能性」（自社単独で，あるいは他社と協業して，つくり変えることができるか？），③「苛酷さ」（生き残れるか？）という３つの視点を評価軸として，クラシカル，アダプティブ，ビジョナリー，シェーピング，リニューアルの５つの型に分類し，それぞれの型で異なる戦略・実行アプローチを選択することが持続的な成長につながることを示している。すなわち，自社のドメインおよび所属業界を「戦略パレット」に当てはめ，自社の事業環境に適した戦略を選択することで持続的な競争優位性が維持される。

　クラシカル（伝統型）戦略アプローチは，事業環境は予測可能であるが，企業がそれを変えるのが難しい業界であり，インフラ関連などの伝統的な成熟産業が該当する。ポーター（M. Porter）の**ファイブ・フォース分析***を始めとし

図表Ⅱ-2-5　戦略パレットの５つのアプローチ

戦略 アプローチ	クラシカル （伝統型）	アダプティブ （適応型）	ビジョナリー （ビジョン 牽引型）	シェーピング （協創型）	リニューアル （再生型）
予測可能性	高い	低い	高い	低い	
改変可能性	低い	低い	高い	高い	
苛酷さ					高い
重要な要件	規模を拡大する	素早く動く	パイオニア（創造（破壊）する最初の企業）になる	オーケストレーター（編成者）になる	存続可能性を高める
適用業界	・電力，ガス，水道 ・自動車 ・石油，ガス	・半導体 ・アパレル	・新産業創造 ・既存産業破壊	・ソフトウエア（一部） ・スマートフォン ・アプリ	・金融危機時の金融機関
主な事例	P&G	3M	アマゾン	アップル	アメックス

出所：Reaves, Haanaes & Sinha（2015）に基づき作成

Keyword ....

*ファイブ・フォース分析　所属業界の競争環境と収益構造を決定する５つの競争要因（新規参入の脅威／代替品の脅威／売り手の交渉力／買い手の交渉力／競争業者間の敵対関係）から業界構造（業界の魅力度）を分析するフレームワーク。

135

第II部　企業成長

た伝統的な経営戦略が適合的である。アダプティブ（適応型）戦略アプローチは，事業環境は予測しがたく，企業もそれを変えることが難しい業界であり，半導体やアパレル産業などが当てはまる。技術的変化や成長率の変動が激しく，急変する環境で素早く柔軟な環境適応が求められるため，**創発的戦略***など環境適応型の戦略が有効である。ビジョナリー（ビジョン牽引型）戦略アプローチは，新しい産業の創造や既存産業の破壊による潜在的なニーズが顕在化された業界に当てはまる。事業環境は予測可能であり，事業環境を変化させる（破壊する）可能性も高い。業界のパイオニアを目指したブルーオーシャン戦略などの**市場創造戦略**が適合的である。シェーピング（協創型）戦略アプローチは，事業環境や市場動向の予測が難しい中で，業界や市場を創造するという事業環境の改変の可能性が高い業界である。業界全体の形成は他社との協業が必須となるため，さまざまなステークホルダーの活動をオーケストラのように編成し，協業によって業界を形成する。**ビジネス・エコシステム**の形成や**ネットワーク戦略**などが適合的である。リニューアル（再生型）戦略アプローチは，苛酷な事業環境下で「生き残り」を図り，活力や競争力を取り戻すことを狙いとしている。環境の悪化にできるだけ早く反応することが重要であり，**ビジネス・トランスフォーメーション***，**ターンアラウンド***などの戦略手法が有効といえる。

　また，戦略パレットのアプローチについては，所属業界の特性だけでなく，事業やビジネスモデルのライフサイクルに応じて，それぞれのステージで異なるアプローチを選択することが重要である。多くの事業は，ビジョナリーかシェーピングのステージで創出され，アダプティブ，クラシカルへと移行し，破壊的イノベーションにより新たなサイクルに入る傾向が見受けられる。このように，戦略パレットは，事業環境だけでなく企業のライフステージに応じた

Keyword ....

***創発的戦略**　経営計画を実行する中で発生した予期せぬ問題や偶発的な事象に適応する中で，後発的に形成される戦略のこと。

***ビジネス・トランスフォーメーション**　既存のビジネスモデルを刷新する，あるいは新たなビジネスモデルを創出すること。

***ターンアラウンド**　方向転換という意味で，一般的には事業再生のことを指す。業績不振の事業を改革し，収益を上げられるように立て直し，企業の価値を高めることを目指す。

Ⅱ−1　成長のプロセス編

戦略の選択にも有効であり，**ライフステージ戦略**ともいえるアプローチである。

コラム
「朝令暮改を恐れるな」企業成長に向けた決意

　決断は，企業における戦略の要諦です。

　セブンイレブンを立ち上げ「コンビニの父」と称され，日本一の小売・流通グループとなったセブン＆アイ・ホールディングスを率いたアントレプレナーである鈴木敏文は，「朝令暮改」というキーワードを用いて，過去の成功体験にとらわれない環境変化に即応した素早い意思決定の重要性を指摘しています。朝決めたことにとらわれ，周囲（上司，同僚，部下）に気を遣い，その日起こった変化に目をそむけることこそ問題であるというのです。

　すなわち，アントレプレナーが活躍する社会とは，旧態依然の稟議制度を主体とした日本的集団意思決定システムの否定という側面も指摘することができます。皆さんも，自分のつまらないメンツにとらわれず，その時の風を読み，素早い意思決定をすることを心がけてください。自動車王ヘンリー・フォードがいう通り，「決めないことは，間違った行動よりたちが悪い」のです。

やってみよう！　チャレンジ課題

1. なぜ，企業成長においてライフステージ戦略が求められるのか。企業の成長ステージに応じて，その必要性を説明してください。
2. あなたが日常よく利用している製品・サービスについて，その普及過程を調べて，普及にあたって障害となった点とその克服方法について説明してください。
3. アマゾン，グーグル（現：アルファベット），フェイスブック（現：メタ）のうち，いずれかの企業の成長過程を調べ，企業成長マトリクスでニッチ創造型から単一事業爆速成長型，そして複合事業爆速成長型に移行し，巨大企業となった軌跡を説明してください。

137

【II-2】
成長のスタイル編

企業にはさまざまなスタイルがあります。それは，外見としての容姿や恰好（規模，立地地域など），経営の仕組みなどの様式や型，企業のライフスタイルといえるような固有の考え方や行動規範などです。

ここでは，小規模企業，中小企業，中堅企業，大企業といった企業規模におけるスタイルと，企業経営の様式や行動規範の違いによる企業スタイルとして，ベンチャービジネス，老舗企業，ファミリービジネス，ソーシャルビジネス，コミュニティビジネスを取り上げ，その特徴などについて解説し，それぞれのスタイルに応じた適合的なマネジメント・システムを提示します。

第3章
企業規模のマネジメント

「私は，小企業の経験も，中企業，大企業の経験もしてきましたが，主人公の率先垂範が第一ということは，まったく企業の大小を問わず，共通にいえることだと思います。」

松下 幸之助（まつした こうのすけ）〈1894-1989〉

パナソニック（旧：松下電器産業）の創業者で，「経営の神様」とも称せられた。その他，倫理教育や政治家の育成にも貢献した。

Summary

　企業規模に応じた適切なマネジメントのスタイルがあります。当然のことですが，世界有数のグローバル企業であるトヨタ自動車と，商店街で家族経営をしている自転車販売店では，そのマネジメントの仕組みは大きく異なっています。しかし，小規模企業であってもマネジメントの重要性は論をまちません。もちろん，共通基盤として「先んじて模範を示すこと」が大切ですが，中小企業に適したマネジメントのスタイルがあり，また事業運営にあたっての成長指向性によっても，そのスタイルは異なることを肝に銘じる必要があります。

　本章では，中小企業に関する理解を深めるとともに，そのマネジメントの特質について明らかにします。その上で，近年日本経済の活性化のカギを握る存在として注目を集めている中堅企業を取り上げ，その成功の秘訣に迫ります。

第Ⅱ部　企業成長

 企業規模と中小企業

　企業はその成長段階に応じて，個人事業／家族経営，小規模企業，中小企業，中堅企業，大企業に分類することができる。規模による分類については，中小企業基本法で中小企業と小規模企業の範囲が定められている（図表Ⅱ-3-1）。中小企業基本法による中小企業の範囲は，中小企業政策の基本的な対象範囲を定めた「原則」であり，各法律や支援制度における中小企業の範囲と異なる場合もある。なお，中小企業基本法上においては，「中小企業者」，「小規模企業者」と規定している。

　大企業，中小企業という用語は，私たちが日常的に使っている言葉である。この用語の意味するところは，企業規模によって企業経営上の違いがあるということである。企業の内部資源である人材，組織体制，管理方式，技術，製品開発など，そして企業の外部環境となる業界，市場，取引先，顧客，競争相手，資金調達先，行政などへの対応が，企業規模によって異なる場合が多い。すなわち，企業規模による独自のマネジメントや産業政策が必要となる。産業政策的な意味合いでの企業規模による分類は，特に中小企業に対する政策において重要性を増している。

　中小企業の存在は，**「異質多元性」**というキーワードで表される。個人商

図表Ⅱ-3-1　中小企業・小規模企業の範囲

業種	中小企業者 （下記のいずれかを満たすこと）		小規模企業者
	資本金の額又は出資の総額	常時使用する従業員の数	常時使用する従業員の数
①製造業，建設業，運輸業 その他の業種（②〜④を除く）	3億円以下	300人以下	20人以下
②卸売業	1億円以下	100人以下	5人以下
③サービス業	5,000万円以下	100人以下	5人以下
④小売業	5,000万円以下	50人以下	5人以下

出所：中小企業基本法に基づき作成

店，町工場，個人事業主，SOHO，テレワーカー，フリーランス，インディペンデントコントラクター（IC：独立請負人），生業的零細企業，産地の地場産業，地域密着型企業，老舗企業，下請専業企業，スタートアップ，新興企業，ベンチャー企業など，その存在の根源となる要素が多様で，それぞれ異なった性質を持つ多種多様な企業が存在している。大企業は，トヨタ自動車，パナソニック，JR東日本など，国の基幹産業を代表するナショナル・ブランドを持つ企業であり，その業界の代表的な企業として，世界的な事業展開をしているグローバル企業である。そして，中小企業以上で大企業未満の企業群として，中堅企業がある。近年，日本経済活性化のカギを握る存在として注目されている。地域経済の中核的な存在である老舗企業や，地場産業の中核企業，成長を続けるベンチャー企業などがあげられる。商標や製品・サービスのブランド力や製品開発力を持ち，取引におけるコア（中核的）な存在であり，中小企業や大企業とは異なる独自のマネジメントが求められる。ここに企業の成長過程（規模拡大）に応じた組織開発や戦略展開，すなわち**ライフステージ戦略**の必要性が指摘できる。

2　中小企業の本質

（1）　中小企業の位置付け

　中小企業は，全企業の99.7%，従業者数の約70%，付加価値額の約56%を占めている（図表Ⅱ-3-2）。企業数では，小規模企業が約85%でありその約6割が個人事業者で，常用雇用者のいない小規模企業は，個人事業者と法人を合わせ約4割強となっている（中小企業庁，2023：2024）。このように，企業のほとんどは個人商店や零細企業，個人経営である。規模別の平均従業員数をみると，大企業が約1,300人，中規模企業が約40人，小規模企業が約3名強である。大企業における平均従業員数は，トヨタ自動車7万人（連結37.5万人），パナソニック5.5万人（連結23.3万人），JR東日本4.6万人（連結7万人）と差が大きく，規模間格差は中小企業以上である。ここに，中堅企業を独自に捉える重要性が指摘できる。次に従業員数においては，約半数が中規模企

第Ⅱ部　企業成長

図表Ⅱ-3-2　中小企業の企業数・従業者数・付加価値額

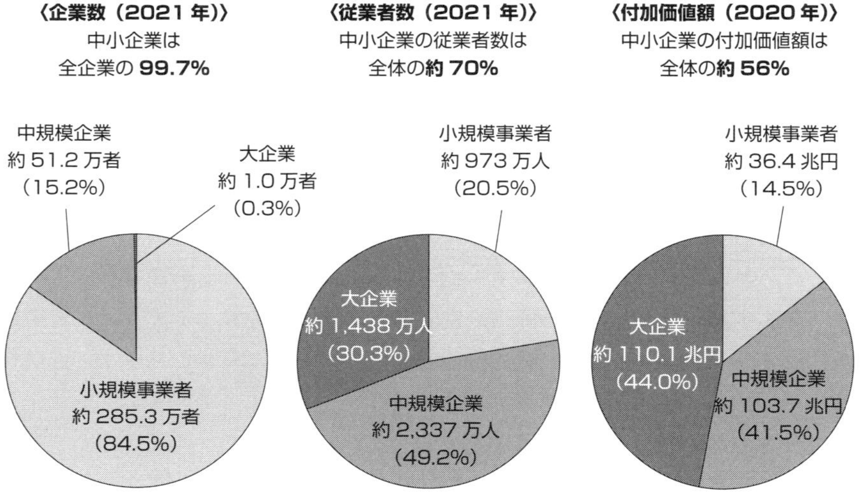

〈企業数（2021 年）〉
中小企業は
全企業の**99.7%**

〈従業者数（2021 年）〉
中小企業の従業者数は
全体の**約70%**

〈付加価値額（2020 年）〉
中小企業の付加価値額は
全体の**約56%**

中規模企業
約51.2万者
（15.2%）

大企業
約1.0万者
（0.3%）

小規模事業者
約285.3万者
（84.5%）

小規模事業者
約973万人
（20.5%）

大企業
約1,438万人
（30.3%）

中規模企業
約2,337万人
（49.2%）

小規模事業者
約36.4兆円
（14.5%）

大企業
約110.1兆円
（44.0%）

中規模企業
約103.7兆円
（41.5%）

出所：中小企業庁（2024）に基づき作成

業であり，雇用者の2分の1が中小企業のサラリーマンといえる。続いて**付加価値額***について，中小企業は付加価値額の半数以上を生み出しているが，従業者数との比較では，大企業に比べ劣っている点が指摘できる。単純に1人当たり付加価値額を算出すると，大企業が766万円，中規模企業が444万円，小規模企業が374万円で規模間格差があり，大企業に比べた中小企業の生産性の低さがうかがわれる。この点について，中小企業は，個人商店などの小売業や個人向けサービス業，部品加工などに特化した下請製造業などが多く存在し，業種特性として利益率が低い点が指摘できる。売上高では，中小企業が約44%の構成比となっている。

Keyword ....

*付加価値額　付加価値とは，企業などの生産活動によって新たに生み出された価値のことで，生産額から原材料等の中間投入額を差し引くことによって算出できる。

（2）　企業規模と地域経済

　ここから企業と立地地域の関係を概観する。図表Ⅱ-3-3は，大都市圏と地方圏における上場企業の数をまとめたものである。大都市圏（東京周辺，東海，京阪神）への集中傾向が見られ85%強である。特に東京都市圏への集中

図表Ⅱ-3-3　地域別上場企業数の構成比と推移

地域区分		2020年		2000年		増減率
		上場企業数	構成比	上場企業数	構成比	
東京都市圏	東京都	2,029	53.4%	1,591	45.6%	127.5%
	神奈川県	179	4.7%	184	5.3%	97.3%
	千葉県・埼玉県	117	3.1%	115	3.3%	101.7%
	計	2,325	61.2%	1,890	54.2%	123.0%
東海圏	愛知県	222	5.8%	219	6.3%	101.4%
	静岡県	51	1.3%	70	2.0%	72.9%
	岐阜県・三重県	49	1.3%	56	1.6%	87.5%
	計	322	8.5%	345	9.9%	93.3%
京阪神（兵庫）	大阪府	434	11.4%	499	14.3%	87.0%
	京都府	63	1.7%	68	2.0%	92.6%
	兵庫県	106	2.8%	115	3.3%	92.2%
	計	603	15.9%	682	19.6%	88.4%
その他の地方圏	北海道・東北	94	2.5%	110	3.2%	85.5%
	北関東	50	1.3%	61	1.7%	82.0%
	甲信越	77	2.0%	79	2.3%	97.5%
	北陸・近畿（除く京阪神）	88	2.3%	82	2.4%	107.3%
	中国・山陰	85	2.2%	85	2.4%	100.0%
	四国	36	0.9%	36	1.0%	100.0%
	九州・沖縄	120	3.2%	116	3.3%	103.4%
	計	550	14.5%	569	16.3%	96.7%
全国計		3,800		3,486		109.0%

出所：会社四季報データに基づき作成

第II部　企業成長

化傾向が強く，上場企業の半数以上が東京都に立地している。上場企業は基本的に大企業中心であるため，大企業は都市圏，特に東京へ集中している。ここ20年の推移をみると，東日本の変化が著しく，北海道・東北，北関東の減少が顕著で，北日本から東京への一極集中が強まっている点が指摘できる。

　グローバルな巨大企業の本社立地地域についても同様の傾向が見られる。図表II-3-4は，「フォーチュン・グローバル500*」の地域別立地状況を表したものである。この10年あまりの間に日本は3割強減少しているが，東京一極

図表II-3-4　フォーチュン・グローバル500の地域別立地状況

都市名	2011年		2022年	
	企業数	構成比	企業数	構成比
宮城	1	1.47%		0.00%
群馬	1	1.47%		0.00%
東京	47	69.12%	34	72.34%
千葉	1	1.47%	1	2.13%
神奈川	1	1.47%	1	2.13%
静岡	1	1.47%	1	2.13%
愛知	5	7.35%	4	8.51%
大阪	8	11.76%	6	12.77%
京都	1	1.47%		0.00%
兵庫	1	1.47%		0.00%
広島	1	1.47%		0.00%
全国	68	−	47	−
参考：アメリカと主要都市の動向				
アメリカ	133	−	124	−
ニューヨーク	18	13.53%	16	12.90%
ヒューストン	6	4.51%	5	4.03%

出所：「フォーチュン・グローバル500（2011版，2022年版）」に基づき作成

Keyword ....

＊フォーチュン・グローバル500（Fortune Global 500）　アメリカのニューヨークを拠点としているビジネス雑誌のフォーチュン誌が毎年1回発表している，世界中の会社を対象とした総収益（Revenues）ランキングであり，世界の巨大企業500社の番付表である。

Ⅱ-2　成長のスタイル編

集中の傾向は変わっていない。7割以上の巨大グルーバル企業の本社が東京に集中しており，上場企業よりも集中度が高い。ちなみに，「フォーチュン・グローバル 500」が初めて発表された 1995 年版では，日本企業は 149 社ノミネートされている。反面，アメリカでは世界経済の中心ともいえるニューヨーク市でも 13% 程度であり，2 番手はテキサス州のヒューストンの 4% 程度である。まさに多極分散型の産業構造になっていることが指摘できる。州でみても，ニューヨーク州が 18 社（14.5%），テキサス州が 15 社（12.1%），イリノイ州，カリフォルニア州がそれぞれ 12 社（9.7%）である。

　日本は規模が大きくなるほど東京へ集中する傾向が見られたが，地方経済は中小企業によって支えられている。図表Ⅱ-3-5 は，中小企業の事業所に勤める従業者数の割合のランキングを示したものである。上場企業をはじめ大企業

図表Ⅱ-3-5　中小企業の事業所に勤める従業者数の割合（2021 年）

順位	地域	割合	順位	地域	割合	順位	地域	割合
1	鳥取県	96.14%	17	岩手県	89.05%	33	岐阜県	84.00%
2	奈良県	95.64%	18	佐賀県	88.87%	34	静岡県	83.26%
3	長崎県	94.74%	19	福井県	88.57%	35	岡山県	82.51%
4	宮崎県	93.99%	20	愛媛県	88.41%	36	群馬県	82.41%
5	大分県	93.67%	21	三重県	88.27%	37	埼玉県	81.67%
6	熊本県	92.68%	22	福島県	88.01%	38	富山県	81.56%
7	山梨県	92.43%	23	茨城県	87.88%	39	山口県	80.94%
8	鹿児島県	91.67%	24	長野県	87.35%	40	福岡県	77.35%
9	秋田県	91.52%	25	香川県	86.97%	41	千葉県	75.91%
10	青森県	91.47%	26	栃木県	86.16%	42	広島県	75.19%
11	高知県	91.32%	27	宮城県	86.13%	43	京都府	73.61%
12	島根県	91.29%	28	石川県	85.02%	44	神奈川県	72.92%
13	山形県	91.04%	29	滋賀県	84.69%	45	愛知県	71.96%
14	徳島県	89.86%	30	北海道	84.41%	46	大阪府	68.55%
15	沖縄県	89.68%	31	新潟県	84.39%	47	東京都	44.29%
16	和歌山県	89.19%	32	兵庫県	84.09%	全国		69.71%

出所：中小企業庁公表データに基づき作成

145

第Ⅱ部　企業成長

が立地していない地方圏においては9割以上の従業者が中小企業に勤務しており，まさに中小企業は地域の雇用の受け皿として欠かせない存在となっている。平均値を下回っているのは，大阪府と東京都のみであり，特に東京都は半数以上の従業者が大企業に勤めている。ここにも，大企業の東京一極集中の構図が浮き彫りにされている。

（3）　中小企業を取り巻く課題

このように中小企業は地域経済の中核を担う存在といえるが，日本経済の成熟化に伴い，企業数の減少と経営者の高齢化が懸念材料として顕在化している。企業数は，プラザ合意からバブル期となる1980年代後半より減少を続けている。1986年には535万社を数えた企業数が，30年後の2016年には359万社と3割以上の減少となっている。1986年から10年単位で区切ってみると，1996年が510万社で約5%減，2006年が421万社で約17%減，2016年が359万社で約15%減と2000年に入ってからの減少率が高くなっている。特に小規模企業の減少が著しい。2016年までの15年間をみると，企業数が111万社

図表Ⅱ-3-6　企業規模別企業数の推移

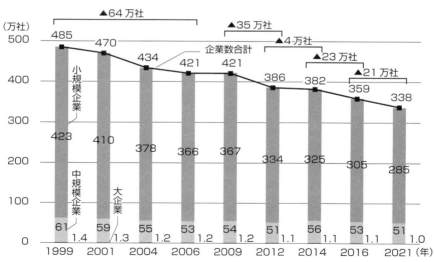

出所：中小企業白書などに基づき作成

Ⅱ-2 成長のスタイル編

24% 減少で，そのうち小規模企業が 105 万社 26% 減少となり，絶対値では減少数の 95% が小規模企業である。小規模企業の割合は全企業数の 85% あまりであるため，企業数減少の主要因は小規模企業の減少であることがわかる。

就業者数の状況をみても，2006 年から 2016 年の 10 年間で雇用者数は 5,478 万人から 5,729 万人と 251 万人 4.6% 増加したのに反して，自営業主・家族従業者は 881 万人から 681 万人と 200 万人 22.7% 減少している。この減少の主な要因は，商店街の小売業，サービス業などの小規模店舗の減少である。地方の中心商店街は，**郊外型大型店舗**（GMS*やショッピングセンター，チェーンストアなど）の進出により，閉店が相次ぎ空洞化が進み，シャッター通りとなっている。

企業数の減少の要因は，**開業率**の減少と**廃業率**の増加である。開業率の減少は，起業家の減少であり，廃業率の増加は，経営者の高齢化と後継者不足が主な要因である。総務省経済センサス（旧「事業所・企業統計調査」）のデータに基づく開業率・廃業率の推移は，1986 年以降一貫して廃業率が開業率を上回っている（図表Ⅱ-3-7）。廃業率は 1990 年代後半以降高い水準が続いているが，開業率はその時の経済環境に左右される状況が見られる。開業率は，2000 年代初頭の IT バブル崩壊により低下し，その後 2008 年 9 月のリーマンショックによる世界的な金融危機と不況により極端に低下している。2011 年の東日本大震災，2020 年からの新型コロナウイルスの感染拡大など，外部環境からの開業率低下要因が続いている。

廃業率の主な上昇要因については，経営者の**高齢化**と**後継者不足**があげられる。これは，前述の通り小規模企業を取り巻く厳しい経営環境によりもたらされているものである。中小企業の経営者年齢の分布について，1995 年の経営者年齢のピークが 47 歳であったのに対して，2015 年は 66 歳となっており，20 年間で経営者年齢の山が 20 歳近く老いたことになる。また，中小企業の経営者の引退時期はおおよそ 70 歳前後であるが，経営者が高齢である企業にお

Keyword ∙∙

＊ GMS General Merchandise Store の略語で，日本では「総合スーパー」といわれる。食料品や日用品をはじめ，衣料品・実用品など日常で必要とされる商品を総合的に幅広く取りそろえた大規模な小売店で，販売形態はセルフサービス方式である。

147

第Ⅱ部　企業成長

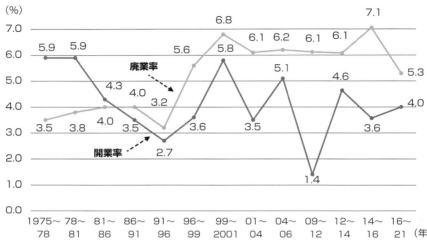

図表Ⅱ-3-7　開業率・廃業率の推移

※非一次産業，個人企業＋会社企業
※開業率＝ある特定の期間において，「①新規に開設された事業所（又は企業）を年平均にならした数」の「②期首において既に存在していた事業所（又は企業）」に対する割合とし，①／②で求める。
※廃業率＝ある特定の期間において，「①廃業となった事業所（又は企業）を年平均にならした数」の「②期首において既に存在していた事業所（又は企業）」に対する割合とし，①／②で求める。
出所：中小企業白書データに基づき作成

いても後継者不在の企業が多く，60歳以上の企業で半数近くが後継者不在となっている。しかし，2020年代初頭より50歳代と60歳代における後継者不在率の低下が見られ，事業承継による事業継続の増加に伴う休廃業の減少が期待される。

　開業率の減少，廃業率の増加，それに伴う企業数の減少は，経済の新陳代謝機能を低下させ，日本経済は超成熟社会に突入する可能性を秘めている。日本経済の活性化のためにはイノベーションの遂行が求められる。その主役は紛れもなくアントレプレナーである。アントレプレナーは，新しいビジネスを立ち上げるスタートアップ型アントレプレナーだけでなく，既存事業を引き継ぎイノベーションを引き起こす事業承継型アントレプレナーも重要である（図表Ⅱ-3-8）。老舗企業が多い日本では，特にこの事業承継型アントレプレナーの存在が大切であり，育成に向けた取り組みが求められる。スタートアップ型アントレプレナーの輩出により開業率を上げ，事業承継型アントレプレナーにより

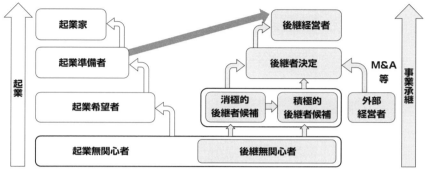

図表Ⅱ-3-8　経営者参入までのステージ

出所：中小企業白書2019年に基づき作成

廃業率を減少させることで，日本経済の持続的な繁栄が成し遂げられる。

(4) 中小企業の経営

中小企業の一般的な特徴として，**①所有と経営の未分離**，**②資金調達の非公開性**，**③経営者への依存**，**④事業活動の地域性**，**⑤独自の存立分野**（大企業とのすみわけ），**⑥従業員の役割**，**⑦外部資源への依存**をあげることができる。

①　所有と経営の未分離

中小企業においては，一般的に企業の所有者が企業経営を担っており，経営者に権限が集中している。大企業においては，企業の所有者である株主と経営者である取締役会（社長や役員）は基本的に分離しており，経営者は専門経営者として企業の事業運営に専念し，所有者である株主がその行為を監視するというガバナンス（統治）体制が構築されている。これは株式会社の特徴であるが，中小企業においては株式会社形態であっても，ほとんどの場合，経営者個人または一族が企業運営に決定権を有する過半数以上の株式を所有しており，企業の所有と経営が一体となっている。

第Ⅱ部　企業成長

②　資金調達の非公開性

　中小企業では，資金調達が経営者個人に帰属している。株式会社形態であってもほとんどの中小企業は未上場であり，株式公開市場を通じた資金調達は行われていない。中小企業の資金調達は，主に金融機関からの借入が中心である。経営者の個人補償を求められることもあり，資金繰りが経営者の重要な仕事となっている。

③　経営者への依存

　企業運営に関する権限や資金調達などが経営者に集中しているため，企業の浮沈が経営者の能力に依存している。中小企業は，基本的に**オーナー経営**または**同族経営**の企業が中心である。オーナー経営とは，経営者個人が会社の実権を支配している経営形態である。同族経営は，個人ではなく特定の親族が実権を支配している経営形態で，**ファミリービジネス**とも呼ばれている。次期経営者の選択は，能力ではなく現経営者の血縁関係から選ばれるため，経営者の能力が未熟な場合，企業経営が厳しい状況に陥ることもある。反面，基本的に親子での親族内承継が多いため，経営者の在任期間が長く，その意向が素早く経営に反映される意思決定の迅速性があるため，優秀な経営者のもとでは強力な競争力を発揮し企業成長を果たしている。

④　事業活動の地域性

　中小企業の多くは，立地地域に依存している点が指摘できる。この立地地域への依存は，地域マーケットに依存する**立地依存型ビジネス**と，地域にある独自の資源を活用してビジネスを展開する**地域資源依存型ビジネス**に分類できる。小売業やサービス業，建設業などに属する中小企業は，立地地域に居住する住民や立地企業を顧客として事業を営んでおり，この点で地域性を有している。また，産地型製造業や観光業などは地域固有の資源を活用した製品・サービスにより事業を展開しており，市場は立地地域外に展開しているが資源依存という点で地域性がある。

Ⅱ－2　成長のスタイル編

⑤　独自の存立分野（大企業とのすみわけ）

　中小企業においては，大企業から受注する下請取引構造である場合が多く，その点でも大企業とのすみわけが行われている。特に製造業においては，中小企業が活躍する分野として**生活関連型業種**と**素材・部品型業種**がある。生活関連型業種は，繊維や食料品など生活に関連する製品を製造している業種で軽工業ともいわれる。この分野は労働集約的で，消費者の嗜好の変化によって需要が絶えず変化する点が指摘できる。素材・部品型業種は，自動車や電機など加工組立型産業の中間財生産分野であり，金属製品や生産用機械器具を製造している業種である。最終製品の組立に必要な素材・部品の生産・加工が中心であり，種類が多岐で受注ロットが小さく，ロット数の変化が頻繁になる点が指摘できる。中小企業の存立分野では，企業経営において柔軟な対応が求められる。また，特定の食料品においては，法律で大企業の事業参入を制限している製品もある。

⑥　従業員の役割

　大企業は，基本的に職能別の組織形態を採用している企業が多く，従業員は特定の職能（部，課，係）に専従することが求められる。例えば，大企業の資材購買部資材仕入課資材受入係に配属された従業員は，基本的にその業務に専従し，営業や生産活動に従事することは，他部署に異動しない限りあまり見受けられない。しかし，中小企業においては，管理部，製造部，営業部などの組織形態をとっている場合でも，組織横断的な業務を遂行する場合が多く，1人の社員がさまざまな役割をこなしている。また，製造現場においても多品種少量の柔軟な対応を求められるため**多能工化**が進んでいる。加えて，階層構造もフラットであることが多く，オーナーである社長に近く，家族ぐるみの付き合いをするなど経営者との人間関係もあり，従業員の役割は大企業より多種多様かつ柔軟な点が指摘できる。

⑦　外部資源への依存

　中小企業の特徴は，基本的にその規模の小ささから生じており，大企業に比べ相対的に経営資源が脆弱な点が指摘できる。このため事業展開に必要なすべ

第3章

企業規模のマネジメント

151

第Ⅱ部　企業成長

ての経営資源を内部に保有することは非効率的であり，特定分野については外部資源に依存する体制が必要となる。中小企業の競争力の源泉は，**コア・コンピタンス**（他社に真似のできない競争優位性のある中核的能力）に特化することによる**ニッチ分野**の開拓に求められ，異業種交流や連携・提携などによる外部資源の積極活用が欠かせない。このためには非効率，高コスト分野を外部委託する経営手法である**アウトソーシング**の活用が重要になる。戦略的な重要性の低い業務を外部委託することで，コストの変動費化が図れ，受注変動への柔軟な対応が可能となる。それにより自社の経営資源をコア・コンピタンスに集中することで，他社に真似のできない強い競争力を維持することができる。アウトソーシングすべき業務は企業間の差異が少なく一般化できる標準的業務であり，人事や経理，事務手続などといった「定型的業務」が対象となる。

3　中堅企業の存在

（1）　中堅企業への注目

　日本経済の活性化のカギを握る存在として，**中堅企業**の存在に注目が集まっている。大企業は，この10年程度の期間，圧倒的に海外拠点の事業を拡大しているが，中堅企業は，海外拠点の事業を拡大しつつも，国内拠点での事業・投資も着実に拡大しており，国内経済の成長に最も大きく貢献している。すなわち，今後成長する中堅企業による国内投資志向の成長戦略の推進が，日本経済の持続的な成長に決定的に重要であると認識されている。加えて，給与総額の伸び率においても大企業を上回り，中堅企業の4割が大都市（東京，大阪，愛知）以外の地方に立地しているため，**Uターン・Iターン・Jターン***人材を含めた地域の雇用創出による地域経済活性化への寄与も期待されている。

Keyword ・・

＊Uターン・Iターン・Jターン　主に首都圏や都市部などで生活している人が，居住地を離れて地方に移住すること。Uターンは地方出身者で都市部に進学・就職していた人が，再び故郷に戻って働くこと，Iターンは生まれ故郷から離れて別の地域に移住すること，Jターンは生まれ故郷から離れていた人が，故郷に近い規模の大きな地方都市などに移住することを指す。

II-2 成長のスタイル編

　これまで中堅企業には法的な定義がなく，政策支援の対象として見逃されていた点が指摘できる。中小企業基本法の中小企業以上は，原則ひとくくりに「大企業」として扱われてきた。すなわち，トヨタ自動車のようなグローバルな巨大企業と地域雇用の担い手である従業員500〜600人規模の企業が法律上同等に扱われていたのである。中小企業には税制面などでさまざまな優遇策があるため，あえて中小企業のまま居続けることを選択し，事業規模の拡大を求めない企業も少なくないとの指摘もある。

　このため政府（経済産業省）は，中小企業を卒業した企業で，規模拡大に伴い経営の高度化や商圏の拡大，事業の多角化といったビジネスの発展が見られる段階の企業群を中堅企業として，2024年を「中堅企業元年」と位置付け支援の拡大を図っている。具体的には，産業競争力強化法の改正案で，常時使用する従業員2,000人以下の企業（中小企業を除く）を「中堅企業」と定義し，地域経済の牽引役として重点的な支援を推進することとなった（図表II-3-9）。この定義では，中堅企業は約9,000社あり，海外に軸足を置いている大企業に比べ，地域に根ざした企業が多い点が特徴となっている。その成長支援のため，①成長指向の中堅企業の投資を促進する「大規模成長投資支援」の創設，②賃上げ促進税制の「中堅企業枠」の創設，③成長意欲の高い中堅企業に

図表II-3-9　「中堅企業」の定義

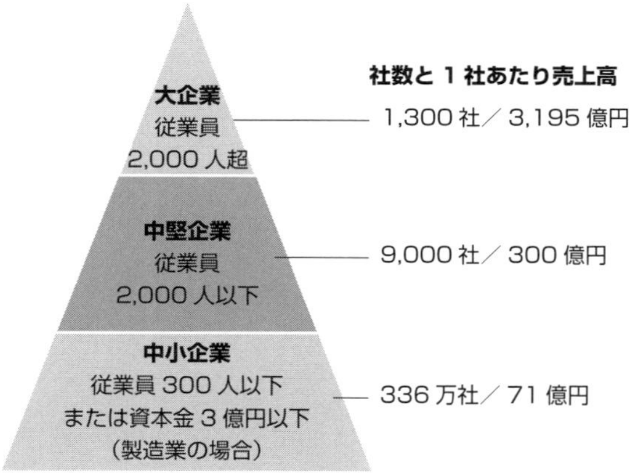

社数と1社あたり売上高

大企業
従業員
2,000人超
── 1,300社／3,195億円

中堅企業
従業員
2,000人以下
── 9,000社／300億円

中小企業
従業員300人以下
または資本金3億円以下
（製造業の場合）
── 336万社／71億円

出所：日本経済新聞（2024年2月14日朝刊）

第Ⅱ部　企業成長

よる中小企業に対する複数回の M&A（グループ化）を支援し，グループ一体
での成長の促進を図るための「グループ化税制」（税制面でのインセンティブ
の付与）の創設という新たに 3 つの対策が創設された。この中堅企業の定義
は，第Ⅱ部第 2 章の図表Ⅱ-2-3 で取り上げた中堅企業と大企業（多角化ステー
ジ）の区分と近似している。すなわち，法律による定義と多少の誤差はある
が，従業員数 100 名以上 2,500 名未満，売上高 100 億円以上 1,500 億円未満が，
中堅企業の規模を表す目安となっている。

（2）　中堅企業と地域中核企業

　中堅企業の多くは，特定の分野で強い競争力を持つ企業である。これらの企
業は，**ニッチトップ企業**，**オンリーワン企業**，**知られざるガリバー企業**などと
呼ばれ，特定の市場で持続的な競争優位性を築き上げている。特にグローバル
な展開をしている企業は**グローバルニッチトップ企業**といわれる。経済産業省
はグローバルニッチトップ企業の要件として，中小企業および中堅企業（ここ
では売上高 1,000 億円以下）では 10% 以上の世界シェア（市場占有率），それ
以上の大企業では世界市場の規模が 100 〜 1,000 億円程度であって，概ね 20%
以上の世界シェアを確保している企業としている。

　類似したキーワードとして，**隠れたチャンピオン企業**がある（Simon,
2009）。隠れたチャンピオン企業とは，一般的な知名度は低いが，ある特定分
野においてコアとなる技術や顧客との強い関係性を持ち，非常に優れたパ
フォーマンスと世界市場できわめて高い市場シェアを持つ中堅規模の企業であ
る。ドイツに多く存在しており，ドイツの輸出競争力の中核をなしている。隠
れたチャンピオン企業の基準は，①世界市場で 3 位以内か，立地している大陸
内で 1 位，②売上高が 40 億ドル以下，③世間からの注目度が低いことであ
る。売上高が 5,000 億円を超える企業も含まれるため，中堅企業の定義からは
企業規模で逸脱しているが，特定分野で高い世界的な市場シェアを占めている
点で，グローバルニッチトップ企業であることは間違いない。そして，その 3
分の 2 が**同族経営（ファミリービジネス）**である。ここにも，企業経営におけ
るファミリービジネスの優位性がうかがえる。隠れたチャンピオン企業から得
られる教訓としては，①きわめて野心的な目標と強いリーダーシップ，②集中

154

戦略（選定市場の特定），③バリューチェーンの深化（コア技術の垂直統合指向），④グローバリゼーション（世界市場への挑戦），⑤イノベーション（模倣ではなくイノベーションの創造），⑥顧客との密接な関係（得意先との親密さ），⑦高業績を上げる有能な従業員（従業員数以上の仕事と高いパフォーマンス），⑧分権化（分権的で顧客中心の組織体制）の８つがあげられる。

中堅企業は，当然企業規模から規定される概念で，中小企業から脱皮し，大企業には至っていない第３の企業グループといえる。そして，その中にはエクセレントな企業が多く存在し，**優良中堅企業**として特定市場で強い持続的競争力を発揮している。優良中堅企業は，①特定市場（ニッチ分野），②独創的な経営資源（製品開発，生産技術，マーケティングなど），③イノベーションの実現（技術と経営の両面），④経営者の強いリーダーシップ（卓越したアントレプレナーの存在），⑤「働きがい」と「働きやすさ」を両立した組織体制・風土（**プラチナ企業***），⑥グローバル化志向があげられる。加えて，多くの企業が，⑦立地地域（地方）を基盤とし，⑧**ファミリービジネス**であることが特徴となっている。

立地地域を基盤とした優良中堅企業を表すキーワードとして，**地域中核企業**があげられる。中堅企業の４割が地方に立地しているため，優良中堅企業の多くが地域中核企業である。ここで地域企業とは，大都市圏以外の地域に本社ないし本店が所在している企業である（大企業などの進出工場・事業所を除く）。一般的に地域企業は，地域社会における産業活動の主役であり，地域内に立地し，地域内の多様な資源を活用することで，地域独自のニーズに根ざした製品やサービスを提供するなど，地域の優位性を活かしている企業である。これらの企業は，基本的に中堅・中小規模の企業が主流である。地域中核企業は，地域企業の中でも比較的規模の大きな企業で，地域社会に対する貢献度も高く，地域経済に大きな影響力を持つ中核的な企業であり，地域経済の繁栄にとってカギとなる役割を果たしている。すなわち，地域中核企業とは，大都市圏以外

Keyword ....

*プラチナ企業 「働きやすさ」と「働きがい」が高い企業のこと。「働きやすさ」は高いが「働きがい」が低い企業を「ホワイト企業」，その逆を「モーレツ企業」，いずれも低い企業を「ブラック企業」と分類している（日本経済新聞，2024年４月３日）。

第Ⅱ部　企業成長

の地域に本社ないしは本店が所在し，地域資源に依存しつつ地域に対して大き
な貢献をなしている中堅企業のことである。

(3)　中堅企業（地域中核企業）の成功要因

　東京圏への一極集中が進み，雇用者の3割，情報通信産業においては6割が
東京圏に勤務している状況（2023年度）を打破し，日本全体の均衡ある経済
発展を目指すためには，地方で活躍する分厚い中堅企業群の存在が欠かせず，
地域中核企業群といえる多くの中堅企業の成長，躍進が求められる。
　ここでは，これまでの優良中堅・中小企業に対する入念な実態調査に基づ
き，地域中核企業について，その成功要因といえる8項目を提示する。それ
は，①大きな目標を持つ～ロマンとビジョン～，②自分を育てる道場を持つ～
謙虚に学ぶ～，③優秀な人財なくして成功なし，④マイナス環境を味方につけ
る，⑤地域資源に極度にこだわらない，⑥地元に受け入れられないビジネスに
成功なし，⑦スピードを重視する，⑧変化はイノベーションの母である。この
8項目は，地域中核企業を牽引するアントレプレナーが心がけるべき信条とも
いえる。

①　大きな目標を持つ～ロマンとビジョン～

　成功の基本は，大きな夢，すなわち目標を持つことである。目標なくして成
功はありえない。目標とは現状とのギャップであり，未来志向の宣言である。
そしてそれは，動的で揺らぎを伴うものである。もちろん，ただ夢を見ている
だけでは，翌朝にはまた"今"の自分が待っているだけであろう。成功のカギ
は，夢を実現させることである。そのためには必達目標，すなわち，「いつま
でに何をやるか（夢に日付を入れること）」という計画を立てねばならない。

②　自分を育てる道場を持つ～謙虚に学ぶ～

　謙虚に学ぶ姿勢は，成功するアントレプレナーに欠かせない条件である。謙
虚に学ぶ人が市場から追い出されることはない。師となる人の実力をしっかり
と見定め，そこから素直に学び取る。人を独断で評価せず，邪心を持たず，幼
少期のような清らかな心で受け入れればこそ，成功への道が開けるのである。

Ⅱ−2　成長のスタイル編

それは，自分を育てる道場を持つことであり，研究会，勉強会，セミナーなど
に積極的に参加し，視野とネットワークを拡げることである。そのような中か
ら，同じ思いを持つ勇士である同世代のアントレプレナーや，師匠，すなわち
ロールモデルとも呼べる存在を見出すことができる。そして，その人たちとの
交流により，正しい道標に沿った自己研鑽に励むことが可能になるのである。

③　優秀な人財なくして成功なし

　企業は1人で成り立つものではない。いくら有能なアントレプレナーであっ
ても，1人でビジネスのすべてをこなすことは不可能であるし，そのような企
業に成長の道はない。まさしく，「優秀な人財なくして成功なし」といえる。
ヒトは企業の経営資源の中で最も重要なものであり，技術，ノウハウ，知的財
産などの情報資源もヒトなくしては成り立たない。まさしく，人材（＝材料）
ではなく，人財（＝財産）なのである。企業の成長には，人財が集まる土壌を
創ることが特に重要であり，成長企業における社員教育の目的は，「すばらし
い人間」を創ることである。

④　マイナス環境を味方につける

　エフェクチュエーションにおける**レモネードの原則**，すなわち，「酸っぱい
レモンを差し出されたら，甘いレモネードを作りなさい（災い転じて福とな
せ）」は，スタートアップだけでなく地域中核企業の成功要因でもある。現在
のような環境変化の激しい時代には，マイナス環境，すなわち脅威を味方につ
けることが肝要である。厳しい経営状況を乗り越えてこそ，成長軌道に乗って
持続的な競争優位性を築き上げることができる。まさしく経営力の差が，その
後の企業業績の差となって表れてくるのである。現在，企業は第四次産業革命
といわれる激しい経営環境の変化に晒されている。このような時代だからこ
そ，経営力の差が如実に表れる。現在の環境変化の波を乗り越えたときに，そ
の差が決定的なものとなる。「地方にいるからダメだ」，「政府の対策がないか
らダメだ」というネガティブな発想では競争には勝ち残れない。現在のような
時代は，マイナス環境を味方につけ，ポジティブかつプラス発想で企業力を磨
く絶好の機会なのである。

第Ⅱ部　企業成長

⑤　地域資源に極度にこだわらない

　地方は，観光資源や農産品，特産品などがあり「宝の山」だという。宝はすぐに探し出せるのだから，それを掘り起こして首都圏に持っていけば，必ずや成功するはずだという意見が多い。しかし，一部の事例を除いて一向にその気配は見られない。独自の地域資源への極度の依存は諸刃の剣であり，既存の資源，技術，知識だけでは新たなイノベーションは生まれにくい。壁を乗り越えるのは，既存のパラダイムを打ち破るような発想の転換である。それは，その地域に「何があるか」ではなく，その地域が「何を求めているか」という，ニーズ・オリエンテッドな発想に徹底的にこだわりビジネスモデルを創り上げることである。

⑥　地元に受け入れられないビジネスに成功なし

　「地産地消」，「スローフード」など，地域資源を地元に根付かせるための絶えざる努力が続けられている。しかし，何を選ぶかは，結局顧客が決定するものであり，生産者からのプロダクトアウトな発想は，かえって成長を阻害する可能性もある。事業（ビジネス）の目的は「顧客の創造」であり，地元の顧客に受け入れられる「モノづくり」，「仕組みづくり」（ビジネスモデル）が大切なのである。「Think Globally, Act Locally（グローバルで考えて，ローカルで行動しよう）」という言葉がある。これは，ネスレなどのグローバル企業が掲げている行動指針で，地球規模で考え，地域に合わせて行動するという意味である。地元に受け入れられないビジネスに成功はない。「どこで採れたか」ではなくて，「地元にどれだけ愛されているか」が大切なのである。このような地元に愛される製品やサービスは，激烈な競争が繰り広げられている首都圏などの外部市場への展開も可能となり，大きな飛躍を成し遂げるであろう。

⑦　スピードを重視する

　現在のような激動期を乗り切るためには，経営にスピードが欠かせない。ちょっとした躊躇も命取りになる。経営とは，**チャレンジ**と**スピード**である。いかに競争相手に先んずるかが重要であり，そのためには，常に環境の変化（＝チェンジ）に敏感でなくてはならない。**M&A**は，時間を節約する唯一の

158

Ⅱ-2　成長のスタイル編

手段であるとの見解もある。迅速な意思決定なくして成長なし。そのためには，意思決定のための明確な準拠枠を設定する必要がある。これは，**クレド**（信条，価値観），家訓，掟などと呼ばれるものである。企業理念，ビジョン，社員の行動指針などを記したクレドを作成し全社員に周知することで，日々の意思決定の判断基準となるだけでなく，企業理念などの共有が，顧客サービスの向上と従業員のモチベーションの向上という相乗効果をもたらすのである。

⑧　変化はイノベーションの母

　ドラッカーは「イノベーションの機会は変化の認識である」と述べている。変化とは，計画と実績との差異（ギャップ）であり，そこに**イノベーションの機会**がある。すなわち，変化はイノベーションの母といえ，その意識的かつ組織的な探求が大切である。計画とは現在の環境を所与とした未来の予測であり，基本的に計画と実績の間にある時間の流れを考慮していない。計画と実績の差異は，過去と未来の環境変化が具現化されたものである。技術の進歩，経営環境の変化が激しい時代にあって，計画時と実績時の時間的な隔たりは命取りになりかねない。つまり，計画にとらわれ，それを必達目標として遵守することのみに精力をつぎ込むことは，現在起こっている環境変化に逆らうことになりかねないのである。重要なのは，計画と実績との差異の要因分析である。基盤とする経営環境に時間的な変化がある限り，計画通りに行かないことが当たり前なのであり，「なぜそうなったのか」という環境変化の認識・分析が欠かせない。ちょっとした変化が，企業の足をすくう事態になりかねない。まさに予期せぬ変化に対応できる**マネジメントシステム**を，組織的に構築しておくことが肝要であり，そのことが新たなイノベーションを生むのである。

第Ⅱ部　企業成長

コラム
地域中核企業の群生で「すでに起こった未来」を乗り越えよう

　少子高齢化，地方の人口減少が進む中，地方を基盤として規模を追い求めず，すばらしい経営を実践している多くの中堅企業（地域中核企業）の存在が注目を集めています。

　人口予測は，将来を推定する中でも予測精度が高いといわれています。基本的に出生した数が増加することはありませんし，出生率も大きく変化することはありません。現在の0歳児の20年後の数は，かなりの精度で予測できます。つまり，人口動態は「すでに起こった未来」ということができます。人口が今後30年で半減する市は多数あり，3分の1になる市もあると予想されています。すなわち，地方の人口減少は，何もしなければ確実に起こるべき現実なのです。地方自治体はそのことを重く受け止め，各種の施策を展開していますが，思った効果が出ているとはいえません。若者が生き生きと働く場所，雇用の受け皿，すなわち，多数の地域の元気企業群の存在が求められます。

　そのような中で，独自のビジネスモデルを構築し，強い競争力を維持している地方企業の存在が注目されています。例えば，島根県大田市の義肢装具メーカーの中村ブレイス，兵庫県香美町で「べんりで酢」を製造するトキワ，香川県さぬき市でケアシューズの製造販売を手掛ける徳武産業があげられます。地元ではなく，差別化された製品を地域外に届けるビジネスモデルで強い競争力を維持しています。また，鹿児島県阿久根市などで年中無休24時間営業の超大型スーパーを展開する「A-Z」（株式会社マキオ），宮崎県都城市に本社があり，店舗の楽しさとすべての商品のばら売りをコンセプトとするホームセンターのハンズマンなど，地方には魅力的な企業が多数あります。

　皆さんも，ぜひ地方に目を向けて，個性的で魅力的な企業を見つけて，自分の人生をより豊かにすることを心がけてください。

160

Ⅱ－2　成長のスタイル編

やってみよう！ チャレンジ課題

1. 地域経済と中小企業の関係について説明するとともに，近年の企業数減少の要因について地域における課題の側面から提示して，その解決策について自分自身の考えを述べてください。

2. 中小企業経営の一般的な特徴について説明するとともに，WEB で中小企業の個別事例を検索して3社を取り上げ，その注目すべきポイントを共通事項と個別事項に分けて提示してください。

3. ニッチトップ企業，隠れたチャンピオン企業，知られざるガリバー企業といえるような企業を調べてみましょう。このキーワードで WEB ページを検索し，注目する企業を3社取り上げ，その競争優位性について説明してください。

第3章 企業規模のマネジメント

第4章
企業スタイルのマネジメント

「不易を知らざれば基立ちがたく，
流行を知らざれば風新たならず」
（不変の真理を知らなければ基礎が確立せず，
変化を知らなければ新たな進展がない）

松尾 芭蕉（まつお ばしょう）〈1644-1694〉
「俳聖」（はいせい）と呼ばれた江戸時代の最も著名な俳人。伊賀出身で，わび・さびで示される幽玄閑寂の独自の俳風を確立した。

Summary

　企業は法人としての人格を持っていますが，法律的な側面だけでなく，属性，性格，態度，能力などにおいても独自の人格があります。それが，企業独自の風土，文化を育み，行動パターンや事業展開，業績の差異となって表れるのです。そして，その人格の基盤となる独自の経営スタイルを持っています。

　本章では，企業の経営スタイルとして，ベンチャービジネス，老舗企業，ファミリービジネス，ソーシャルビジネス，コミュニティビジネスを取り上げます。それぞれ独自のスタイルですが，芭蕉が掲げた蕉風俳諧の理念「不易流行」は，企業経営にまさに適合的な教えです。「不易」とは企業の変わらない使命や価値であり，「流行」とは経営環境の変化に応じ柔軟に対応していく戦略性を持った事業活動です。この実践が，企業の永続性を保証します。

II-2 成長のスタイル編

1 ベンチャービジネス

（1） ベンチャービジネスの誕生

　ベンチャービジネスは和製英語であり，初めて日本で用いられたのは1970年のことである。そこでの定義は，「研究開発集約的，またはデザイン開発集約的な能力発揮型の創造的新規開業企業」であり，「小企業として出発するが，従来の新規開業小企業の場合と違うのは，独自の存在理由を持ち，経営者自身が高度な専門能力と，才能ある創造的な人々を惹きつけるに足りる魅力ある事業を組織する企業家精神を持っており，高収益企業であり，かつ，この中から急成長する企業が多く現れていること」としている（清成・中村・平尾，1972）。日本では，ベンチャー，ベンチャービジネス，ベンチャー企業，ベンチャー経営などの用語は，同義として使われる場合が多いが，キーワードとしては，イノベーション，アントレプレナーシップ，技術集約型，知識集約型，ニッチトップ，オンリーワンなどがあげられる。また，近年は**スタートアップ**についても類似した意味合いで使われることが多い。

　英語でVentureとはAdventure（冒険）から派生した用語で，「冒険的企て，危険，投機，冒険的事業」の意味である。「投機的・冒険的・リスクの高い事業」としては，Business Ventureという用語が用いられている。また，Venturerは「冒険者，投機家」である。このため，どちらかといえば「投機」，「賭け」という側面が強調され，結果の予測が難しい冒険的行為という意味合いが強い。このように，和製英語であるベンチャービジネスと，アメリカでのVenture（ベンチャー）あるいはVenture Firm（ベンチャー企業）とは，異なる意味合いで使われてきたことがわかる。中国語では，ベンチャービジネスは风险企业（風險企業）で，风险とはリスクのことであり，欧米に近い意味で使われている。

　さて，ベンチャービジネスという用語は，アメリカのボストンカレッジのマネジメントセミナーに参加した通商産業省（現：経済産業省）の担当者によって日本で初めて紹介された。この当時のアメリカでは，ボストン近郊の国道

163

第Ⅱ部　企業成長

128号線に沿った地域（ルート128沿線）で，高い技術力を持った研究開発型新興企業が数多く生み出され注目を集めていた。当時の代表的な企業であるDEC（Digital Equipment Corporation）をはじめとして，多くのミニコンピューター関連の技術特化型新興企業が生み出されていた。また，カリフォルニア北部のシリコンバレーにおいても，フェアチャイルド・セミコンダクターを母体として数多くの半導体関連の新興企業が創出され，急成長を成し遂げていた。これらの先端技術を基盤とした新興企業は，大学などの研究機関が生み出した最新技術の応用などから創出されることが多く，ルート128地域においてはMIT（マサチューセッツ工科大学），シリコンバレーにおいてはスタンフォード大学の存在が注目されていた。また，新興企業群の多くは，コンピューターや半導体などにおいて高い技術力を持つ大企業などから**スピンアウト**＊（Spin-out）した起業家により設立されており，Technology-based Start-up Firms または Science-based Start-up Firms などと呼ばれていた。文字通り，**技術集約型新興企業**ということができる。そして，このような新興企業へ事業資金を供給する企業が**ベンチャーキャピタル**である。アメリカにおいては，新興企業に**リスクマネー**＊を供給する仕組みに焦点が当てられ，ベンチャーキャピタルが生み出された。すなわち，アメリカにおいてベンチャーという用語は，どちらかといえば新興企業に対するハイリスク・ハイリターンの資金供給システム（金融システム）の意味合いが強い。

（2）　ベンチャービジネスの変遷

このベンチャービジネスという言葉が日本で使われるようになった70年代以降，**ベンチャーブーム**といわれるような注目できるベンチャー企業や起業家が多く輩出された時期がある。それは，第1次ベンチャーブーム（1970～73年），第2次ベンチャーブーム（1982～86年），第3次ベンチャーブーム

Keyword ....

＊**スピンアウト**　個人または複数の仲間が所属企業などから独立し新たな企業を立ち上げること。もしくは，会社の一部門を切り離し独立させること。

＊**リスクマネー**　高いリターンを得るため，回収不能になるリスクを負う投資資金のこと。一般的に新興企業への投資は，事業の成功に対する高い不確実性が伴うため高リスクとなる。

Ⅱ-2　成長のスタイル編

（1994 ～ 2006 年），第 4 次ベンチャーブーム（2013 年～）であり，現在のスタートアップを巡る状況は，ブームからスタートアップ萌芽の**常態化**に移行しているともいえる。

①　第 1 次ベンチャーブーム（1970 ～ 73 年）

　第 1 次ベンチャーブームは，1970 年初頭から 73 年の第 1 次オイルショックまでの期間である。当時の日本は，高度成長前期の素材産業を中心とした重厚長大の産業構造から，加工組立型産業（自動車や電気機器など）への転換期であり，その周辺で研究開発型のベンチャービジネスが多く輩出された。ベンチャービジネスの用語が生み出された時期であり，まさに創成期といえる。その当時ハイテクベンチャーといわれた企業で現存している企業はほとんどないが，代表的な企業としては，電子楽器とコンピューター通信機器大手のローランド（1972 設立），精密小型モータの開発・製造において世界一のシェアを維持しているニデック（旧：日本電産，1973 設立），センサ，測定器，画像処理機器，制御・計測機器などの分野で強い競争力を持つキーエンス（1974 設立）などがあげられる。

　また，1960 年代後半のアメリカでの**ベンチャーキャピタル**発達の影響から，72 年に日本初のベンチャーキャピタルである京都エンタープライズ・ディベロップメント（KED，京都財団による設立），続いて，日本エンタープライズ・ディベロップメント（NED，日本長期信用銀行系），73 年の日本合同ファイナンス（現ジャフコ，野村証券系）など証券・銀行系のベンチャーキャピタルが多く創生された時代である。

②　第 2 次ベンチャーブーム（1982 ～ 86 年）

　この時期は加工組立型産業を中心とした日本の製造業の国際競争力が非常に強かった時期であるとともに，製造業中心の産業構造からの転換もみられ，流通・サービス業を中心とした第三次産業の拡大，すなわち**経済のソフト化・サービス化**が進展した時期でもある。加えて，新たな投資方式の考案（日本型投資事業組合とワラント債の発行）や，店頭登録の公開基準の大幅な緩和などにより，ベンチャーキャピタルの設立ラッシュとなり，「**ベンチャーキャピタ**

第Ⅱ部　企業成長

ル・ブーム」とも呼ばれている。また，高度先端技術を中心とした研究開発型のベンチャー企業が多く輩出されたが，1985年のプラザ合意後に円高不況が到来し，86年には三和機材（86年3月倒産，負債総額100億円），大日産業（86年4月，300億円），勧業電気機器（86年7月，120億円），ミロク経理（86年8月，500億円）などベンチャー企業の雄と呼ばれた急成長企業の大型倒産が起こり，「ベンチャー冬の時代」といわれるようになった。

　その一方で，IT関連やサービス業を中心に，戦略的な経営を行うことで安定的な成長を成し遂げた多くの魅力的な企業がこの前後に設立され，現在の日本の代表的な企業となっている。人材派遣会社のパイオニアであるパソナ（1976年に前身のテンポラリーセンター設立），旅行業大手のエイチ・アイ・エス（1980年に前身のインターナショナルツアー設立），総合情報通信企業の雄であるソフトバンク（1981年設立），TSUTAYAおよび蔦屋書店などのプラットフォーム事業，Tポイント（現Vポイント）などのデータベースマーケティング事業を手掛けるカルチュア・コンビニエンス・クラブ（1985年設立）などの企業があげられる。特に，ソフトバンクの孫正義，パソナの南部靖之，エイチ・アイ・エス澤田秀雄は**ベンチャー三銃士**と呼ばれ，日本を代表するアントレプレナーとして注目された。

③　第3次ベンチャーブーム（1994～2006年）

　第3次ベンチャーブームは，バブル経済崩壊後の長期にわたる日本経済の低迷期にあたる。スタートはIPO*数が前年度に比べ1.7倍となった1994年に始まり，特に1999年には「ITバブル」と呼ばれるIT関連企業の開業，新規上場が相次ぎ活況を呈した。2000年の「ITバブル」崩壊を経て，新興企業に対するIPOによる資金供給，成長支援のための市場システムの整備，「大学発ベンチャー1000社計画」（2001年，経済産業省）など政策面の後ろ盾もあり，2004年以降はIPOブームといえるような状態となった。しかし，2006年のラ

Keyword ....

* **IPO**　Initial Public Offering の略語で，日本では「新規株式公開」や「新規株式上場」などと言われる。株式会社が証券取引所に上場し，誰でも自由に取引できるようにすること。

イブドア事件，村上ファンド事件などの新興市場を中心とした上場企業の不祥事の続発により，上場審査の厳格化などの規制強化が行われ，その後の IPO 低迷に伴いブーム終焉となった。

　最初の 2 回のブームが経済の発展期に始まり，その終焉とともに幕を閉じたのに比べ，第 3 次ベンチャーブームは，バブル崩壊後の長期低迷期に起きている点が注目される。これは，低迷期にある日本経済の再興にとって，起業家の輩出による新産業の創出が欠かせないとの認識から出発しているもので，経済産業省をはじめとした各省庁が連携して官主導でベンチャー支援を展開している点が大きな特徴になっている。インターネットや携帯電話など情報技術（IT）を基盤としたコミュニケーション手段が飛躍的に普及したことなどから，IT と関連のある分野やその周辺分野で活発に展開された。

　代表的な企業は，日本型 EC（e コマース）のパイオニアである楽天（1997 年設立），インターネット広告関連事業などを主な業務とするインターネット総合サービス企業のサイバーエージェント（1998 年設立），スマートフォン用ゲームの開発を中心に SNS 運営や電子商取引サービスなどを展開する DeNA（1999 年設立），遺伝子治療薬の開発などを行うバイオ製薬企業のアンジェス（1999 年設立），日本の SNS の先駆けでありスマートフォン用ゲームなどデジタルエンターテインメント事業を展開するミクシィ（1999 年設立）などがあげられる。

④　第 4 次ベンチャーブーム（2013 年〜）から常態化へ

　第 4 次ベンチャーブームは，2013 年から続いているといわれている。2013 年頃からの金融緩和により，官民ファンドや**コーポレート・ベンチャーキャピタル**（CVC）の設立や大企業からベンチャー企業への投資などが活発になり始めた。その上，あらゆる産業でデジタル化が進み，AI（Artificial Intelligence：人工知能）などの先端技術により既存のビジネスを覆すサービスが台頭してきている。このように，現在は単なるブームという状況から，絶えずスタートアップを生み出す環境が順次育まれており，ベンチャー創出が常態化に向かって進展している。

第Ⅱ部　企業成長

(3)　ベンチャービジネスの本質

　アントレプレナーシップを実践することによりイノベーションを成し遂げることがベンチャービジネスの本質であるといえるが，ベンチャービジネスを定義する場合，いくつかの課題があげられる。一般的に，ベンチャービジネスは，新しく小さな事業を始める（新規開業）リスクの高い事業者と捉えられるが，これには，企業規模，企業年齢（社歴），リスクの有無というベンチャービジネスを取り巻く3つの課題が指摘できる。

①　ベンチャービジネスと企業規模

　日本においてベンチャービジネスは，中小企業研究の中から派生した用語であるため，企業規模の点からは中小規模の企業に焦点を当てることが多い。しかし，一般的にベンチャービジネスといわれている企業の中で，既に中小企業の域を超えているのみならず，世界的な規模に成長している企業も少なくない。

　グローバルな SNS 企業のフェイスブック（2004 年設立，2021 年よりメタ），世界有数の EV 企業のテスラ（2003 年設立），動画共有サービス TikTok を運営するバイトダンス（2012 年設立）などは創業者が経営している新興企業であるが，グローバルな巨大企業である。また，フェイスブックはマーク・ザッカーバーグ（Mark E. Zuckerberg），テスラはイーロン・マスク（Elon R. Musk），バイトダンスは梁汝波（リャン・ルーボー）（2021 年に張一鳴（チャン・イーミン）から交代）というアントレプレナーに率いられている。そして，これらの企業は IBM，GM，コカ・コーラなどの伝統的な大企業とは異なる企業特性を有しており，ベンチャービジネスと呼ぶことが相応しい。すなわち，企業規模という観点からベンチャービジネスを捉えることは近視眼的であり，企業形態という静態的な視点ではなく，企業行動や企業成長などの動態的視点が求められる。

②　ベンチャービジネスと企業年齢

　次に，企業の年齢，すなわち社歴の問題である。近年**新規開業企業**（Start-

168

Ups）に注目が集まり，アントレプレナーシップについて「会社を起こす」という起業家活動の側面を強調する場面が多くなっている。日本においても，ベンチャービジネスは通常新しく設立された企業（新興企業）であるとされている。もちろん，新規参入者は，既存事業者とは何らかの異なった点を強調して事業を開始する。新規性は，ベンチャービジネスを考える上で重要な視点ではあるが，企業年齢（社歴）だけにとらわれ，既存大企業や老舗企業のイノベーションに目を向けないことはベンチャービジネスの全体を捉えているとはいえない。社歴や創業・設立年にこだわるのではなく，「何をやっているのか」という事業内容（製品・サービスやビジネスモデル）が重要である。

　日本におけるインターネット証券の草分けである松井証券は，1918年に創業された老舗企業である。しかし，1998年に国内初の本格的なインターネット取引を開始し，現在はインターネット専業の証券会社となっている。すなわち，アントレプレナーである松井道夫が，1990年代末に新業態の創造（日本におけるネット証券）というイノベーションを実践したという点において，ベンチャービジネスといえる。また，日本を代表するアパレル企業であるファーストリテイリングについても，設立から半世紀近く経つ企業であるが，ユニクロという店舗においてSPAをはじめとした画期的なビジネスモデルを構築したのは1990年代からであり，特に2000年に入ってからの成長が著しい。アントレプレナーである柳井正の存在が要となっており，やはりベンチャービジネスと呼ぶに相応しい企業である。加えて，創業300年を超える中川政七商店は，老舗ながらも新事業を次々と立ち上げることから「老舗ベンチャー」ともいわれている。従来，既存企業のイノベーションは「**第二創業**」といわれてきたが，近年「**アトツギベンチャー**」（＝ベンチャー型事業承継）として中小企業の事業継続におけるビジネスモデルとして注目されている。

　すなわち，現在主力となっている革新的な製品・サービス，ビジネスモデルをいつ開発・導入したのかという視点が重要であり，10〜15年程度の期間が1つの目安となる。そう考えると，世界的なアントレプレナーであるスティーブ・ジョブズに率いられたアップルは，主力製品であるiPhone（2007年発売），iPad（2010年発売）によりイノベーション成し遂げたベンチャービジネスの代表的企業といえる。

第Ⅱ部　企業成長

③　ベンチャービジネスとリスク

　続いてリスクの問題である。経済活動の本質は，現在の資源を将来の期待の
ために使うこと，すなわち**不確実性**と**リスク**にあり，リスクのないビジネスな
どありえない。リスクは予見可能性の問題であり，企業の設立が新しいという
ことと，リスクが高い，すなわちその企業が生存し成長する不確実性が高いこ
ととは同一ではない。新しくても確実に市場に受け入れられる事業もあるし，
古くて一見頑丈そうな大企業でも，クリステンセンのいう**破壊的イノベーショ
ン**に遭遇し潰えてしまう往年の優良企業も多い。

　ドラッカーは，「アントレプレナーシップには大きなリスクが伴うと信じら
れているが，イノベーションが必然である分野においては，単なる資源の最適
化よりもはるかにリスクが少ない」と述べている。現代社会において，変化は
必然であり，変化に適応できない場合のほうが失敗の可能性は高いのである。
すなわち，変化を見出す洞察力を有していることがアントレプレナーの条件で
あり，真のアントレプレナーに率いられた企業はリスクが低い。そして，この
ような企業が今日的な意味でのベンチャービジネスといえる。

　ただし，イノベーションを成し遂げるためには多くの資金が必要であり，社
会通念的にリスクが高いという固定観念があるベンチャービジネスに対して，
将来のための事業資金を融資する金融機関は少ない。このため，リスクに果敢
に挑戦するアントレプレナーの創出と，そのリスクを引き受けるリスクマネー
の供給システムの構築が欠かせない。これには，アントレプレナーがアントレ
プレナーシップを遂行してイノベーションを成し遂げようとする活動に対して
の社会的認知と，アントレプレナーに対する社会的な評価が求められる。

④　ベンチャービジネスとは

　現代という変革期において，アントレプレナー，アントレプレナーシップ，
イノベーションが，ベンチャービジネスを表現する基本的なキーワードである
ことを示した。存在感のあるアントレプレナーがいるからこそベンチャービジ
ネスであり，アントレプレナーシップの遂行は企業成長の条件である。変化へ
の適応ができない企業はベンチャービジネスと呼ぶに値せず，変化に適応し変
化をチャンスと捉えるアントレプレナーの存在は絶対条件となる。その上で，

170

Ⅱ－2　成長のスタイル編

製品開発，技術開発，デザイン開発など，技術集約的，知識集約的な企業であるかどうかに関係なく，イノベーションを成し遂げることが求められる。イノベーションは，最先端の技術革新だけでなく，マーケティングや物流システムなどビジネスモデルの変革を含むものである。家電量販チェーンのヤマダデンキ（アントレプレナー：山田昇），家具チェーンのニトリ（アントレプレナー：似鳥昭雄），イタリアンファミリーレストランを展開するサイゼリヤ（アントレプレナー：正垣泰彦）などは，販売している製品・サービスは基本的に従来と変わらないものであるが，新しいビジネスモデルにより圧倒的な価格満足度を達成し，顧客価値を向上させたことにより急成長を遂げている。

　すなわち，ベンチャービジネスとは，アントレプレナーがアントレプレナーシップを実践し，新規事業を創造することによりイノベーションを実現する行為主体（企業）のことである。この定義に基づき，ベンチャービジネスは**企業年齢**（社歴）と**企業規模**の観点から図表Ⅱ-4-1の通りに区分できる。まず，新規開業の中小企業はまさにベンチャービジネスの骨頂であり，狭義の**ベンチャー**といえる。そして，このようなベンチャーからフェイスブックやグーグルというような急成長企業が出現することが変革期の特徴である。これらは**メガベンチャー**といえる。上述した通り変革期のベンチャービジネスは新規開業企業に限定されるものでなく，既存企業のイノベーションも当然ベンチャービジネスである。中小企業にとってのイノベーションは，既存事業全体を転換することを意味し，**第二創業**（＝アトツギベンチャー）といえる。大企業においては，既存主力事業とは異なる新規事業のプロジェクト（知の探索）を立ち上げる**コーポレート・ベンチャー**となる。

図表Ⅱ-4-1　ベンチャービジネスの存在

【企業規模】

【企業年齢】		中小	大
	小	ベンチャー （狭義）	メガ ベンチャー
	大	第二創業 （アトツギベンチャー）	コーポレート・ ベンチャー

出所：田中（2018）に基づき作成

第Ⅱ部　企業成長

老舗企業とファミリービジネス

　日本は人口構造だけでなく，企業においても少子高齢社会に突入している。個人の創業活動が他国に比べ不活発な反面，日本には「老舗」といわれる長寿企業が多く存在している。日本は世界に類がない**長寿企業大国**なのである。そして，そのほとんどが「家業」として同族の影響下にある**ファミリービジネス**である。日本の伝統や家系を重んじる文化・風土が，新しい企業の参入をよしとしない業界慣行を生んでいるとも指摘できる。しかし，長く生き永らえた長寿企業には，事業運営に関する多くの暗黙知が蓄積しており，それは紛れもなく日本企業の強みともいえる。この強みを活かし，新たな起業家の登場だけでなく，地域経済の牽引役として**老舗企業**を捉え，老舗企業のイノベーションを促進することも国や地域の経済成長にとって重要な視点となっている。

（1）　老舗企業とは〜世界に冠たる長寿企業大国ニッポン〜

　長い間生き永らえている企業（長寿企業）を表現する用語として，「老舗（しにせ）」という言葉がある。一般に老舗とは，①先祖代々の業を守りつぐこと，②先祖代々から続いて繁盛している店，それによって得た顧客の信用，愛顧という意味がある。語源は動詞「仕似す」の連用形で，「似せる」，「まねる」の意味から派生し，「先祖代々の家業を受け継ぐ」，「仕事や商売を長年続けて得意や信用がある」という意味を持つようになった。老舗（しにせ）は，その当て字であり，「ろうほ」と読んでも間違いではない。

　このように老舗には，①長期永続企業であるというだけでなく，②先祖代々の**家業**の継続，③同一事業，のれん（ブランド）の継続，そのことによる④顧客への安心・安全の提供，信頼の獲得という側面がある。老舗企業に関する実態調査は，日本の2大企業信用調査会社である帝国データバンク，東京商工リサーチの2社をはじめとして，日経BPコンサルティングなど企業調査・コンサルティング関連企業により定期的に実施されている。それらの調査は統一的な基準に基づいて行われているわけでなく，老舗企業に関する明確な定義や基準も存在していない。概ね創業または設立が，明治期（明治45（1912）年）

II-2　成長のスタイル編

以前であるか，調査時点から100年を超えているかという基準で老舗企業を捉えており，現時点においては，明治期または100年超えという基準が1つの目安になっている。もちろん，200年超えという基準で捉えている事例もある。今後老舗企業の基準も時代とともに移り変わっていくものと思われる。ここでは，老舗企業と長寿企業を同義として，基本として設立・創業100年以上の営利企業とする。

　日本が類まれなる「長寿企業大国」であることは，世界でも共通した認識となっている。図表II-4-2の通り，世界の長寿企業総数の構成比において，日本は100年以上の企業が50%，200年以上の企業が65%を超えており，ダントツ1位となっている。ちなみに，日経BPコンサルティングの2020年の同調査では，スウェーデンが100年以上で3位，200年以上で10位にノミネートされているが，2022年の調査で大幅な設立年の登録変更がなされデータの信憑性の観点から除外されている。帝国データバンクの調べでは，2023年の業歴100年以上の老舗企業は43,631社となっている。2010年の調査では22,219社であったので，10年強で倍増したことになり，今後も同様の傾向で増加することが見込まれている。

図表II-4-2　創業100年，200年以上の企業数と比率

順位	100年以上			200年以上		
	国名	企業数	比率	国名	企業数	比率
1位	日本	37,085	50.1%	日本	1,388	65.2%
2位	アメリカ	21,822	29.5%	アメリカ	265	12.4%
3位	ドイツ	5,290	7.1%	ドイツ	223	10.5%
4位	イギリス	1,984	2.7%	イギリス	81	3.8%
5位	イタリア	1,182	1.6%	ロシア	38	1.8%
6位	オーストリア	649	0.9%	オーストリア	34	1.6%
7位	カナダ	594	0.8%	オランダ	17	0.8%
8位	フィンランド	474	0.6%	ポーランド	16	0.8%
9位	オランダ	467	0.6%	イタリア	14	0.7%
10位	オーストラリア	425	0.6%	フランス	11	0.5%

出所：日経BPコンサルティング・周年事業ラボ（2022）より作成

第4章　企業スタイルのマネジメント

第Ⅱ部　企業成長

　従業員規模別では，規模が大きくなるに従い老舗企業の比率も大きくなる傾向にあり，従業員数 10 人未満を小企業とすると，全企業数では 8 割強であるが，老舗企業では 6 割弱となり，老舗として生き残るためにはそれなりの体力（組織力）が求められる。このため，大企業では老舗の割合は高く，全上場企業の 1 割強となっているおり，**JTC**（Japanese Traditional Company：伝統的な日本の大企業）の存在力がうかがわれる。しかし，より注目しなければならないことは，決して大企業中心ではないということである。特に，従業員数 10 人以上 300 人未満の中規模，中堅規模の構成比が 4 割程度を占めており，日本の老舗企業は，分厚い中規模，中堅規模の企業群によって支えられているといっても過言ではない。

（2）　ファミリービジネスの特徴

　老舗企業の特徴を表すキーワードの 1 つとして，**ファミリービジネス**がある。200 年以上の歴史を誇る老舗企業のほとんどがファミリービジネスであるといわれている。世界においてもファミリービジネスに対する関心が高まっている。**エノキアン協会***（Henokiens Association）は，創業以来 200 年以上続くファミリービジネスを会員とする。任意団体である。フランスのリキュールのメーカーであるマリー・ブリザール社（Marie Brizard）が，何世紀にもわたって存続してきた伝統企業で，なおかつ現在でも創業者の子孫が経営する企業を集めた団体の創設を提唱し，フランスのパリを本部として 1981 年に設立された。入会には厳しい審査基準があり，①会社の寿命は最低 200 年以上であり，永続的な経営を続けていること，②創業者一族が会社を所有しているか，株式の過半数の所有者であること，③創業者一族の少なくとも 1 人が会社を運営しているか，取締役会のメンバーであること，④会社の財務内容が健全であることという 4 つの基本的な加盟基準に加えて，現代的であることが要求されている。現在（2024 年）のメンバー構成は，イタリア 14 社，フランス 15 社，

Keyword　・・

*エノキアン協会　エノキアンとはエノク（Henok）に住む人々という意味である。エノクは『旧約聖書』に登場する人物で，アダムの孫にあたり 365 歳まで生き，多くの子孫を残し史上初の都市の名になったとされている。

174

日本10社，ドイツ4社，スイス5社，オランダ2社，ベルギー2社，オーストリア2社，イギリス1社，ポルトガル1社の計56社である。エノキアン協会は，長寿ファミリービジネスの国際的な組織といえる。

　ファミリービジネスを日本語で表記すると，オーナー企業，同族経営，家業，家族経営などとなる。これは，意識的に企業規模の大⇒小に並べたものである。家族のみで経営している町のクリーニング屋は，オーナー企業とはいわない。また，サントリーのように大企業であるが非上場で創業家が経営に深く関与している企業は，家族経営とはいわれない。しかし，いずれもファミリー（家族，同族）がトップマネジメントとして経営に関与しているビジネスであることに変わりはない。このように，ファミリービジネスとは幅広い概念を持つ用語であるが，ファミリーが企業の所有権を握っている企業であり，それに永続性と事業承継という観点を付加している点で老舗の概念に近い。老舗では，のれん（商標，ブランド），同一事業・同一商品という事業の側面が重要視されているが，ファミリービジネスの基盤はファミリー経営の継続性である。いずれにしても，老舗企業のほとんどが現在も創業一族によって経営されているという点で類似した概念といえる。

　ファミリービジネスの本質を説明する基本的モデルとして用いられているのが，図表Ⅱ-4-3の**スリーサークルモデル**である。このモデルは，ファミリー，ビジネス，オーナーシップという3つのグループが全体としてファミリービジネスというシステムを構成し，それに関わる主なステークホルダーが3つのグループのどこに所属するかで利害が異なることを説明している。そして，これらのグループが重なり合うことで，A～Gの7種類の立場の異なる関係者の存在が明らかになっている。これらのステークホルダーの関係をいかに良好に保ち，持続させていくかがファミリービジネスのマネジメントに求められる。

　企業をシステムとして考えた場合，一般的にはオーナーシップ（所有）とビジネス（経営）の2円で捉えられ，**コーポレートガバナンス***（企業統治）の

Keyword ．．．

＊**コーポレートガバナンス**　企業が，株主をはじめ顧客・従業員・地域社会等ステークホルダーの立場を踏まえた上で，透明・公正かつ迅速・果断な意思決定を行うための仕組みのこと。

図表Ⅱ-4-3　スリーサークルモデル

図表記号	ファミリー（同族）	ビジネス（経営）	オーナーシップ（所有）	該当事例
A	○	○	○	社長，役員
B	○	○	×	親族内承継者
C	○	×	○	先代，相続者
D	○	×	×	親族（相続無し）
E	×	○	○	株主役員，持株会
F	×	○	×	役員，従業員
G	×	×	○	一般株主

出所：後藤（2012），Gersik et al.（1997）に基づき作成

問題が語られてきた。ファミリービジネスでは，これにファミリーの要素が加わりスリーサークルのシステムとして捉えられる。すなわち，ファミリービジネスシステムは，ファミリー，ビジネス，オーナーシップという3つのサブシステムから構成されている。これら3つのサブシステムは，相互に関係し影響し合うことでファミリービジネスのパフォーマンスを左右する要因となっている。そして，このシステムの中で特に重要な要素がファミリーなのである。

（3）　老舗企業・ファミリービジネスの永続性

　日本の老舗企業は，なぜ生き永らえることができたのか。ここでは，老舗企業に共通してみられる特徴を提示する。それは，①家制度を重視する思想的側面，②家訓の存在，事業運営に対する長期的視点，ブランドの維持という経営管理（経営組織・経営戦略）の側面，③複式簿記の存在など経営システムの側面，そして，④比較的安定した経済成長という外部環境の側面という4つの側面で捉えることができる。その上で，明治，大正，昭和の激動期における時代の変化に柔軟に対応してきた革新性の存在もあげられる。しかし，永続の秘訣としての伝統の継承と革新については，注意が必要である。というのも，それぞれがトレードオフとなる要素が含まれているからである。「本業を重視した

堅実経営」からは，「本業の縮減を前提とした新規事業の確立」は難しい。同じように，「企業理念の維持」や「製法の維持継続」は，時代の変化を見過ごし革新を妨げる要因ともなる。長寿企業における伝統の継承と革新は，お互いに矛盾をはらんでいるため，その実践には両者のバランス（両利きの経営）をとることが求められる。

　数百年にわたり継続し成長する企業の成功要因についての4つの主要な共通要素がある。それは，①環境適応＝長寿企業は環境変化に敏感である，②結束力とアイデンティティ＝長寿企業には強い結束力があり，また強力な独自性が見られる，③トレランス（許容度・自由度）＝長寿企業は寛大である（権力の分散化），④健全経営＝長寿企業は資金調達面で保守的であるの4項目である（Geus，1997）。生命は，環境に適応することによって種を残し存続することができる。「**適者生存**」といわれるごとく，生物の進化は環境適応の産物である。これは，企業経営にも当てはまるものであり，環境適応は企業存続の前提条件である。そして，この企業に結束力と**アイデンティティ**をもたらすものが，創業家の存在である。同族としての経営陣の結束力は，企業全体のアイデンティティを醸成し，強力な独自性を生み出す土壌となる。この結束力とアイデンティティが，長寿企業にとっての同族による経営の重要性，すなわちファミリービジネスが重要視される所以である。もちろん，江戸時代から続く老舗企業には，優秀な番頭や手代が存在したように，優秀な同族外の人材に活動面で大幅な自由度を許容すること（権限委譲）により，企業経営に柔軟性と多様性が生み出される。そして，当然のことではあるが，無謀と思われることをしないことが長寿の秘訣である。いずれにしても，企業が長寿であるためには，ファミリービジネスまたはその類似形態であることが重要な要因となっている。

　戦後の代表的な日本企業は，疑似同族経営ともいえる経営システムを構築し，強い競争力を獲得した。これは日本的経営と呼ばれ，終身雇用，年功序列賃金，企業別労働組合（**日本的経営の三種の神器**）を通じ，会社を従業員が一生を過ごす「家」と見なした家族主義的な経営が実践されてきた。そして，株主の利益を重視した短期的視野での経営ではなく，顧客満足と従業員の雇用維持を企業目的とした，長期的視野での経営を推進してきたのである。これはまさしく老舗企業，ファミリービジネスが持つ共通項であり，日本に長寿企業が

第Ⅱ部　企業成長

多い要因にもあげられる。この日本的経営はバブル期から変容を遂げ，バブル経済崩壊後の「失われた30年」を通じて，主な日本企業は成果主義，株主重視の経営への転換を図り，「脱日本的経営」を推し進めてきた。しかし，今後の日本の将来を俯瞰した場合，日本的経営に対する再度の見直しと新たな実践が求められているといえる。

（4）　老舗企業による日本的「企業家社会」の実現

　日本は，人口構造として少子高齢であり，世界一の長寿国である。そして，企業においても少産少死型で，世界一の長寿企業大国である。まさしく世界の最先端を行く超成熟社会に向かっているといっても過言ではない。今後の社会保障費の増大，国債の大量発行による財政危機が懸念される中，国としての安定的な経済成長を成し遂げることは，日本が現在抱えている大きな命題である。

　1991年から2021年に至る「**失われた30年**」の期間は，日本経済にとっては停滞期であるが，グローバルな視点でいえば，今までに経験したことのない変革期である。新興国の台頭は，もはや世界全体の経済地図を塗り替え，2050年に日本のGDPは世界8位に後退するという試算もある。すなわち，現在の老舗企業がこれからも生き永らえるという確証はない。企業経営を取り巻くグローバルな規模での優勝劣敗のメカニズムは，日本の少産少死型の高度成熟社会にもそのまま適応されるのである。今までの長寿企業の成功要因だけを追い求めても，そこから今後の成長の軌跡は見出せないであろう。ただ単に日本的経営に回帰しただけでは問題は解決されない。アジア諸国をはじめとした新興国の台頭は鮮烈であり，後戻りはできない。新たな日本的経営の確立が求められている。

　ここでのキーワードは，やはり「**変化への適応**」であろう。現在は変革の時代であり，現代の企業が直面している変化は，今までの変化と比べ，質，量，スピードのいずれをとっても比べものにならないほど大きな変化であるといえる。ツイッター（現：X）やフェイスブックは単なる情報収集や友人同士のコミュニケーションツールでなく，瞬く間に社会や政治体制そのものを変革する力を持つに至った。現代企業には，このような変化に適応する能力が求められ

178

ており，それは並大抵のことではない。アントレプレナーの責務はこの「変化への適応」なのである。

　企業の環境適応はアントレプレナーによって牽引され，それは新たなイノベーションを創り出す。強い結束力とアイデンティティを有する老舗企業には，このようなイノベーションを引き起こすアントレプレナーを生み出す土壌がある。今こそ，伝統を継承しつつ，アントレプレナーの創出という人材面での革新を実践しなければならない。同族経営が主流である老舗企業には，その企業のアイデンティティの源泉となる「**家**」（創業家）の存在があり，強い統率力を持つ。老舗企業の浮沈は，「家」というシンボルを活用した独創的なアントレプレナーの登場とイノベーションの遂行にかかっている。もちろん，創業家の存在は単なる血縁を意味するものではなく，企業としての DNA（企業アイデンティティ）の継承であり，進んで新しい血を入れなければならない。老舗企業の経営者には，厳しい後継者競争を課すことも肝要であろう。そして，技術革新のスピードが激しい現代こそ，技術的イノベーションだけでなく，社会的イノベーションの遂行が重要視される。アントレプレナーの責務はイノベーションの遂行であり，日本企業には今までにない新たなイノベーション戦略が求められている。まさしく，老舗企業による日本的「企業家社会」の実現が目指されているのである。

3　ソーシャルビジネスとコミュニティビジネス

（1）　社会的存在としての企業と事業活動

　私たちが生活する社会には，解決することが難しいさまざまな課題が存在している。このような課題の解決を目指した世界的な動きが，2015 年 9 月の国連サミットにおいて採択された **SDGs**（Sustainable Development Goals：持続可能な開発目標）である。それは，「誰一人取り残さない」という基本理念のもと，「世界の貧困をなくす」，「持続可能な世界を実現する」ことを目指した 2030 年を達成期限とする行動計画であり，17 のゴール（目標）と 169 のターゲット（具体的行動指針）と 244 の指標（進捗度の測定）で構成されてい

第Ⅱ部　企業成長

る。取り上げられている課題は，貧困，飢餓，健康・福祉，教育，ジェンダー平等，水と衛生，エネルギー，雇用と職業生活，インフラと産業，人や国の平等，居住地の安全・安心，持続可能な生産と消費，気候変動，海洋汚染，平和と公正などである。世界的な規模でさまざまな課題への取り組みが進められているが，その進捗状況はグローバルな政治状況に大きく左右されていることも否めない。

　このようなグローバルな動きの中，日本は**課題先進国**とも称され，世界に先んじた課題を抱えている。それは，人口減少，少子高齢化，それに伴う生産年齢人口の減少，都市部への人口集中，インフラの老朽化，水害など気候変動による自然災害の激甚化などである。具体的には，高齢化に伴う独居老人，孤独死，介護難民の問題，人口減少に伴う地方の過疎化，限界集落，消滅都市の問題，単身，ひとり親世帯の増加による子どもや女子の貧困の問題，働く場では非正規雇用，ギグワーカー，ワーキング・プア，ハラスメントの問題など，近年さまざまな課題が顕在化している。特に，1995年1月の阪神・淡路大震災，2001年9月のアメリカ同時多発テロ事件，2011年3月の東日本大震災，2020年1月から3年間に及ぶ新型コロナウイルス感染症による世界的なパンデミック，全国的に多発する大規模水害，ウクライナやガザでの戦争など，人生観を揺るがすような自然災害，人的災害が頻発していることが，社会的課題解決への関心を高め，若年層を中心に自分自身のキャリアとして課題解決を目指す取り組みに関与する動きが拡がっている。

　通常，このような社会的課題の解決の中心的な存在として期待されるのは，政府，地方自治体といった公的機関や **NPO**（Non-Profit Organization：非営利組織）などの非営利機関である。社会的課題の解決は，政府や地方自治体の主要なテーマとして掲げられ，さまざまな対策が講じられている。また，企業においても，以前より **CSR**（Corporate Social Responsibility：企業の社会的責任）として，社会的公正や環境などへの配慮が求められている。企業活動は社会の中で行われるものであり，社会性は企業活動に内在している課題である。社会的責任とは，企業活動により影響を被るステークホルダーに対する責任であり，大企業においては，社会的責任を果たすために企業が取り組んでいる活動をまとめた，CSR報告書，環境報告書，サスティナビリティレポート，

180

統合報告書などの年次報告書により説明責任が果たされている。

　これらの活動は，企業の主活動としての**コア・ビジネス**（本業，中核的事業）ではなく，コア・ビジネスを遂行した結果生ずる直接的・間接的な負の側面（公害，騒音，所得格差など），いわゆる**外部不経済**の是正と，**社会貢献活動**（メセナやフィランソロピー*など）を目的としたものである。一般的に利益と社会性はトレードオフの関係にあるため，社会的活動はコストプッシュ要因となり利益は減少する。しかし，SDGs をはじめとした社会的課題への世界的な意識の高まりを受け，主に大企業を中心にブランドイメージや信頼度の向上などを目的とし社会的活動への積極的な取り組みが進められている。

（2）　ソーシャルビジネスの存在と意義

　上述の通り，社会的活動はコア・ビジネスのコストプッシュ要因になると思われてきたが，その社会的活動そのものをコア・ビジネスとするのが**ソーシャルビジネス**である。図表Ⅱ-4-4 の通り，ソーシャルビジネスと他の事業体との根本的な違いは，社会性，収益性，持続性の同時達成といえる。すなわち，ビジネスの手法を用いて社会的課題を解決することを目的としているため，「**社会性**」と「**事業性**（収益性と持続性の確保）」の両立が欠かせない。このトレードオフとなる命題を解決するためには，既存の行政や NPO などが進めている仕組みとは異なる新たなビジネスモデルの創造・構築が求められる。それは，イノベーション，すなわち「**革新性**」の実現である。ソーシャルビジネスの持続可能な事業運営のためには，「社会性」，「事業性」，「革新性」の実現が欠かせず，ソーシャルビジネスの存立条件ともいえる。この「社会性」と「革新性」との同時実現が**ソーシャル・イノベーション**であり，社会的課題を解決するための革新的な技術やビジネスモデルを指している。すなわち，ソーシャルビジネスは，ソーシャル・イノベーションを実現するビジネスに他ならな

Keyword ･･･

＊メセナ，フィランソロピー　メセナは，フランス語で「芸術文化支援」という意味を持ち，企業の芸術や文化への支援活動を指す。フィランソロピーは，ギリシア語の「フィリア（愛）」と「アンソロポス（人類）」の2語からなり，「人間愛」を起源とする概念で，企業の寄付行為や慈善活動など，奉仕的活動や社会的課題解決への取り組みなど社会貢献活動全般を指す。

第Ⅱ部　企業成長

図表Ⅱ-4-4　ソーシャルビジネスの特徴

	ソーシャルビジネス	営利企業	NPO	政府・自治体
事業目的： 社会的課題の解決	◎	△	◎	◎
条件1： 収益の確保	○	◎	△	×
条件2： 持続的運営	◎	◎	○	◎

い。そして，それを実現する主体が，**ソーシャル・アントレプレナー**である。

　ビジネスの現場においてソーシャル・イノベーションを実現するソーシャルビジネスは，その解決課題の対象から主に2つに区分することができる。1つは，市場レベルでの多様な社会的課題の解決を目指すものであり，狭義のソーシャルビジネスといえる。もう1つは，地域社会や共同体など特定の地理的範囲内（バーチャルな空間も含む）で，その地域に根ざす社会的課題の解決を目指すものであり，**コミュニティビジネス**と呼ばれている。

　ソーシャルビジネスの代表的な事例としては，農村部の貧困層の自立支援のためムハマド・ユヌスにより，バングラデシュで設立されたグラミン銀行によるマイクロクレジット（無担保少額融資）の取り組みがあげられる。貧困問題などの所得の格差は，政府など公的機関による所得の再分配機能で調整されるもので，ビジネスの手法での解決は難しい。通常，貧困者など社会的・経済的信用度が低い場合，貸し手である金融機関は貸倒リスクを回避するため，保証人や高利息など貸出条件が厳しくなる。しかし，グラミン銀行は，貧困や生活困窮者に対して低利・無担保で少額の融資を行い，起業や就労によって貧困や生活困窮から脱却し自立することを支援する仕組みを構築した。借り手のほとんどが女性で，グラミン方式と呼ばれる5人のグループでの共同借入（**グループレンディング**）という互助と信頼関係の構築により，高い返済率が維持されている。この取り組みによりユヌスはグラミン銀行とともに2006年にノーベル平和賞を受賞している。日本でも2014年設立の五常・アンド・カンパニーは，アジアを中心とした途上国でマイクロファイナンスの取り組みを推進し，

182

急成長を遂げている。また，第Ⅰ部第3章で取り上げた **BOP ビジネス**について
も，低所得者層を顧客ターゲットとしている点でソーシャルビジネスといえ
る。

（3）　コミュニティビジネスの展開

　コミュニティビジネスとは，地域の課題にビジネスの手法で取り組むもので
あり，地域の「困りごと」を解決することで地域を元気にするビジネスといえ
る。そこには，当然ソーシャルビジネスの存立条件である「社会性」，「事業
性」，「革新性」の実現が欠かせない。地域の「困りごと」とは，地域住民の生
活に根ざしたものであり，その**ライフスタイルの変化**などに起因したものも多
い。地方においては，過度にクルマに依存した「自動車依存社会」となり，郊
外の生活道路や幹線道路に多数のロードサイド店舗や大規模なショッピング
モールが立地することにより，生活圏が郊外中心になることで全国的な画一化
が図られてきた。これにより，個性的な地域独自の中心商店街が衰退し，
シャッター通りとなって久しい。また，人口減少や若年層の都市部への移住な
どによる急激な高齢化，独居老人や空き家の増加，限界集落や消滅都市の問
題，多発する大規模水害や大震災など，日本の地方は**課題先進地域**となってい
る。

　このような地域社会の抱える深刻な課題に対して，住民，NPO，企業など，
さまざまな主体が協力しながらビジネスの手法を活用して解決を図ることが求
められており，その推進主体が**コミュニティビジネス**といえる。コミュニティ
ビジネスは，地域の人材やノウハウ，施設，資金，特産品や自然環境など地域
資源を活用することで，地域における起業や雇用の創出，行政コストの削減な
どを達成することによる地域活性化・地域繁栄を目的としている。コミュニ
ティビジネスの理念には，個性的な「**まちづくり**」が内包されている。これま
でのような画一化された郊外型のチェーン店や大型店を中心とした「まちづく
り」ではなく，地域の文化，歴史，風土に根ざし，地域住民の暮らしを中心と
した「まちづくり」であり，地域に関わるさまざまなステークホルダーとの
ネットワークにより独自性のある地域社会の創造を目指している。

　コミュニティビジネスの活動分野としては，高齢者支援，子育て・教育，医

第Ⅱ部　企業成長

療・健康，まちづくり，食・農・観光，就労・交流などがあげられる。コミュニティビジネスを継続的に運営し，課題解決を図るためには，KPI（主要業績指標）を設定し業績管理を図るとともに，多様な収入源の確保により収益の安定化を図ることが求められている。その実現にあたっては地域社会のさまざまなステークホルダーとのネットワークの構築が欠かせない。KPIとしては，課題解決度（課題の明確化と数値化），経済的自立度（収支バランスの確保）があげられる。主な収入源は，コミュニティビジネスの事業収入，自治体などからの事業委託収入，地域住民・法人などからの会費，公的補助金・助成金，企業などからの寄付金などがある。特に重要なのはコミュニティビジネスの持続的発展に向けた**地域ネットワーク**であり，地域におけるビジネスネットワークの構築と持続的な運営は，地域課題の解決というコミュニティビジネスの事業目的の達成に欠かせないものである。

コラム
ビジネスの社会性は普遍的命題

　日本では，古くからアントレプレナーシップを有した人材を数多く輩出する特定の地域が注目されてきました。江戸時代から明治期にかけて活躍した近江商人，大阪商人，伊勢商人は日本三大商人といわれています。それ以外にも，紀州商人，富山商人，甲州商人，伊予商人など，地域に根ざした特産品や独自のビジネスの仕組みなどで繁栄した商人を生み出した地域が，多く存在しています。中でも近江商人は，全国各地に支店を積極的に開設し，中には遠く海外にも進出するなど，江戸時代の商人の頂点ともいわれています。現在でも，伊藤忠商事，丸紅などの総合商社，高島屋，西武HD，日清紡，東洋紡，ワコール，日本生命など近江に起源を持つ錚々たる企業が多数存在しています。

　近江商人の経営理念ともいえる家訓として，「三方よし」（売り手よし，買い手よし，世間よし）があります。売り手，買い手，世間の三方が満足している状態であり，売り手と買い手双方の利益を考えた「win-win」の関係だけでなく，世間，すなわち社会の利益を考えて商売を行うべきとの思想です。まさに社会全体の持続可能性を念頭に置いた経営姿勢であり，現在のSDGs（持続可

Ⅱ-2　成長のスタイル編

能な開発目標）につながる思想といえるでしょう。「情けは人の為ならず」という通り，「買い手よし」，「世間よし」の商売は，翻って「売り手よし」となって自分に利益をもたらすことになります。

　皆さんも自分や相手のことだけでなく，自分を取り巻く社会全体の福利への意識を持って行動することで，自分の能力を高め，精神的にも金銭的にも充実した人生を送ることを目指してください。

やってみよう！　チャレンジ課題

1. ベンチャービジネスについて，その特徴を説明するとともに，ベンチャービジネスといえる企業を3社あげ，なぜベンチャービジネスといえるのか，その理由を提示してください。
2. 日本の老舗企業を調べてみましょう。WEBページを検索し，注目する老舗企業を3社取り上げ，老舗として事業を継続できた要因について，共通事項と個別事項に分けて説明してください。
3. ソーシャル・アントレプレナー（社会起業家）と呼ばれている人物を3人あげて，その活動内容と事業内容を説明してください。

第4章　企業スタイルのマネジメント

【Ⅱ－3】
成長の
ストラクチャー編

　企業成長は，構造的，そして制度的な側面で捉えることができます。企業成長は動態的なプロセスを示す概念ですが，企業成長をシステムとして捉えた場合，個々の企業やステークホルダー，そしてその相互関係を支える企業成長の基盤となる静態的・構造的な側面が重要になります。これは，企業の成長を支援する仕組み，すなわち産業政策や，事業承継・M&Aなどの手法，企業間の分業構造や，ビジネス・エコシステム（産業集積，産業クラスターを含む）の存在です。

　ここでは，企業成長を促す構造的な側面に焦点を当て，企業成長を促進させる枠組みについて解説します。

第5章
企業支援と事業継続

「各人の利己心の発揮は,
　『見えざる手』を通じて社会の富を
　増大させる。」

....

アダム・スミス（Adam Smith）〈1723-1790〉
イギリス・スコットランド生まれの哲学者，倫理学者，経済学者。
「経済学の父」と呼ばれ，重商主義を批判し分業の重要性を指摘した。

Summary

　市場メカニズムを適切に発揮することが，経済成長の源泉となります。しかし，個人が利己的な行動のみで動いた場合，私的独占による価格コントロールなどの弊害が生じ，社会の富を増大することができません。そのような個人の利己的な行動を調整し，アダム・スミスがいう「見えざる手」を最適に機能させるような仕組みを創設することが，産業政策の大きな目的といえるでしょう。現在の中小企業政策の基本理念は，中小企業を「日本経済の活力の源泉」と捉え，その「多様で活力ある発展」を目指すことであり，まさに個々の中小企業の利己的な行動を後押しし，その成長・発展による経済の活力の増進を目論んでいるのです。

　本章では，企業成長を支援する産業政策なついて言及した上で，企業の持続的な成長に向けた事業承継とM&Aのメカニズムについて明らかにします。

第Ⅱ部　企業成長

1　産業政策と中小・ベンチャー企業

（1）　産業政策における中小企業政策

　政府の大きな役割として，為政者が産業の発展を目指すことはどの時代にもあるが，日本の産業政策として代表的なものは明治期の殖産興業である。また，戦後では傾斜生産方式，所得倍増計画，護送船団方式などがあげられる。

　明治期の日本は，明治維新後 30 年前後で世界の列強の 1 つとなり，第二次世界大戦後の荒廃の中，20 数年後の 1968 年には GNP（国民総生産）で当時の西ドイツを抜いて世界第 2 位の経済大国になった。「欧米に追いつけ追い越せ」をキャッチフレーズとした**キャッチアップ期**における日本の産業政策は，とてもうまく機能していたと評価できる。しかし，追いつく相手を見失ってしまった 1980 年代から狂乱のバブル経済期の崩壊を経た「失われた 30 年」において，日本の世界経済における地位は下がり続け，バブル崩壊 20 年後の 2010 年には GDP（国内総生産）で中国に抜かれ，2023 年にはドイツに逆転されている。このように，バブル期を含めた 1985 年以降の日本の産業政策は，十分に機能しているとは評価できないが，現時点ではキャッチアップ目標も出現しているため，再興の時期になっているのかもしれない。

　国の産業振興を目指した産業政策の中でも，小規模企業，中小企業，ベンチャービジネス，スタートアップをターゲットとした政策が，**中小企業政策**であり，主に経済産業省とその下部組織である中小企業庁を中心に展開されている政策プログラムの総称である。中小企業を取り巻く企業規模による競争上の不利は古くから指摘されている問題で，**中小企業問題**といわれている。これには，①不公正な競争（不当廉売，取引の強要など），②労働力の確保難，③資金調達難（過少な取引金額，リスク負担や担保能力の欠如），④調達におけるコストアップ（仕入れ量の問題），⑤生産性の低さ（設備や組織の未整備）などがあげられる。中小企業政策の主要な目的は，この規模による競争上の不利の是正と，より積極的には中小企業の競争力の強化による日本経済の成長の実現である。

188

中小企業政策には，大きく市場機能の動きを統制・抑止する**市場機能統制・抑止政策**と，市場機能を促進強化するための**市場機能促進政策**に分けられる。市場機能統制・抑止政策とは，かつて繊維産業の体質転換のため市場経済の動きを統制した調整カルテル（生産調整，価格調整），国内産業の保護のための参入規制，輸入規制などである。カルテルとは，複数の企業が連絡を取り合い，本来各企業がそれぞれ決めるべき商品の価格や生産数量などを共同で取り決める行為で，基本的に独占禁止法で規制されているが，産業政策においては特例措置として認められる場合がある。市場機能促進政策には，競争力の強化や市場環境の変化への適応の円滑化といった既存中小企業への支援政策と，新規創業の促進を支援するためのリスクマネーの供給，低コストスペースの提供，コンサルティングサービスなど，起業や新産業の創出拡大を目指す政策がある。現在は，中手企業の成長支援とスタートアップ支援という市場機能促進政策が中小企業政策の中心となっている。

（2） 中小企業政策の変遷

① 戦前・戦中・戦後復興期

明治政府のヨーロッパ近代産業を移植する殖産興業政策により，日本の資本主義は発展し主力産業の機械化が進んだが，それに伴い財閥などの大企業と中小企業の格差が進み中小企業の経営難が顕在化した。このため政府は産業の育成，社会秩序の維持の観点から，工業試験所による技術指導，中小企業の組織化，商工組合中央金庫の設立（1936年），信用保証制度の創設（一部の府県，東京都は1937年）などの中小企業政策を展開した。その後，戦時経済に入り，中小企業への支援施策は廃止された。

戦後の混乱期には多くの中小企業が誕生したが，技術や経営に関するノウハウ不足，過当競争，悪性インフレなどにより厳しい状況に追い詰められていた。一方，GHQの占領政策により財閥が解体され，経済力の再集中の規制のため1947年**独占禁止法**を制定することで，経済の民営化が進められるとともに，健全な中小企業の育成が目指された。1948年には中小企業庁が設置され，中小企業政策の体系化として，①**金融**，②**組織化**，③**診断・指導**という3つの大きな柱が位置付けられた。

第Ⅱ部　企業成長

　金融対策では，政府系金融機関の整備が図られた。新たに1949年に国民金融公庫，1953年に中小企業金融公庫が設立されるとともに，**信用保証制度**＊の整備も図られ，1950年に中小企業信用保険法，1953年に信用保証協会法が制定され，各都道府県の信用保証協会の体制が整備された。組織化では，商工会議所法や中小企業等事業協同組合法が制定された。診断・指導は，中小企業診断制度の創設や中小企業相談所の設置が行われ，財務会計のノウハウを向上させた青色申告制度も開始された。なお，政府系金融機関は，2008年の政策金融改革により民営化による組織の見直しが進められ，現在は5つの機関があり，中小企業政策を担うのは，㈱日本政策金融公庫と㈱商工組合中央金庫の2つの機関となった。

②　高度成長期～安定成長期（1955～84年）

　日本経済は高度成長期に入り，業種別の産業政策が推進される中，大企業と中小企業の発展速度に差が生じ，生産性・賃金・技術・資金調達などの諸格差が顕在化するとともに，自動車産業などを中心に中小企業は大企業を頂点とする系列に組み込まれ，**下請分業構造**が定着化した。このような中，1957年の『経済白書』において，日本の中小企業問題としての「**二重構造論**」が提起された。すなわち，当時の雇用構造において，近代的大企業と，前近代的な小企業，家族経営の零細企業，農家が両極に位置し，一国のうちに先進国と後進国の二重構造が存在するという著しい格差の存在を明らかにした。この問題提起に対して，当時の中小企業の過小過多，過当競争の状況を改善し，格差を是正する施策が展開された。組織化や診断・指導体制の強化政策として，団体法（1957年），商工会法（1960年）が制定された。その上で，1963年に中小企業政策の基本的な考え方を示す**中小企業基本法**が制定され，「**格差の是正**」による中小企業の成長発展，従業者の社会的経済的地位の向上が目標とされた。

　重点的な政策は，中小企業の生産性の向上と取引条件の改善であった。生産

Keyword ・・・

＊**信用保証制度**　中小企業が事業資金を金融機関から借り入れる際に，その借入債務を保証することで，担保力や信用力が不足している中小企業者に対する事業資金の融通を円滑にする制度。

性の向上は，中小企業近代化促進法（1963年）により中小企業の設備の近代化・高度化を図ることが政策の基軸となり，1967年には中小企業の近代化・高度化のための資金供給と人材育成などを担う中小企業振興事業団（現在の**中小企業基盤整備機構**）が設立された。取引条件の改善は，下請代金支払遅延等防止法（1956年）による取引条件における不利の補正，官公需法（1966年）による政府調達における中小企業との契約の促進，下請中小企業振興法（1970年）による下請中小企業への支援などが行われた。加えて，小規模企業の事業廃止等の対策として，廃業などに備えて資金を積み立てる制度（小規模企業共済法）が1965年に制定された。また，中小企業の自己資本の安定を図るため中小企業投資育成株式会社が1963年に設立された。

　安定成長期に入り，1973年には高度成長に伴う中小企業の定義の変更（中小企業基本法の改正）が行われた。また，日本経済の**産業構造の高度化**（図表Ⅱ-5-1），経済の**サービス化**（サービス産業の比重の増大），**ソフト化**（各産業におけるサービス活動の比重の増大）が進展する中で，中小企業政策は知識集約化の方向性が目指された。中小企業の技術，人材，情報などのソフトな経営資源の充実が必要とされ，人材育成を目的として1980年に中小企業大学校が設置され研修体制が整備された。

　一方，小規模・零細企業への支援の必要性が認識され，1973年には小規模企業のための小口金融制度（マル経融資制度）が創設された。加えて，1973

図表Ⅱ-5-1　産業構造の高度化

労働集約型産業	重厚長大型産業 （資本集約型産業）	軽薄短小型産業 （知識集約型産業）
軽工業	重化学工業	加工組立型産業

高度化の方向性

※**産業構造の高度化（ペティ・クラークの法則）**
　＝経済の発展に伴い，第一次産業の比重が低下し，第二次産業，次いで第三次産業の比重が高まること。

第Ⅱ部　企業成長

年の第1次石油危機（オイルショック）後の不況下における中小企業の事業転換の必要性が認識され，1976年中小企業事業転換法が制定されるとともに，取引先の倒産の影響を最小限に抑えるための施策として中小企業倒産防止共済制度（1978年）が制定された。

③　転換期（1985年～）

　1985年の**プラザ合意**は，戦後の日本経済の歴史的な転換点となる出来事であり，キャッチアップ型の経済成長の終焉と「実体のない（＝泡）」好景気であったバブル経済，そしてその後の長期的な経済停滞のプロローグともいえるものである。中小企業政策としては，プラザ合意後の急激な円高による不況や，大企業の海外展開（アジアシフト）に伴う産業の空洞化への対応として，中小企業の事業転換が求められたため，1986年に中小企業事業転換法を改正し事業転換の支援進められた。そして，内需主導型経済への転換という旗印のもと**バブル経済**に突入した。

　1991年のバブル経済の崩壊から，日本経済は世界でも類のない「失われた30年」といわれる長期的な経済の低迷期と構造転換期を迎えることとなる。バブル崩壊以降，廃業率が恒常的に開業率を上回る状態になり，事業所数の減少が進むとともに，完全失業率の上昇などの経済的な低迷に対して，創業や新事業創出の促進が重要な政策課題となった。このため，中小企業の新分野への進出のための支援や創造的なベンチャー企業を育成するために，創業や技術開発，事業化を支援する中小企業創造活動促進法（1995年）が制定された。加えて，1998年には創業支援や地域の中小企業への支援体制の整備などを目的とする新事業創出促進法が成立した。

　こうした流れを受けて，1999年に**中小企業基本法**が抜本改正され，「不利の是正」という弱者としての中小企業像を，「我が国経済の活力の源泉」へと革新した。その上で，「独立した中小企業の多様で活力ある成長発展」を基本理念に，中小企業政策は，「中小企業の経営の革新及び創業の促進」，「中小企業の経営基盤の強化」，「経済的社会的環境の変化への適応の円滑化」の3つの基本方針に再編された。

　「中小企業の経営の革新及び創業の促進」については，2005年に中小企業新

事業活動促進法が制定され，個々の中小企業の取り組み支援に加え，異業種・異分野・大学・NPO などとの連携（新連携）支援の実施など，既存の法律が創業や経営革新を総合的に実施する体系へと統合された。

「中小企業の経営基盤の強化」については，診断・指導政策で国や都道府県などが中小企業に対して上から「指導」を行う方式から「支援」への転換を図り，中小企業の経営資源の確保を支援する中小企業支援法（1999 年）を制定した。その後，2006 年には中小ものづくり高度化法が制定され，日本製造業の国際競争力を支えるものづくり中小企業の基盤技術の高度化への支援が行われている。

「経済的社会的環境の変化への適応の円滑化」については，中小企業のセーフティネット資金繰り対策として，1997 年の金融危機（大手金融機関の破綻）に端を発した金融機関の貸し渋りに対する緊急対策としての中小企業金融安定化特別保証制度（1998 ～ 2001 年），2008 年のリーマンショックを契機とした世界同時不況がもたらした，企業の業績悪化による信用収縮に伴う資金調達環境の厳格化への緊急対策として，景気対応緊急保証制度（2008 ～ 2011 年），中小企業金融円滑化法（2009 ～ 2013 年）などが実施された。

(3)　近年の中小企業政策と企業支援の方向性

近年の中小企業政策については，小規模企業や起業支援の方向性が重視されてきた。もちろん，地方分権，地域活性化を意識した政策や，既存中小企業の生産性向上や経営革新支援も継続的に展開されているが，中小企業家同友会の働きかけなどに基づき 2010 年閣議決定された「中小企業憲章」にも小規模企業の存在に注目する姿勢がみられる。

①　中小企業憲章の制定

「中小企業憲章」は，2000 年に制定された「ヨーロッパ小企業憲章」を範として中小企業家同友会が日本での憲章づくり運動を展開したもので，そこでは小企業をヨーロッパ経済のバックボーン，雇用の源，ビジネス・アイデアを育てる大地と位置付け，小規模企業をヨーロッパ経済の活力の源泉として積極的に支援する必要性が謳われている。

第Ⅱ部　企業成長

「中小企業憲章」では，中小企業の意義として日本経済を牽引する力であり，社会の主役であると位置付け，基本理念などで中小企業の果たす役割の重要性を提示している。特に，経済やくらしを支え，家族のみならず従業員を守る責任を果たし，地域社会と住民生活に貢献することで，地域社会の安定をもたらすといった，中小企業の地域や生活における役割の重要性が強調されている。「中小企業憲章」は，政府として初めて中小企業の経済的・社会的役割などについての考え方を示し，政策の理念・考え方を整理したもので，2010 年に閣議決定され，その後の中小企業に関わる政策の立案や制度設計の拠り所となっている。

②　小規模事業者への注目と中小企業基本法の再改正

小規模企業を重視する政策展開については，2013 年に中小企業基本法が再度改正され，小規模事業者を中心とした中小企業施策の再構築が図られた。基本理念として，小規模企業の意義は，「地域経済の安定・地域住民の生活の向上及び交流の促進に寄与」と「将来における我が国経済社会の発展に寄与」することであると明示し，「小規模企業の活力の最大限の発揮」が謳われ，「小規模企業に対する中小企業施策の方針」として，持続的な事業活動とその活性化，成長発展のための環境整備，経営状況に応じた配慮などを行うこととされた。この流れをさらに一歩進める観点から，2014 年に**小規模企業振興基本法**（小規模基本法）が制定され，基本原則として小規模事業者の「事業の持続的発展」の積極的評価が位置付けられ，小規模企業を中心に据えた新たな施策体系（小規模企業振興基本計画など）の構築がなされた。

近年の中小企業支援体制の展開については，中小企業支援に関する専門的知識や実務経験が一定レベル以上にある機関（税理士，公認会計士，中小企業診断士，商工会・商工会議所，金融機関等）として国が認定する認定経営革新等支援機関制度の創設（2012 年），さまざまな経営課題にワンストップで対応する相談窓口であるよろず支援拠点の創設（2014 年），小規模事業者に対する商工会・商工会議所の伴走支援や小規模企業振興基本計画に基づく支援などが積極的に行われている。

Ⅱ－3　成長のストラクチャー編

2　事業承継と M&A

（1）　事業承継による次世代経営者の創出

①　求められる新たな担い手

　経営者年齢が若い企業ほど新たな取り組みに果敢にチャレンジし，長期的な視点に立ち事業を拡大しようとする意向が強いことが指摘されている。新たな事業の担い手としては，新たなビジネスを生み出す**スタートアップ型アントレプレナー**の輩出が求められているが，既存ビジネスの存続，発展や既存企業による新規事業の創出も欠かせない視点であり，起業家（スタートアップ型アントレプレナー）と事業承継による次世代経営者（**事業承継型アントレプレナー**）の両輪が力強く駆動することにより競争力のある成長企業が生み出される。

　企業は将来にわたり存続し，事業を継続していくことが前提となっており，**ゴーイング・コンサーン**（going concern：継続企業の前提）と呼ばれている。これは，企業が財務諸表を作成する上での前提条件となっているが，会計上の問題だけでなく，企業活動は私たちの生活全般に密接に関わっており，企業経営の継続性は現代社会存立の前提になっているといっても過言ではない。この事業の継続には，企業という法人の継続と，製品・サービスの継続的提供という側面がある。企業が消滅しても，その製品・サービスが他社に受け継がれ継続するものもあれば，企業の消滅とともに提供していた製品・サービスが途絶えることもある。ここで重要なことは，事業承継は，企業の継続，事業分野の継続，製品・サービスの継続のすべてを含む概念であり，その場面，社会環境，承継企業の状況などに応じた最適な継承方法を選択することが求められる。ここでは，経営者参入のステージにおいて新たな担い手として期待される事業承継型アントレプレナーの創出に焦点を当て，その必要性と枠組みを提示する。

②　事業承継の必要性

　日本は，人だけではなく企業も少子高齢化の課題に直面しており，そのこと

第Ⅱ部　企業成長

が新たな担い手の創出を要請している。すなわち，事業承継が求められる要因については，企業数の減少，特に小規模企業の減少，経営者の高齢化があげられる。**企業数の減少**については第Ⅱ部第3章で説明したが，特に小規模事業者の減少が顕著である。小規模事業者は，1986年の約477万社をピークとして，35年後の2021年には約285万社で，40%強の減少となっている。小売業（含む飲食店），製造業において減少幅が大きく，ピーク時（1980年代初旬）から半数以下の状況となっている。ただし，サービス業，情報通信業，運輸業，不動産業，金融保険業などにおいては，小規模企業の企業数が増加傾向にあり，業種構成の変化がみられる。

　小規模企業の減少要因について，親族内承継における意識の変化があげられる。自営業主・家族従業者の数は長期的に減少傾向であり，1991年の1,348万人から2023年には638万人で約53%の減少（710万人減）となり「**失われた30年**」で半減している。自営業主は859万人から512万人と4割減，家族従業者は489万人から126万人と74%も減少している。これに反して，雇用者は1991年の5,002万人から2023年には6,076万人と約2割の増加（1,074万人増）である。雇用者の割合は，1991年の78.5%から2023年には90%となり，就業者（働いている人）のほとんどが雇用者となっている。すなわち，地方中心商店街の主力であった三ちゃん経営（父ちゃん，母ちゃん，兄ちゃん）の店舗（八百屋，魚屋，肉屋など）が激減し，サラリーマン化している。個人事業主（自営業）の平均年収が380万円程度で，正社員（サラリーマン）より相対的に低い状況であり，「継がせたくない」，「継ぎたくない」という状況が続いている。このように小規模企業の後継者難については，現在の経営者とその親族（主に子ども）の両者ともに，事業を継続させる意欲が減退しており，後継候補者のキャリアとして，事業の承継ではなく他企業などの就業者への道を選択するライフスタイルが一般化していることが主な要因といえる。

　続いて，中小企業**経営者の高齢化**の状況であるが，経営者交代率（社長が交代した割合）は長期にわたって低下傾向であり，経営者の平均年齢は1990年の54.0歳から2022年には60.4歳（6.4歳増）となっている。ちなみに，平均寿命は1990年で男75.92歳，女81.90歳，2022年では男81.05歳（5.13歳増），女87.09歳（5.19歳増）であり，増加年数は平均寿命の延びと近似の値であ

196

る。図表Ⅱ-5-2 は，年代別に見た中小企業の経営者年齢の分布であるが，2000 年に経営者年齢のピーク（最も多い層）が「50 〜 54 歳」であったのに対して，2005 年には「55 〜 59 歳」，2010 年には「60 〜 64 歳」，2015 年には「65 〜 69 歳」となっている。ピークを形成しているのは，第 1 次ベビーブーム（1947 〜 49 年）に生まれた**団塊世代**の経営者であり，2000 年以降中小企業は団塊世代に牽引され経営者の交代が進まず高齢化が進んできた。しかし，2020 年になると大きな変化がみられる。団塊世代をピークとした山が崩れ，経営者年齢の多い層が「60 〜 64 歳」「65 〜 69 歳」「70 〜 74 歳」に分散しており，2023 年も同様の傾向を示している。近年の社長交代の平均年齢が 60 歳台後半であり，これまで中小企業経営者の中核となっていた団塊世代の多くの経営者が，70 歳を迎える前に事業承継や廃業などにより引退していることが示唆される。

　後継者不在率（後継者が決まっていない企業の割合）についても，2018 年頃から低下傾向となっており，政府などの政策支援もあり後継者問題は改善方向にあることがうかがわれる。ただし，休廃業・解散が増加傾向にある中，後継者難を廃業の理由にあげる経営者も多く，実際に後継者不在のため事業継続の見込みが立たず倒産した「**後継者難**」倒産は増加傾向となっており，事業承

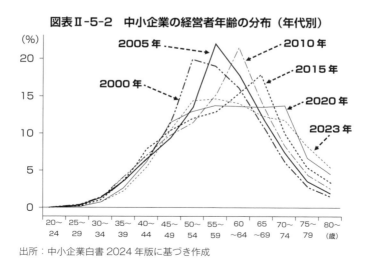

出所：中小企業白書 2024 年版に基づき作成

第Ⅱ部　企業成長

継の取り組み状況が二極化していることが示唆される。70歳以上の経営者の割合は引き続き高い水準（25％超）であることから，すべての団塊世代が後期高齢者（75歳以上）となり，国民の5人に1人が後期高齢者となる超高齢社会を迎える2025年（**2025年問題**）には，大量の経営者引退を迎えることも想定され，既存企業の一層の事業承継（若返り）の進展が求められる。

　休廃業・解散企業の業績については，長年その過半数が直近の決算で「黒字」計上している。コロナ禍の影響もあり近年その割合は低下傾向にあるものの，半数以上が黒字経営で退出していることになり，ここにも事業継続の必要性が認められる。企業規模と経営者年齢の関係であるが，規模が小さい企業ほど交代前の経営者年齢が高く，規模が小さい企業では事業承継時期が相対的に遅い傾向にある。一方，交代後の経営者年齢は規模が小さい企業ほど低く，規模が小さい企業のほうが事業承継により経営者年齢が若返る傾向にある。経営者年齢が若い企業ほど，長期的な視野に立って経営を行って事業を拡大しようとする意向が強く，新たな取り組みに果敢にチャレンジすることで，売上高や利益を向上させている。こうした取り組みや組織風土が企業のパフォーマンス向上に影響しているものと思われ，事業承継による新たな担い手の創出は，日本経済の成長にとって欠かせない要件となっている。

（2）　事業承継の本質

①　経営者の引退と経営資源の引継ぎ

　経営者の引退（退出）は，その事業が継続されるか否かによって「**事業承継**」と「**廃業**」に分けられる（図表Ⅱ-5-3）。もちろん，**倒産**による強制的な退出もあるが，その場合は，裁判所の下で行われる手続き（法的整理）として，事業を継続する民事再生，会社更生，事業を終結する破産，特別清算がある。経営者の引退は，基本的にそれまで継続してきた事業で使用されていた経営資源の引継ぎを含むものである。経営資源とは，事業を継続する上で欠かせない資源のことであり，ヒト・モノ・カネ・情報が企業の4大経営資源といわれている。事業承継においても，当然この経営資源の引継ぎが行われるが，特に重要なのは事業を適切に運営し成果を上げるための仕組み，すなわちマネジメントの承継である。このため，事業承継における経営資源の引継ぎは，マネ

198

Ⅱ－3　成長のストラクチャー編

図表Ⅱ-5-3　経営者の引退と事業承継の概念図

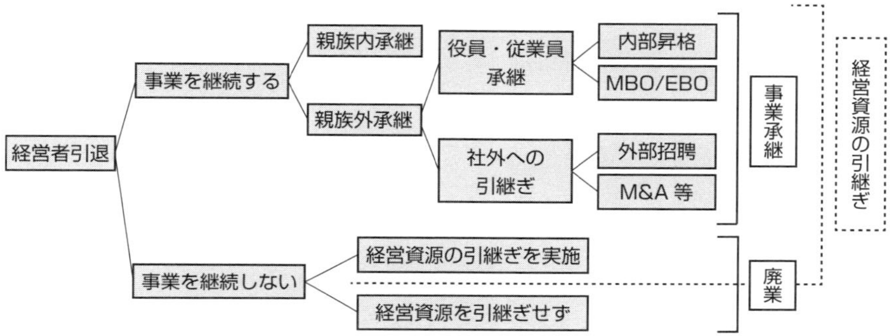

```
                    ┌─ 親族内承継 ─┐ ┌ 役員・従業員 ┐ ┌─ 内部昇格 ─┐ ┐
        ┌ 事業を継続する ┤              │ │   承継    │ ├─ MBO/EBO ─┤ │ 事  │ 経営
        │           └─ 親族外承継 ─┘ └         ┘ └         ┘ │ 業  │ 資源の
経営者引退 ┤                                                       ├ 承  │ 引継
        │                       ┌ 社外への ┐ ┌─ 外部招聘 ─┐ │ 継  │ ぎ
        │                       │  引継ぎ  ├─ M&A 等 ──┤ ┘
        │           ┌ 経営資源の引継ぎを実施 ┐              ┐
        └ 事業を継続しない ┤                                ├ 廃業
                    └ 経営資源を引継ぎせず  ┘              ┘
```

出所：中小企業白書（2019）に基づき作成

ジメント，実資産，情報資産の3つの項目に分けられる。

1）　マネジメントの承継

　経営権，後継者の選定，後継者育成，経営理念，経営者の信用などであり，トップマネジメントとして会社を牽引する次世代の経営者が引き継ぐべき経営資源である。

2）　実資産の承継

　株式，事業用資産（設備・不動産など），資金（運転資金・借入れなど），従業員など，実際に引き継ぐ**ハード資産**であり，従業員については雇用の維持という観点からの引継ぎを意味する。

3）　情報資産の承継

　企業文化，従業員の技術や技能，ノウハウ，取引先との人脈，顧客情報，知的財産権（特許や実用新案など），許認可，ブランドなどの**ソフト資産**であり，事業を継続することで築き上げられた知的資産，情報資産のことである。

②　事業承継のパターン

　経営者が引退した後も事業を継続することが事業承継であり，主に親族内承継，役員・従業員承継，社外への引継ぎ（M&A など）の3つのパターンがある。

199

第Ⅱ部　企業成長

1）　親族内承継：経営者の子息子女をはじめとした親族への承継

　現経営者の子息子女をはじめとした親族に承継させる方法で，中小企業における事業承継のこれまでの基本パターンであった。内外の関係者に心情面で受け入れられやすいこと，後継者が早期に決定しているため引継ぎなどに関する長期の準備期間が確保可能であること，相続などにより財産や株式を後継者に移転できるため所有と経営の一体的な承継が期待できることなどのメリットがある。

2）　役員・従業員承継：「親族以外」の役員・従業員への承継

　親族以外の役員や従業員に承継する方法である。内部昇格は，株式を親族が保有しつつ，社内の人材を後継者として任命する方法である。株式を継承する方法としては，経営陣が株式を取得し事業承継を行う **MBO**（Management Buy Out）と従業員が株式を取得し事業承継を行う **EBO**（Employee Buy Out）があるが，基本的に株式を取得し経営権の譲渡を受ける点で大きな違いはない。社内で長い間働いてきた従業員の中で，経営者としての能力のある人材を見極めることができること，そのような従業員が承継することで経営方針の一貫性を保つことができることなどのメリットがある。

3）　社外への引継ぎ（M＆Aなど）：株式譲渡や事業譲渡による承継

　社外の第三者（企業や創業希望者など）へ**株式譲渡**や**事業譲渡**などにより承継を行う方法である。親族や社内に適任者がいない場合でも，広く後継候補者を外部に求めることができる。また，現経営者は会社売却の利益を得ることができるなどのメリットがある。事業譲渡には，事業の一部譲渡も含まれる。

③　事業承継の動向

　全国47都道府県に設置されている事業承継，M&Aの公的支援機関である**事業承継・引継ぎ支援センター**での一貫したサポート体制の構築など，政策支援の効果により徐々に事業承継は進みつつあるが，その取り組み状況は地域や業種などによって大きく異なることが指摘されている。後継者不在率について，全国的には低下傾向となっているが，状況が悪化している地域も3分の1以上あり，地域間格差がみられる。業種についても，「運輸・通信」や「製造」などは比較的改善が進んでいるものの，「建設」や「小売」では後継者不在率

の水準が依然として高い状況となっている。

　事業承継の状況としては，**親族内承継**の割合が急速に落ち込んでいる。前述した通り子息子女がいる場合でも，家業にとらわれない職業選択，事業の将来性や生活の安定性などに対する不安の高まりなど，子ども側だけでなく親である現経営者の価値観の多様化が影響している点が指摘できる。反面，従業員承継や社外への引継ぎが増加傾向となっている。**従業員承継**については，これまで大きな課題であった資金力の問題について，税制の配慮や政策支援によるスキームの浸透などにより，実施しやすい環境が整ってきた。**社外への引継ぎ**については，企業規模の大小を問わずM&Aを活用して事業承継を実施する事例が，法人のみならず個人事業主においても増加傾向となっている。事業承継・引継ぎ支援センターの全国配置や，中小企業のM&Aを専門に扱う民間のM&A仲介企業などが増加し，M&Aに対する認知度が高まったことが一因である。

(3) M&Aの活用

① M&Aとは

　M&Aとは，「Mergers（合併）and Acquisitions（買収）」の略称であるが，広く会社法の定める組織再編（**合併**や**会社分割**）に加え，**株式譲渡**や**事業譲渡**を含み，各種手法による事業の引継ぎ（譲り渡し・譲り受け）を含むものとされ，事業承継における社外への引継ぎの有効な手段として注目を集めている。組織再編と統合の概念は，図表Ⅱ-5-4の通りである。大きく資本移動の有無

図表Ⅱ-5-4　組織再編・統合の概念図

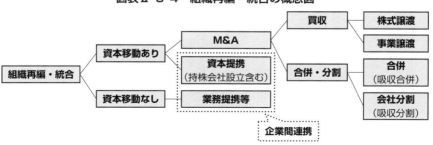

出所：中小企業白書（2018）に基づき作成

第Ⅱ部　企業成長

で分類される。「資本移動あり」において，M&Aは相手企業の支配権を取得して組織再編を行うことを目的とし，経営権を取得できる割合で株式の取得を目指す。資本提携は，一般的に経営権の取得に及ばない範囲で株式を取得し，各社の独立性を保持する。「資本移動なし」は，資本移動のない業務提携など，企業間連携による企業の経営戦略などとして行われている。M&Aの買収には株式譲渡と事業譲渡があり，合併・分割には合併と会社分割がある。

1)　株式譲渡

　譲渡企業側の株主が，保有している発行済株式を**譲受企業**に譲渡する手法であり，譲渡企業が譲受企業の子会社になるイメージである。譲渡企業の株主（基本的に経営者も）が変わるだけで，会社組織はそのまま引き継ぐ形となり，会社の資産，負債，従業員や社外の第三者との契約，許認可などは原則存続し，手続きも他の手法に比べ相対的に簡便である。

2)　事業譲渡

　譲渡企業が有する事業の全部または一部（工場，機械設備，店舗，土地などの資産や負債に加え，ノウハウや知的財産権なども含む）を譲受企業に譲渡する手法である。資産，負債，契約および許認可などを個別に移転させるため，債権債務，契約関係，雇用関係，許認可を，ひとつひとつ債権者や従業員の同意を取りつけて切り替えていかなければならず，不動産の登記手続や許認可の新規取得なども必要とされ，手続きが煩雑になることが一般的である。他方で，個別の事業・財産ごとに譲渡が可能なことから，譲渡企業によっては事業の一部を手元に置いておく対応も可能となり，一方で譲受企業にとっては特定の事業・財産のみを買収できるため，簿外債務・偶発債務のリスクを遮断しやすいなどのメリットがある。

3)　合併（吸収合併）

　会社法が定める組織再編手続の1つであり，2つ以上の会社を1つの法人格に統合する手法である。会社の全資産負債，従業員などを譲受企業に移転し，譲渡企業は消滅する。原則として譲渡企業の株式は，譲受企業の株式に一定の比率で交換される。法的に1つの法人になることから結合は強くなる一方で，合併しようとする企業同士の雇用条件の調整や，事務処理手続の一本化などが

煩雑，困難になることも想定される。また，簿外債務・偶発債務にも注意する必要がある。

4) 会社分割（吸収合併）

複数の事業を行っている会社が，原則としてある事業部門のみを子会社または兄弟会社として切り出し，その一方の会社を譲受企業に株式譲渡，または合併（吸収合併）する手法で，会社法が定める組織再編手続の1つである。労働契約承継法によって，一定の要件を備えた場合，従業員の現在の雇用がそのまま確保される。また，契約関係や許認可などについても，個別手続などにより新会社へ移転できるものがある。譲受企業にとっては，特定の事業部門のみを買収できるため効率的というメリットもある。

② 中小企業のM&Aの目的とプロセス

図表Ⅱ-5-5の通り，2011年以降M&Aの件数は基本的に増加傾向であり，2022年には4,304件と過去最多を更新しており，そのトレンドは継続している。また，中小企業の事業承継の手段としてM&Aが増加傾向にあり，急速

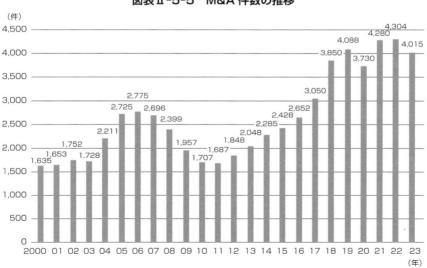

図表Ⅱ-5-5　M&A件数の推移

出所：中小企業白書（2024）（レコフM&Aデータベースより中小企業庁作成）などに基づき作成

第Ⅱ部　企業成長

な高齢化の進展と**2025年問題**が顕在化する中，中小企業によるM&Aの件数は一層増加するものと見込まれている。これは，前述の通り後継者難による休廃業・倒産の増加や事業承継における親族内承継の減少に伴い，従業員承継や社外への引継ぎが増加傾向となり，従業員承継におけるMBOやEBOを含め，M&A手法を用いた事業承継を実施する割合が増えたことが要因となっている。

　中小企業におけるM&Aの主な目的は，事業の継続（事業承継）であるが，そのことによって，事業の成長・拡大，技術・ノウハウの獲得，生産性の向上，経営の効率化，財務指標の改善，資金調達の円滑化などの効果が期待できる。近年M&Aに関しては，**M&A仲介会社**を介して実施されることが多くなってきている。M&A実施に至るまでの主なプロセスは，①M&Aの必要性の認識，初期検討・相談，事業者の選定，②企業価値の算出，マッチング・候補企業の検討，M&Aに向けた経営改善，③相手企業との面談・基本合意，④最終条件調整・成約，⑤M&Aの実施，統合作業である。中小企業が事業承継の手段としてM&Aを選択し，円滑に推進するためのポイントとしては，目的の明確化，状況に応じたM&A手法の選択（公的支援，仲介会社活用，単独実施など），企業価値の正確な把握と経営改善，従業員や取引先などステークホルダーに対する配慮，情報管理の徹底などがあげられる。

　M&Aによる企業統合の効果として，それぞれの企業が単独で事業を行うよりも大きなパフォーマンスを生み出す**シナジー効果**がある。それによって，生産性の向上や効率化だけでなく，既存事業分野の深掘りや，新たな市場への展開，新たな製品・サービスの創出，新事業分野への展開を図ることが期待される。しかし，そのような戦略的取り組みを成就させるためには，M&A後に相乗効果が発揮できるような統合組織を構築する必要がある。そのための手法として，**PMI**（Post Merger Integration）がある。PMIは，主にM&A成立後に行われる企業内の統合作業であり，M&Aの目的を実現させ，組織統合の効果を最大化させるためのもので，M&AにおいてはPMIの取り組みが最重要といわれている。PMIの取り組み領域としては，**経営統合**，**信頼関係構築**，**業務統合**の3つがあげられる。

204

Ⅱ−3　成長のストラクチャー編

1）　経営統合

異なる企業文化，経営方針のもと事業運営を行っていた複数の事業や企業の方向性，経営体制，仕組みなどの統合。

2）　信頼関係構築

組織・文化の融合に向けた取り組みで，経営理念の浸透や従業員の相互理解，取引先，地域住民や行政などステークホルダーとの関係構築など。

3）　業務統合

事業（開発・製造，調達・物流，営業・販売）や管理・制度（人事，会計・財務，法務）といった職能やオペレーションなどに関する統合。

PMI を推進し M&A を成功裡に導くためには，M&A の目的の明確化や譲渡企業・譲受企業双方の現状把握なども含め，M&A の検討段階から PMI 推進を前提とした対応を進めることが肝要となる。

コラム
求められるスピード経営

企業支援の場でも，また事業承継においても，環境変化の激しい現在においては，スピード経営が求められています。M&A は，スピード経営の中でも，特に「時間を買う」戦略だといわれています。すなわち，1 から新規事業を立ち上げるのは人材やコストがかかり，当然そのために多くの時間を費やします。その時間を，現在「立ち上がっているビジネス」を買収することで，その事業を瞬時に手に入れることができるのです。シリコンバレーに立地するコンピューター・ネットワーク関連機器企業の雄であるシスコシステムズの元 CEO ジョン・モーグリッジは，「M&A は時間を節約する唯一の手段だ」と述べています。

スピード経営のもう 1 つの核心は，素早い決断です。日本初の総合警備会社であるセコムの創業者飯田亮は，「経営とはチャレンジとスピードである」と述べています。ある会社に「一緒に仕事をしよう」と話を持ちかけたとき，その会社からその案件を 4 ～ 5 日後の役員会に提出するので待ってほしいと

第5章　企業支援と事業継続

第Ⅱ部　企業成長

いわれ，その意思決定の遅さに仕事を取りやめにしたといっています。企業の永続的な成長は，いかに競争相手に先んずるかが重要なのです。そのためには，常に環境の変化（＝チェンジ）に敏感でなくてはなりません。

　皆さんも，何をやって，何をやらないのか，即断する癖をつけることが大切です。時間は待ってはくれません。

やってみよう！　チャレンジ課題

1. 社会全体の富を増大させるために，なぜ産業政策が必要なのか。特に，中小企業政策の必要性の観点から説明してください。

2. 事業承継の必要性と，近年の事業承継の特徴について説明してください。また，中小企業における事業承継の事例を WEB などで調べ記述した上で，自分自身が事業承継をする場合，特に注意したいポイントについて自分の考えを述べてください。

3. M&A による起業が増加傾向となっています。M&A による起業の事例を WEB などで調べ 1 つ取り上げて説明するとともに，自分自身のキャリアとして M&A 起業を考えた場合，将来設計や手順をイメージして，具体的なストーリーを記述してください。

第6章
企業間分業と
エコシステム

「みんないっしょに育ったんだよ，
　いやまさに。そしてそれがすべて，
　実にいい結果となった。」

. . . .

フレッド・ターマン（Fred Terman）〈1900–1982〉
スタンフォード大学電気工学教授で副学長を務めた。教え子がシリコ
ンバレーを代表する数々の企業を設立し，当地で半導体産業を興した
ウィリアム・ショックレーと並び「シリコンバレーの父」と称される。

Summary

　企業成長を成し遂げる制度的，構造的な側面としては，国の産業政策や企
業支援だけでなく，個々の企業の事業活動における関係性や事業活動を取り
巻く環境が重要な要件となります。近年はそのような企業活動を，生態系に
当てはめて分析するエコシステムの概念が取り上げられています。

　本章では，事業活動における企業間の関係性について，まず取引構造とし
ての企業間分業と系列取引，特に日本的系列取引と下請分業構造に言及しま
す。その上で，エコシステムの概念を基盤としつつ，国際的に競争力のある
産業や起業活動が活発な地域は，産業集積やクラスターといった産業ネット
ワークやスタートアップ・エコシステムといえる地理的なまとまりに結実す
るという構造的側面について解説します。

第Ⅱ部　企業成長

1 企業間分業と系列取引

（1）　事業活動のプロセスと企業間の分業

　企業の事業活動はプロセスとして捉えることができる。図表Ⅱ-6-1は，製品の原材料から顧客に使用されるまでのプロセス（工程）を表したものである。基本的に製品は鉄鉱石や原油などの鉱物資源，海産物資源，農産物資源といった原材料から，部品成型，組立といった製造工程を経て販売され，顧客の利用に供される。川の流れに例え，原材料掘削に近い**上流工程**（川上）から販売・顧客利用という**下流工程**（川下）までのプロセスとして表現される。この上流から下流へのプロセスは，特定の製品における**垂直的な**捉え方である。事業活動におけるモノの流れとして捉えた場合，**サプライチェーン***といえる。また，製品A（例えば自動車），製品B（例えばエアコン）などの異なる製品の特定のプロセス（組立など）は，事業活動の**水平的な**捉え方となる。企業間の分業はこのような事業活動のプロセスの中で生じている。

　企業間の分業が生じる主な理由としては，①市場規模の拡大と，②技術水準の向上があげられる。「近代経済学の父」といわれるアダム・スミスの命題の通り，分業の程度は市場の大きさに規定される。**市場規模の拡大**は，分業による生産効率の上昇を要請し，生産性の向上によるコストダウンが実現される。芸術性を有する工芸品などでは，1人ですべての生産工程をこなすクラフト型熟練職人の技が求められるが，大量生産が必要な製品では，生産工程を分け，それぞれ別の作業者が担当する**分業制**をとることで生産性の向上を図ることができる。

　技術水準の向上は，2つの側面から捉えられる。1つは**生産の標準化**によるものである。製品の**ドミナント・デザイン**が決定することで，工程間の技術水

Keyword ･･･

*サプライチェーン（Supply Chain）「供給の連鎖」の意味で，原材料の調達，生産，流通，販売という最終消費者に提供されるまでの一連の物流プロセスのこと。

Ⅱ-3 成長のストラクチャー編

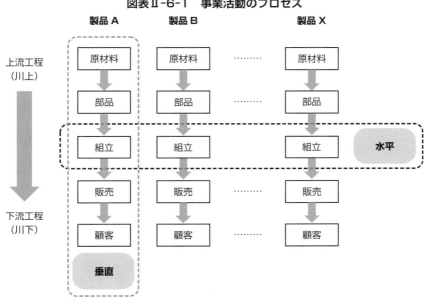

図表Ⅱ-6-1　事業活動のプロセス

準が標準化し，部品などの規格化の進展により**互換性**が確保され大量生産が可能となる。部品の規格化は，当該部品の生産に特化した専門企業の誕生を生み，企業間の分業が進むことになる。自動車（ガソリン車）は，3万点以上の部品から構成されているといわれ，自動車産業は完成車メーカーを頂点とし，多数の専門部品メーカーが重層的に連なる幅広い分業構造となっている。もう1つは，技術や市場の変化のレベルや速度，専門性，柔軟性によるものである。先端産業や映像産業，アニメ，ゲーム，高度サービス分野など，技術進歩が激しく**専門性**が要求される業界は企業間の分業が進んでいる。例えばハリウッドを中心とした映画産業は，VFX（視覚効果）や音響効果などコンテンツ制作全般において高度な**分業体制**が構築されており，それぞれの企業が専門分野に特化した製品・サービスを提供している。

(2) 日本的系列取引と下請分業構造

製造業，特に日本のリーディング産業ともいえる**加工組立型**業種である機械

第Ⅱ部　企業成長

　金属工業の一般的な工程は，素材，成形工程，除去工程，仕上工程，組立工程からなる。上流工程から入手した部品を加工することによって付加価値を加え，下流工程へ納入するというプロセスが繰り返されるため，外部から部品などを購入する**中間投入比率**は企業規模が拡大するほど高まる傾向にある。すなわち，組立・販売を中核とする日本の大企業は，外部調達に依存している比率が高い点が指摘できる。このようなナショナル・ブランドを持つ大企業を頂点とし，**ピラミッド型の分業構造**を基本とした長期的な取引関係のことを**日本的系列取引**という。その代表的な産業は自動車産業や電気機器産業であるが，その実態は1980年代後半から大きく変容してきている。

　日本的系列取引は，**下請分業構造**ともいわれている。全工程が多段階に細分化され，生産工程の一部をより規模の小さい企業に委ねる分業の連鎖を特徴としている。大企業から中規模企業，中規模企業から小規模企業へと連続的に続いていることで全体として1つの生産システムを形成しているのである（図表Ⅱ-6-2）。

　下請企業とは，特定の「規模」の大きな企業から業務を「受託」している企業であり，特定の企業への依存度が高い中小企業である。従来，日本では製造業の系列取引の中で下請分業構造が進展し，日本製造業の国際競争力を支える

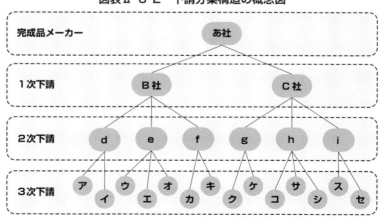

図表Ⅱ-6-2　下請分業構造の概念図

出所：中小企業庁（2013）

210

サプライヤー・システムとして注目される存在であった。日本型サプライヤー・システムとは，自動車産業における自動車メーカーと部品供給メーカーからなる企業間関係（分業のパターン）であり，その取引関係が**QCD**（Quality：品質，Cost：費用，Delivery：納期）を劇的に改善・向上させ，日本自動車メーカーの国際競争力強化の源泉になった。下請分業構造の意義として，下請企業のメリットは，「安定的受注」，「製品開発力」，「ブランド力」などであり，親企業のメリットは，「専門的技術力」，「柔軟性・機動性」などをあげることができる。その関係性は，「**所有なきコントロール**」といわれ，親企業からの資本関係を有せず，親企業の持つ経営資源の希少性やその資源への依存度など，親企業からの直接的，間接的な影響力やコントロールが中心であった。しかし，1985年のプラザ合意による円高局面以降，親企業の海外展開（**アジアシフト**）による産業の空洞化が進展し，製造業の下請企業は絶対数，下請企業比率ともに減少局面となっている。また，近年のグローバル化やICT化の進展といった外部環境の変化に対応し，長期安定的な取引関係から，多数の取引先との多面的な取引関係への移行（**取引構造のメッシュ化**）も指摘されている。

　加えて，日本経済の産業構造の変化に伴い，近年の下請企業に関しては，製造業のみならず他の業種における下請企業の存在がクローズアップされている。中小企業庁は，他社が主業として行う製造，修理，プログラム作成の受託以外の情報成果物の作成，役務提供という受託取引を行った企業を受託事業者としているが，ここではこの受託事業者を下請企業と同義として取り扱う。図表Ⅱ-6-3の通り，業種別に下請企業が多いのは情報通信業（36.2%），製造業（17.4%），運輸，郵便業（12.5%）であり，情報通信業の割合が高くなっている。情報通信業，いわゆるIT産業は人材派遣的な事業運営が多く，他社のシステム開発部門に常駐し，システム開発，保守・メンテナンスやネットワーク管理業務などを受託する企業が多く存在しており，専門分野に特化した分業体制となっている点が指摘できる。運輸，郵便業においては，日本郵便やヤマト運輸などの宅配大手が個人事業主を含む中小企業に配送業務を委託しており，トラック業界においても多重下請構造の実態が指摘されている。製造業においては，加工組立型業種の中間生産財分野である金属製品や機械器具製造業の下

第Ⅱ部　企業成長

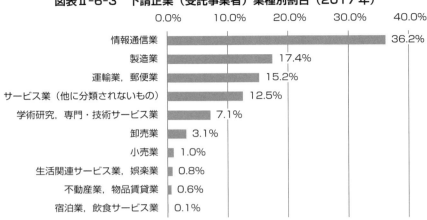

図表Ⅱ-6-3　下請企業（受託事業者）業種別割合（2017年）

※法人・個人の合計値より算出している。
※業種別の受託事業者割合は「各業種の受託事業者数／各業種の母集団事業者数×100」で算出している。
出所：中小企業白書2020年

請企業比率が低下している反面，情報通信機器製造業における割合が高くなっており，日本経済の産業構造の転換がうかがわれる。近年，主要な生産機能は中国を中心としたアジア諸国が担っており，日本国内にある下請製造業は，修理，保守・メンテナンス，サービス業務などに主力業務が移転していることも考えられる。

　下請取引は一般的な商取引との違い内部的，特殊的な取引のため，業務を発注する側から，優先的な地位を使って下請企業に不当な要求をする行為である「**下請いじめ**」が生じることがある。産業構造の転換に伴い下請企業の業種構成が変化する中で，下請取引も業種による相違が見られるようになった。このため，中小企業庁においては，「下請適正取引等の推進のためのガイドライン」を制定した上で，中小企業が抱える取引上のトラブルの相談窓口として「**下請かけこみ寺**」を展開するとともに，「下請代金支払遅延等防止法」や「下請中小企業振興法」に基づき，下請事業者の利益を保護し，取引の適正化を推進する活動を展開している。

Ⅱ-3 成長のストラクチャー編

2 産業集積とビジネス・エコシステム

（1） エコシステムとは

　エコシステム（Ecosystem）とは，日本語では生態系と訳され，ある地域に生息するすべての生物とそれを取り巻く環境との相互作用や関係を包括的に捉えた概念で，動植物の食物連鎖や物質循環といった生物群の循環システムを表している。主に ICT 産業において，分業と協業によって共生するビジネスのネットワークを，この生態系のアナロジーで分析する**ビジネス・エコシステム**が提唱され，その後ビジネスにおけるさまざまな関係を説明する用語として用いられている。それは，ビジネス・エコシステム，企業エコシステム，地域エコシステム，イノベーション・エコシステム，スタートアップ・エコシステムなどである。ビジネスとしてエコシステムを捉える場合，企業や人，ノウハウ，資金などが集積することで高い生産性を生むような「状態」や「場」としての地理的空間を指す場合や，特定の企業を中心とした強いネットワークの構造を指すことが多い。

　産業の地理的集積については，以前より**産業集積**，産業クラスターとして，集積内の相互作用やネットワーク関係による産業競争力の構築が認められてきた。マーシャル（A. Marshall）の地域特化産業や「森と木」のアナロジーは，産業の地理的集積の効用と外部経済性に焦点を当てたものであり，「森と木」のたとえはまさにエコシステムといえる。また，ノーベル経済学者のクルーグマン（P. Krugman）も産業の地理的集中の優位性（空間経済学）を指摘している。**産業クラスター**は，経営戦略論の大家マイケル・ポーター（M. Porter）が提唱した産業の地理的集積の概念である。加えて，既存の都市区分に限定されない地理的範囲内でのイノベーションの創出・普及を促進する概念として**地域イノベーションシステム**（RIS）が提示されている。

　ここでは，日本の地域産業，産地，産業集積を概観した上で，産業クラスターの概念を紹介する。また，地理的集積の代表的な地域として，第三のイタリアとシリコンバレーを取り上げる。加えて，近年注目を集めているスタート

213

アップ・エコシステムの概要を説明する。

(2) 地域産業の概要

地域産業とは，地域企業の事業活動の総称である。地域企業とは，本社（ないしは本店）を特定の地域に置き，その事業活動において立地地域と何らかの関係を有する企業である。地域内にある多様な資源を活用したり，地域独自のニーズに根ざした製品・サービスを提供するなど，その事業活動において地域の独自性，優位性を活かしている企業といえる。地域の独自性とは，当該地域の環境や保有資源で構成される（図表Ⅱ-6-4）。このような地域環境，地域資源を強みとして事業活動を展開している企業が地域企業で，その業種構成を表したものが**地域産業**といえる。

地域産業と類似した用語として**地場産業**がある。一般的にはこの用語が使われていることが多く，全国各地にご当地の地域企業を支援する機関として地場産業振興センターなどが展開されている。地場産業の特徴としては，主として消費財を立地地域に限らず全国あるいは海外に販売し，一般的に産地を形成していることが多いとされている。すなわち，地場産業の集積が**産地**といえる。

図表Ⅱ-6-4 地域資源・地域環境の内容

①**地理環境**	気候風土，地理的条件など
②**天然資源**	原材料（鉱物など），観光資源，農水産物など
③**インフラ**	道路，鉄道・バス，土地・建物，水道・ガス・電気，情報通信網など
④**社会環境**	高齢化率，人口減少率，労働力構造など
⑤**産業構造**	基礎素材製造業，部品・外注業者，最終製品製造業，卸・小売業，市場（顧客），機械・設備業者，金融機関など
⑥**ビジネスサービス**	専門サービス（法律，税務，経営コンサルタント），オフィスサービス，行政など
⑦**教育・研究**	研究機関，人材育成機関など
⑧**人的資源**	従業員などの人材

出所：田中（2010）

（3） 産業集積とは

　産業集積とは，地理的に近接した特定の地域内に多数の企業が立地するとともに，各企業が受発注取引や情報交流，連携等の企業間関係を生じている状態である。この意味合いで，産業集積は，広義には製造業の集積だけでなく，商店街や温泉地，リゾート地などの商業やサービス業の集積も含む用語であるが，狭義には製造業の集積を指し，特別な場合を除き製造業の集積を表している。

　以前より日本における産業集積の類型は，①**産地型集積**，②**城下町型集積**，③**工業地帯型集積**に分類されてきた。工業地帯型集積は，都市部の工業地帯周辺に立地する都市型集積と，政府や自治体の工業団地などの誘致による進出工場型集積に分けられる。

① 産地型集積

　産地型集積とは，同一の立地条件のもとで同一業種に属する製品を生産し，市場を広く全国や海外に求めて製品を販売している企業の集積である（図表Ⅱ-6-5）。全国で600弱の産地が確認されている。業種構成は，繊維，雑貨・その他，食料品，窯業・土石など，**消費財**を中心に日本に古くから存在する**軽工業**が主流で，地域内の原材料，労働力，技術等の経営資源に依存した事業活動を展開している。半数近くが明治時代以前に形成された伝統産業であり，窯業・土石，雑貨・その他，繊維等は古くからの産地が多い。このように産地の歴史は古く，各地の特産品が基盤となり，長い間培われた伝統的技術が継承されてきた。

　しかし，需要構造の変化や東アジア地域の低価格輸入品との競争激化等が要因となり，出荷水準のピークが1985（昭和60）年以前である産地が半数以上に及び，出荷額の減少，それに伴う企業数の減少が続いている。特に，熟練技術者・技能工の確保難が顕在化しており，一般労働者の確保も含め，人口減少局面において産地の厳しい状況がうかがわれる。

第Ⅱ部　企業成長

図表Ⅱ-6-5　主な地場産業，産地の例

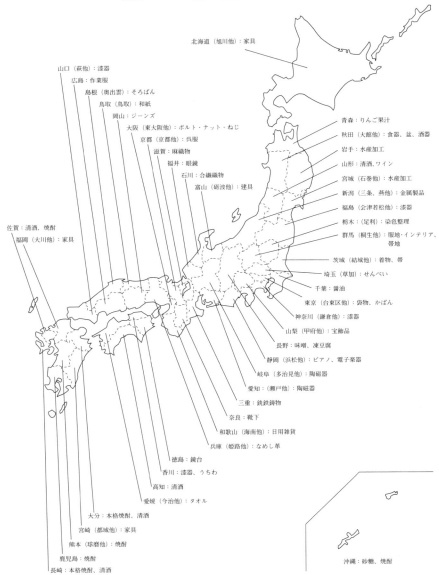

※都道府県ごとに主な産地を掲載。県名のみの記載は県内一円。
出所：平井（2006）

Ⅱ－3 成長のストラクチャー編

② 城下町型集積

城下町型集積は，大企業の生産拠点の周辺に下請企業が立地している集積である。**企業城下町**といわれるように，特定の大企業の量産工場（城）を中心に部品などを供給する下請企業群が近接地域に立地している。城となる特定の大企業が地域経済の中核的存在となり，地域の商工業などの経済活動に影響を与えている。中核事業所の業種は，パルプ・紙，化学，鉄鋼などの**基礎素材型産業**，自動車，電気機器などの**加工組立型産業**が中心であるが，食料品などの生活関連型産業でも見受けられる。王子製紙の苫小牧市（北海道），UBE（化学メーカー）の宇部市（山口県），日本製鉄，日本製鋼所の室蘭市（北海道），トヨタ自動車の豊田市（愛知県），日立製作所の日立市（茨城県），キッコーマンの野田市（千葉県）などがあげられる。苫小牧市王子町，豊田市トヨタ町など立地場所の住所に企業名がつけられている地域も見受けられる。1980年代後半以降，親企業（城の主）の海外移転や生産停止等による地域産業の空洞化の影響により，需要の減少に見舞われている地域も多い。すなわち，失われた30年を通じて，大企業を中心にこれまで諸外国の範ともなっていた，ピラミッド型の日本的系列構造の見直しが進められてきたのである。

③ 工業地帯型集積

産地型，城下町型集積以外で製造業が集中立地している地域であり，主に東京や大阪等の大都市圏の工業地帯の周辺に，小規模企業を中心に機械・金属等の部品加工型の企業が集積しているため**都市型集積**ともいわれる。都市型集積は，東京都城南地域（大田区），大阪府東大阪地域（東大阪市）に代表される。他の集積と同様に，1980年代後半からの有力企業の地方および海外への展開，都市部の地価高騰，**3K**（キツイ，キタナイ，キケン）職種への若年層離れによる慢性的人手不足等の要因により，長期的な事業所数の減少を招き「**技術の歯抜け状態**」と称される局面となり，集積全体として機能の低下が継続している。ただし，新たな取り組みとして自社製品の開発や集積内企業との柔軟なネットワーク型分業により，研究開発重視の新しいタイプの集積を指向しているところもあり，その動向が注目されている。

また，地域産業の空洞化や製造機能の弱体化への政策的な対応として，工業

第Ⅱ部　企業成長

団地の整備などによる自治体の企業誘致活動や産業再配置計画の推進によって形成された集積を，**進出工場型集積**と呼んでいる。岩手県北上川地域が著名であったが，近年は国内への製造機能の回帰が一部の地域で見られ，海外企業も含め大規模な生産機能を有する主力工場の進出による地域経済の活性化が期待されている。特に半導体産業の動きが活発であり，世界最大級の半導体メーカーである台湾 TSMC の熊本への進出，日本で次世代の最先端半導体を量産することを目指して 2022 年 8 月に設立された Rapidus（ラピダス）の北海道千歳地域への進出が注目されている。これらの事例は，新たな城下町型集積の形成を予見させるものとも捉えられる。

（4）　産業クラスター

　産業クラスターは，地域産業発展の目玉として多くの国の産業政策に取り上げられてきた。その概念は，ポーターの競争戦略論を基盤としたクラスター理論であり，基本的に特定産業の地理的近接性に基づく競争優位性に焦点を当てたものである。

　クラスター（Cluster）とは，「房，塊，一団，群れ，群集，束，結合」などを表す言葉であり，産業クラスターは「企業の塊，群れ」となる。産業クラスターとは，特定分野における関連企業，専門性の高い供給業者，サービス提供者，関連業界に属する企業，関連機関（大学，規格団体，業界団体など）が地理的に集中し，競争しつつ同時に協力している状態であり，共通性や補完性によって結ばれている相互に関連した集団を指す。クラスターの概念は標準的な産業分類システムよりも幅が広く，企業間や産業間の重要なつながりや補完性，技術，スキル，情報，マーケティング，顧客ニーズなどの**スピルオーバー**（溢出効果）を的確に捉えることを目的としている。クラスターという視点は，競争の促進という観点から，同一の産業や業種だけでなく，その関連産業や上流・下流工程にある産業，公的支援機関などを含め，経済活動を 1 つのシステムとして捉えており，その地理的広がりは，既存の都市や行政区分に限らず多様である。

　ある国または地域が特定産業において，国際的に成功すること（**国の競争優位**）の源泉は，その国（地域）の企業が競争する環境を形成し，競争優位の創

造を促進する以下の4つの決定要因（**国の「ダイヤモンド」**）に求められる。
- **要素条件**：ある任意の産業で競争するのに必要な熟練労働またはインフラストラクチャといった生産要素における国の地位
- **需要条件**：製品またはサービスに対する本国（当該地域）市場の需要の性質
- **関連・支援産業**：国（当該地域）の中に，国際競争力を持つ供給企業と関連産業が存在するかしないか
- **企業の戦略，構造およびライバル間競争**：企業の設立，組織，管理方法を支配する国内条件および国内のライバル間競争の性質

図表Ⅱ-6-6の通り，これらは相補的な相互強化システムとなっている。加えて，**「チャンス」**と**「政府の役割」**という2つの追加変数がこのシステムに

図表Ⅱ-6-6　ダイヤモンド・フレームワーク（立地の競争優位の源泉）

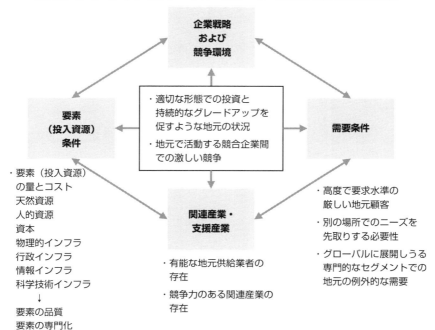

出所：Porter（1998）

第Ⅱ部　企業成長

重要な影響を与えている。また，国内（地域内）の**ライバル間競争**は「ダイヤモンド」全体のグレードアップを促進し，産業の**地理的集中**は「ダイヤモンド」内部の相互作用を高揚し増大させる。そして，これら4つの決定要因が1つの動態的システムとなった競争力の強い産業は，国内全体に均等に分布するのではなく，いろいろなつながりで関連した産業からなる「**クラスター**」という産業集団（かたまり）に結実する。

「ダイヤモンド」を構成する4つの決定要因が，動態的な相互強化システムとして機能するとき，クラスター内の産業は持続的でスピードのある「向上とイノベーション」が達成できる。このようにクラスターに持続的な成長と繁栄をもたらすものは，クラスター内での活発なイノベーションの達成である。そして，その源泉は以下の6つの促進機能に整理できる。すなわち，①産業固有の知識や技術の貯蔵庫，②産業固有の公的・私的投資（公共財），③イノベーションへの明確な方向性（焦点），④アイデアとイノベーションのフィードバックループ（スパイラルに展開），⑤競争のプレッシャー，⑥新規事業（創業）の苗床である。クラスター内では，このような機能が複雑に重なり合って，内部での活発で持続的なイノベーションを促進している。

(5)　第三のイタリアと柔軟な専門化

古来よりイタリアには歴史的に根深い地域間格差があり，先進地域としての（豊かな）「北イタリア」と，後進地域である（貧しい）「南イタリア」という「2つのイタリア」の構図で語られてきた。しかし，工業の三角地帯を形成するイタリア産業の中心部である「北西部」を大規模企業中心の「第一のイタリア」とし，農業が主要産業で経済活力が乏しい「南部・島部」を「第二のイタリア」として，手工業や中小企業を中心として自立的発展を遂げた地域である「中部・北東部」が注目を集めるようになり，「**第三のイタリア**」と呼ばれるようになった（図表Ⅱ-6-7）。この地域の発展の軸は，「**生産の専門化**」と「**地理的集積**」であり，手工業を含む中小・零細企業からなる入り組んだ生産システムを持ち，企業間の相互補完的関係がきわめてフレキシブルであるといった特徴を持つ。

すなわち，「第三のイタリア」では，一定業種の職人企業と中小企業が集積

Ⅱ−3　成長のストラクチャー編

図表Ⅱ-6-7　３つのイタリア

第一のイタリア

自動車などの大企業，
機械工業製品

〈主な都市〉
トリノ，ジェノヴァ，ミラノ

〈主な企業〉
フィアット（トリノ）
プラダ（ミラノ）
アルマーニ（ミラノ）
テレコムイタリア（ミラノ）
コスタ・クルーズ（ジェノヴァ）

第二のイタリア

農産物，ワイン，観光，
マフィアなど

〈主な都市〉
ナポリ，アマルフィ，パレルモ

第三のイタリア

革製品，家具・木工品，繊維，
眼鏡，セラミックタイルなどの
伝統工芸，包装機械などの機械
工業を中心とした産地，産業集積

〈主な都市〉
ボローニャ，フィレンツェ，ローマ，
ヴェネツィア，モンテベッルーナ

〈主な企業〉
グッチ（フィレンツェ）
フェラガモ（フィレンツェ）
ランボルギーニ（ボローニャ）
マセラティ（ボローニャ）
ドゥカティ（ボローニャ）
ルクソティカ（ベッルーノ）
フェンディ（ローマ）
ベネトン（ポンツァーノ・ヴェーネト）

出所：大前（2016）

し，ネットワークにより最終製品の生産までの工程を分業する「産地」が形成され，「**柔軟な専門化**（Flexible Specialization）」と呼ばれる企業間関係を利用して，需要や環境の変化に対応することに成功してきた。「柔軟な専門化」とは，「第三のイタリア」の製造業の技術的に精妙で，かつ高度に柔軟なネットワークにより，永続的革新を目指す戦略であり，ニッチ市場における中小規模の企業に適合している。その特質は，技術的にダイナミックで，組織的にフレキシブルな企業間の幅広い水平的・垂直的な業務の分割と，特定の地域において企業間の競争関係より協調関係の発展と維持を重視している点である。そして，このような「産地」は，雇用創出と輸出競争力でめざましい成果を上げるとともに，経済環境の変化に対しても優れた適応性と革新力を見せてきた。

　「第三のイタリア」の産業集積において中心的な役割を担っているのが，オーガナイザー，コンバータ，インパナトーレなどと呼ばれる製品企画やデザイン，マーケティング機能を担いつつ，関係企業への発注によって製造工程全体をコーディネートする企業（**コーディネーター**）の存在である。オーガナイザーは，職人企業との間に需要の変化に柔軟に対応できる「柔軟な専門化」と呼ばれるフレキシブルな分業関係を形成している。また，最終製品の生産に必

第6章 企業間分業とエコシステム

221

第Ⅱ部　企業成長

要な部品等の基盤的な半製品や技術サービスを提供する**サポーティング・インダストリー**も育っているため，製品の多様化と技術革新により市場ニーズへ迅速に対応できる体制にある。コーディネーターは，このような製品の多様化・高度化に伴い調達の国際化も推し進めており，産地内の産業のさらなる高度化が図られている。

図表Ⅱ-6-8の通り，ボローニャの包装機械産業集積（パッケージングバレー）では，コーディネーター企業が中心的な役割を担っており，州政府などの産業支援機関（ERVET）が集積機能を高めるための役割を果たし，さまざまなプレーヤーが連携して競争力を強化している。すなわち，「第三のイタリア」の競争力の源泉は，「柔軟な専門化」に代表される産地内の**組織間ネットワーク**の形成と，そのネットワーク効果を最適化させるため，ネットワーク構成要素を柔軟にコーディネートしている**コーディネーター**の存在に求められる。そして，産地内ネットワーク全体としてグローバル化を指向し，オープン

図表Ⅱ-6-8　ボローニャの包装機械産業集積の仕組み

出所：大前（2016）

Ⅱ-3　成長のストラクチャー編

なネットワークを構築しているのである。

（6）　シリコンバレーの産業ネットワークとエコシステム

　シリコンバレーは幾多の産業編成を繰り返し発展してきた，世界最高の ICT 産業の集積地であり，有力なスタートアップを生み出し続けている。

　シリコンバレーには**地域ネットワーク型**の産業システムが形成されており，ボストンのルート 128 地域における閉鎖的な**独立企業型**の産業システムとの比較がなされてきた（Saxenian，1994）。この 2 つの地域は，1970 年代共にエレクトロニクス革命で世界のトップを走る地域として，世界的な脚光をあびていたが，1980 年代に入ると日本という強力な競争相手の登場等により，いずれも厳しい時代を経験することになる。ところが，80 年代後半以降，両地域の経済に大きな差が生まれはじめた。すなわち，シリコンバレーでは，新しい世代のハイテク産業が相次いで登場し，めざましい成長を見せていくのと対照的に，ルート 128 地域では，80 年代初めに現れた衰退がそのまま進んでゆき，その後も回復する気配はほとんど見られなかったのである。

　シリコンバレーの成立は，**スタンフォード大学**副学長のフレッド・ターマン（F. Terman）のイニシアティブが大きく関わっており，ヒューレット・パッカード（HP）をはじめ，多数の有力企業の創設や育成に関与した。さらに，1953 年に大学の広大な敷地を工業団地としたスタンフォード・インダストリアル・パーク（現在のスタンフォード・リサーチ・パーク）を敷設し，賃料収入と強固な産学連携の基盤を創り上げた。続いて，「シリコンバレーにシリコンを持ち込んだ人物」と称されるウィリアム・ショックレー（W. Shockley，1956 年ノーベル物理学賞受賞）の研究所と，そこから派生したフェアチャイルド・セミコンダクターの存在により，半導体集積回路（IC）の集積地として確固たる地位を築き，東西冷戦下の軍事需要の拡大に後押しされ急成長を遂げた。その後，70 年代後半から 80 年代の日本企業の躍進という一時期を除き，PC とソフトウェア，インターネットと e コマース，スマートフォンと SNS，シェリングエコノミーと主力となる産業が変遷する中，シリコンバレーは常に ICT 産業の世界最先端地域として，産業全体を牽引するイノベーションを創出し光り輝いている。特に，AI，IoT（Internet of Things：モノのイ

第 6 章

企業間分業とエコシステム

223

第Ⅱ部　企業成長

図表Ⅱ-6-9　シリコンバレーの技術と産業の変遷

年代	主要産業	代表的企業	設立年
1930 〜 40	トランジスタと大型コンピュータ	IBM	1911
		ベル研究所	1925
		ヒューレット・パッカード	1939
1950 〜 60	半導体とIC（集積回路）	ショックレー・セミコンダクター研究所	1955
		フェアチャイルド・セミコンダクター	1957
		スタンフォード研究所	1946
		インテル	1968
1970 〜 80	PCとソフトウェア	ゼロックス	1906
		アタリ	1972
		アップル	1976
		オラクル	1977
		マイクロソフト	1975
1990	インターネットとeコマース	ヤフー	1994
		イーベイ	1995
		グーグル	1996
		ペイパル	1998
		セールスフォース	1999
2000 前半	スマートフォンとSNS	アップル	1976
		フェイスブック	2004
		ツイッター	2006
2000 後半〜 10	シェアリングエコノミー	エアビーアンドビー	2008
		ウーバー	2009
		ドアダッシュ	2013
2020 〜	AI，IoT，生成AI	エヌビディア	1993
		オープンエーアイ	2015

出所：ウッザマン，米倉（2021）などに基づき作成

224

Ⅱ-3 成長のストラクチャー編

ンターネット）のみならず，人間の作業を高度に代替する**生成AI**（Generative AI）においても革命的なイノベーションを生み出す地域として，世界中の注目を集めている（図表Ⅱ-6-9）。

シリコンバレーにある事業所の多くが本社であり，拠点性を持った地域であるとともに，その形態別構成をみてみると，著名なグローバル企業だけでなく，中小企業，中堅企業，新興大企業，既存大企業など多様な形態の企業が一定地域内に併存している。その上，起業家的風土が形成されているため，スタートアップなどの参入が活発で，**アクセラレーターやスタートアップ・スタジオ**などの起業家支援機関（後述），ベンチャーキャピタル，法務・技術・経営の専門家など，企業成長のためのインフラが整備されており，M&AやIPOも活発である。加えて，スタンフォード大学をはじめとした大学など教育・研究機関の役割や，アントレプレナーシップを高揚するNPOの存在などがあげられる。この**ソーシャルキャピタル**＊（社会関係資本）による有機的なネットワークが，シリコンバレーの持続的な競争優位の源泉となっている。

シリコンバレーでは，**地域ネットワーク**をベースにした産業システムが構築されている。ネットワークは細かく張り巡らされており，労働市場もオープンであるため，実験的な試みや起業家活動が促進されている。企業は激しく競争しながらも，同時に非公式なコミュニケーションや協力関係を通じて市場や技術の変化について相互に学習を重ねている。また，企業組織は横のつながりを重視する**緩やかな連結**形態であり，社内の部門間，社外の供給業者や顧客との横のコミュニケーションもスムーズである。ネットワーク型システムでは，社内の職能間の垣根，企業と企業の垣根，企業と業界団体や大学など地域のさまざまな組織との垣根も，同じように低くオープンである。この**ネットワーク型産業システム**がシリコンバレーの強みであり，スタートアップを続々と生み出す**スタートアップ・エコシステム**の代表的な事例として注目されている。

Keyword ・・・

＊ソーシャルキャピタル 「グループ内部またはグループ間での協力を容易にする共通の規範や価値観，理解を伴ったネットワーク」（OECDの定義）のこと。

225

第Ⅱ部　企業成長

（7）　スタートアップ・エコシステムへの注目

　スタートアップの叢生と成長が国の経済成長に大きな影響を及ぼすとの世界的な認識の高まりから，シリコンバレーを範としたスタートアップ・エコシステムへ注目が集まっている。**スタートアップ・エコシステム**とは，地理的な独自性・特殊性を有するものであり，その地域に存在し活動するさまざまな主体や要因（風土，自然環境，社会基盤，社会的・制度的・文化的環境など）の相互作用によって，スタートアップの急激な成長が育まれるシステムといえる。その構成要素は，地域における文化・風土や起業家活動（アントレプレナーシップ）の歴史という**文化的特性**，投下資本，メンターやロールモデル，人材，人的ネットワークという**社会的特性**，政府（政策），大学，起業支援サービス（アクセラレーター，インキュベーターなど），インフラストラクチャ，開放的市場などの**制度的（物質的）特性**の3つに分類できる。特に図表Ⅱ-6-10 の通り，スタートアップを取り巻くビジネス・エンジェル（個人投資家），ベンチャーキャピタル，アクセラレーターによる金融およびビジネス支援，有力アカデミア（大学などの教育・研究機関）やテクノロジー（ICT 産業）大手からの技術ならびに金融支援，弁護士，弁理士，デザイナー，コンサルタントなどの専門家による法律，技術，ビジネス支援などの有機的な展開が**ソーシャルキャピタル**となり，自律的でスパイラルな地域繁栄のメカニズムを形成している。

　スタートアップ・エコシステムが，スタートアップの連続的な創出を育む主な要因は，スタートアップにとって事業の継続，成長のための重要な資源へのアクセスが容易になる点である。これは，資金や人材へのアクセスの容易性だけでなく，ビジネス・エンジェルやロールモデル（先輩起業家），アカデミアとの接触によって得られる知識やノウハウ，起業家仲間やメンターとの会話などによって得られるビジネス・アイデア創出機会という「**リサイクルシステム**」（起業の連鎖）が重要である。特に身近に起業家が多数存在し，創業経験者に出会える機会が豊富にある点は，スタートアップ創出の後押しとなる。加えて，この**地理的近接性**による重要な経営資源へのアクセスの容易性は，関係者間の信頼関係を醸成することで，ビジネス創造の**取引コスト**低減にも貢献している。

226

Ⅱ-3　成長のストラクチャー編

図表Ⅱ-6-10　シリコンバレーのエコシステム

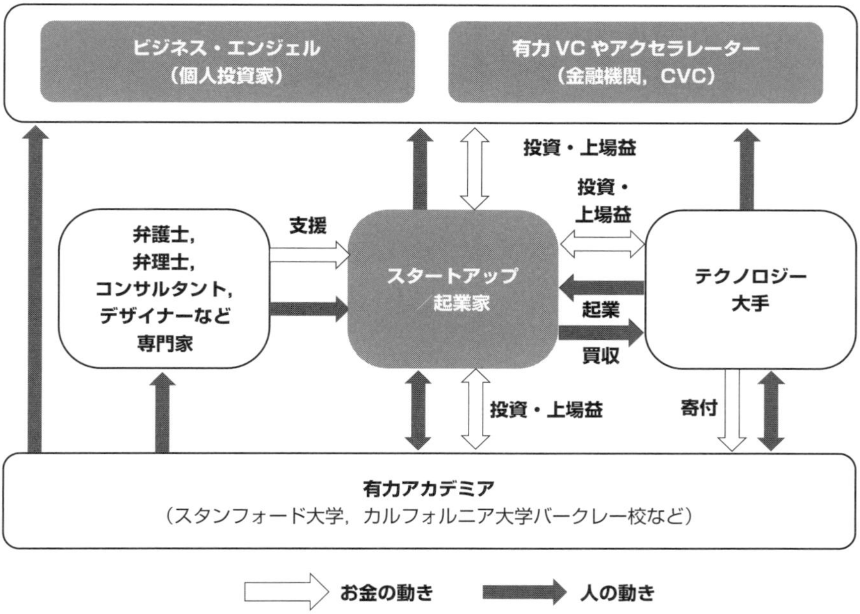

```
┌─────────────────────────┐  ┌─────────────────────────┐
│   ビジネス・エンジェル      │  │   有力VCやアクセラレーター  │
│   （個人投資家）           │  │   （金融機関，CVC）         │
└─────────────────────────┘  └─────────────────────────┘

                    投資・上場益
                         投資・
                         上場益

┌──────────┐  支援   ┌──────────┐          ┌──────────┐
│ 弁護士，    │ ─────→ │          │   起業    │          │
│ 弁理士，    │        │スタートアップ│ ─────→ │ テクノロジー│
│ コンサルタント，│ ═══→ │ 起業家     │   買収    │ 大手      │
│ デザイナーなど │        │          │          │          │
│ 専門家     │        └──────────┘          └──────────┘
└──────────┘            投資・上場益        寄付

┌─────────────────────────────────────────────┐
│            有力アカデミア                        │
│  （スタンフォード大学，カルフォルニア大学バークレー校など）  │
└─────────────────────────────────────────────┘

        ⇒ お金の動き    ➡ 人の動き
```

出所：日経ビジネス（2021年8月30日号）に基づき作成

第6章　企業間分業とエコシステム

　スタートアップ創出における関係者間の柔軟なネットワークの形成は，以前から指摘されていたが，特に近年その存在が注目されているのが**アクセラレーター**と**スタートアップ・スタジオ**である。従来，創業を支援する機関として，インキュベーターが取り上げられてきた。**インキュベーター**（Incubator）とは，温度を一定に保ち卵を孵化する装置のことであり，そこから企業を生み出す，すなわちスタートアップを支援するためのさまざまな機能を提供する機関，制度，仕組みを表す用語となった。日本では，創業スペースや設備，インフラなどのハード面を支援する機関が中心となり，一定の効果は見られるものの，スタートアップ・エコシステムを創出するまでには至っていない。

　アクセラレーター（accelerator）とは，「加速させるもの」を意味する用語で，そこから派生し「スタートアップや起業家をサポートし，事業成長を促進する人材・団体・プログラム」を指す言葉である。2005年にシリコンバレー

第Ⅱ部　企業成長

で設立されたYコンビネーターを筆頭に，近年世界中で急速な広がりを見せている。アクセラレーターは，アクセラレータープログラムを展開することにより，スタートアップの急成長を後押しする機関である。アクセラレータープログラムでは，まずビジネス・アイデアを有するスタートアップを募り，その中から優れたアイデアを選定し少額の投資をする。その後，概ね3カ月程度の期間でスクールを通じて集中的に教育コンテンツやメンターシップを提供し，徹底的なアイデアのブラッシュアップを行う。そして最終的にデモ・デイ（Demo Day）と呼ばれる投資家を集めた成果発表会で投資を募り，事業を急拡大させるという一連のプログラムを推進している。Yコンビネーターのプログラムからは，これまでにエアビーアンドビー，ドロップボックス，ストライプ，ドアダッシュといった，世界有数のユニコーン企業が多数生み出されている。

　スタートアップ・スタジオは，主に資金面や人材面を中心として起業家を支援する組織であり，ハリウッドのスタジオ（**ハリウッドモデル**）のビジネス版といえる。ハリウッドのスタジオには，監督，脚本家，演出家，カメラマン，照明，編集など，映画製作に必要なすべてのリソースが揃っている。スタートアップ・スタジオには，デザイナー，エンジニア，マーケター，経営のプロ（**シリアル・アントレプレナー**）などの各専門家が在籍し，起業家のビジネス・プロジェクトを支援し，事業化を実現して成長を後押しする。資金調達面でのサポートもあり，起業に必要なリソースが揃っている環境で伴走型の支援を受け，スタートアップの立ち上げを目指すことができる。

　スタートアップ・エコシステムの形成は，日本においてもその取り組みが見られる。特に，東京都はスタートアップ創出支援に積極的であり，VCや企業，大学，行政が連携し，スタートアップを支援する新拠点「**東京イノベーションベース（TIB）**」を2024年から展開している。スタートアップ・エコシステムについては，いまだ明確な定義が定まっているわけではなく，**起業支援システム**についても，インキュベーター，アクセラレーター，スタートアップ・スタジオなど，さまざまな取り組みが行われている。このような混沌とした状態が，スタートアップを生み出す土壌となる。まさに，さまざまな枠組みが複雑に絡み合うことで新しい結合（新結合），すなわち創造的破壊が成し遂げられる。そこにスタートアップ・エコシステムの本質がある。

Ⅱ－3　成長のストラクチャー編

コラム
シリコンバレーのダイバーシティ（多様性）

　シリコンバレーの地域的優位性の1つとして，多くの人種を受け入れている多様性があります。シリコンバレーには，インド，台湾，中国出身のエンジニア（専門職）が多く，台湾やインドにおいては，シリコンバレーの生産ネットワークと深く接合されたハイテク産業地域が登場しており，民族コミュニティの色彩を帯びる国際的ネットワークの中で，シリコンバレーの持続的繁栄が成し遂げられています。

　例えば，世界最大のファウンドリー*であるTSMCの創業者のモリス・チャンは，アメリカ留学後エンジニアリング・マネジャーの職を経て，帰国後台湾で創業しています。シリコンバレーでも，生成AIを軸とする新たな「産業革命」の中核を担う半導体メーカーであるエヌビディアの創業者ジェンスン・ファンは台湾出身です。グーグルの持ち株会社アルファベットのCEOスンダー・ピチャイはインド出身です。このように，シリコンバレーでは，インド系，中華系の経営者・起業家が多く存在しています。

　日本は，長らく単一民族国家で，日本語を主体とした社会システムが基盤となっていましたが，長く続く閉塞感を打ち破り日本再生を果たす新たなビジネス・エコシステムを創出するためには，多様な人種を受け入れるダイバーシティが求められています。

　皆さんも内向き志向にならず，さまざまなダイバーシティを受け入れる柔軟な思考・習慣を身につけましょう。

第6章　企業間分業とエコシステム

Keyword

＊ファウンドリー（Foundry）　半導体チップの製造を他社からの委託で請け負う製造専業の半導体メーカーのこと。

229

第Ⅱ部　企業成長

やってみよう！　チャレンジ課題

1. 日本的な系列取引について，自動車産業を事例として，その内容と特徴を具体的に説明してください。

2. なぜ特定の地域に，特定の産業が集積し，競争力のある優れた製品を生み出しているのでしょうか。その要因を説明するとともに，日本における事例を調べて，その誕生の経緯，競争力の源泉，優位性の要因を記述してください。

3. シリコンバレーの地図を，有力企業などの所在地も含め WEB などで調べ，簡単に書き出してください。その上で，シリコンバレーの凄さの秘訣を，自分自身の考えで，少なくとも 10 以上あげて説明してください。

参考文献

【和文献】

赤松要（1956），「わが国産業発展の雁行形態 ―機械器具工業について」『一橋論叢』
　　1-Nov-1956，日本評論新社

アニス・ウッザマン，米倉誠一郎（2021），『シリコンバレーは日本企業を求めている ―
　　世界が羨む最強のパートナーシップ』ダイヤモンド社

植田浩史・桑原武志・本多哲夫・義永忠一・関智宏・田中幹大・林幸治（2014），『中小
　　企業・ベンチャー企業論（新版）―グローバルと地域のはざまで』有斐閣

大前研一（2016），『イタリア＆世界に学ぶ地方創生 ―日本の地方は世界を見よ！』（大
　　前研一ビジネスジャーナル No.11）good.book

加藤厚海・福嶋路・宇田忠司（2023），『中小企業・スタートアップを読み解く ―伝統と
　　革新，地域と世界』有斐閣

加藤雅俊（2022），『スタートアップの経済学 ―新しい企業の誕生と成長プロセスを学ぶ』
　　有斐閣

加藤希尊（2018），『はじめてのカスタマージャーニーマップワークショップ ―「顧客視
　　点」で考えるビジネスの課題と可能性』翔泳社

清成忠男編訳：J.A. シュンペーター（1998），『企業家とは何か』東洋経済新報社

清成忠男・中村秀一郎・平尾光司（1972），『ベンチャー・ビジネス ―頭脳を売る小さな
　　大企業』日本経済新聞社

忽那憲治・長谷川博和・高橋徳行・五十嵐伸吾・山田仁一郎（2022），『アントレプレ
　　ナーシップ入門〔新版〕―ベンチャーの創造を学ぶ』有斐閣

栗原康太（2022），『新規事業を成功させる PMF の教科書 ―良い市場を見つけ，ニーズ
　　を満たす製品・サービスで勝ち続ける』翔泳社

後藤俊夫（2012），『ファミリービジネス ―知られざる実力と可能性』白桃書房

後藤康雄（2014），『中小企業のマクロ・パフォーマンス』日本経済新聞社

コミュニティビジネスサポートセンター（特定非営利活動法人）Web Site，https://
　　cb-s.net/

清水洋（2022），『アントレプレナーシップ』有斐閣

総務省（2017，2018，2020），『情報通信白書』（平成 29 年版，平成 30 年版，令和 2 年
　　版）https://www.soumu.go.jp/johotsusintokei/whitepaper/index.html

竹内弘嵩・楠木健（2007），『イノベーションを生み出す力』ゴマブックス

田所雅之（2017），『起業の科学 ―スタートアップサイエンス』日経 BP

田所雅之（2020），『起業大全 ―スタートアップを科学する 9 つのフレームワーク』ダイ
　　ヤモンド社

田中史人（2004），『地域企業論 ―地域産業ネットワークと地域発ベンチャーの創造』同
　　文舘出版

田中史人 (2006), 「成熟化社会に向けた企業家精神とイノベーション」大平義隆編著『変革期の組織マネジメント ―理論と実践』同文舘出版

田中史人 (2009a), 「事業創造とマーケティング」黒田重雄ほか『現代マーケティングの理論と応用』同文舘出版

田中史人 (2009b), 「北海道企業の競争力と成功への道標 ―流通・サービス業に見る躍進企業の成功要因と未来への指針」北海学園大学経営学部ニトリ寄附講座運営委員会『北海道発流通・サービスの未来』中西出版

田中史人 (2010), 「地域企業の分析視点と分析視点と成長企業の成功要因に関する一考察」『商工金融』第 60 巻第 11 号, 商工総合研究所

田中史人 (2011), 「日本企業のイノベーション戦略」林正樹編著『現代日本企業の競争力 ―日本的経営の行方』ミネルヴァ書房

田中史人 (2012), 「企業の寿命と長寿企業に関する一考察」『商学論纂』第 53 巻第 5・6 号, 中央大学商学研究会

田中史人 (2018), 「ベンチャービジネスの本質」石嶋芳臣・岡田行正編著『経営学の定点（増補改訂版）』同文舘出版

田中史人 (2020), 「スタートアップのエマージェント・メソッドに関する考察」『工業経営研究』Vol.36, No.2, 工業経営研究学会

谷本寛治・大室悦賀・大平修司・土肥将敦・古村公久 (2013), 『ソーシャル・イノベーションの創出と普及』NTT 出版

中小企業庁 (2011, 2013, 2014, 2017, 2018, 2019, 2020, 2021, 2023, 2024), 『中小企業白書（対象年版）』https://www.chusho.meti.go.jp/pamflet/hakusyo/index.html（出版物あり）

中小企業庁 (2022), 『事業承継ガイドライン（第 4 版）』https://www.chusho.meti.go.jp/zaimu/shoukei/download/shoukei_guideline.pdf

中小企業庁 (2022), 『中小 PMI ガイドライン ―中小 M&A を成功に導くために』https://www.chusho.meti.go.jp/zaimu/shoukei/download/pmi_guideline.pdf

中小企業庁 (2023), 『中小 M&A ガイドライン（第 2 版）―第三者への円滑な事業引継ぎに向けて』https://www.chusho.meti.go.jp/zaimu/shoukei/download/m_and_a_guideline.pdf

中小企業庁 (2023), 『中小 M&A ガイドライン（第 2 版）参考資料』https://www.chusho.meti.go.jp/zaimu/shoukei/download/m_and_a_guideline_s01.pdf

NEDO (2016, 2018, 2020), 『オープンイノベーション白書』（初版, 第二版, 第三版）https://www.nedo.go.jp/library/open_innovation_hakusyo.html

野中郁次郎・紺野登 (2003), 『知識創造の方法論 ―ナレッジワーカーの作法』東洋経済新報社

一橋イノベーション研究センター (2001), 『イノベーション・マネジメント入門』日本経済新聞出版社

平井昌夫 (2006), 「『産地』の変貌と今後の方向 ―環境変化と求められる『地場性』を活かす市場戦略」『信金中金月報』第 5 巻第 10 号, 信金中央金庫総合研究所

松田修一（2014），『ベンチャー企業　第4版』日経BPマーケティング

山田幸三・江島由裕（2017），『1からのアントレプレナーシップ』碩学舎

吉田満梨・中村龍太（2023），『エフェクチュエーション ―優れた起業家が実践する「5つの原則」』ダイヤモンド社

渡辺幸男・小川正博・黒瀬直宏・向山雅夫（2022），『21世紀中小企業論（第4版）―多様性と可能性を探る』有斐閣

【洋書】

Abernathy, W.J. and K.B. Clark (1985), "Innovation: Mapping the winds of creative destruction", *Research Policy*, Vol.14, Issue 1.

Blank, S. (2013), *The Four Steps to the Epiphany*, K & S Ranch. （堤孝志ほか訳『アントレプレナーの教科書［新装版］』翔泳社，2016）

Boyett, J.H. and J.T. Boyett (2001), *The Guru Guide to Entrepreneurship: A Concise Guide to the Best Ideas from the World's Top Entrepreneurs*, John Wiley. （加登豊ほか訳『経営パワー大全 ―最強起業家に学ぶ，戦略と実行のマネジメント』日本経済新聞社，2003）

Branscomb, L.M. (2003), "National Innovation Systems and US Government Policy", International Conference on Innovation in Energy Technologies, Harvard University.

Bygrave, W. and A. Zacharakis (2008), *Entrepreneurship*, Wiley. （高橋徳行ほか訳『アントレプレナーシップ』日経BP社，2009）

Chesbrough, H. (2003), *Open Innovation: the New Imperative for Creating and Profiting from Technology*, Harvard Business School Press. （大前恵一朗訳『Open innovation ―ハーバード流イノベーション戦略のすべて』産業能率大学出版部，2004）

Chesbrough, H., W. Vanhaverbeke and J. West (2008), *Open Innovation: Researching a New Paradigm*, Oxford University Press. （長尾高弘訳『オープンイノベーション ―組織を越えたネットワークが成長を加速する』英治出版，2010）

Christensen, C.M. (1997), *The Innovator's Dilemma: When New Technologies Cause Great Firms to Fail*, Harvard Business School Press. （伊豆原弓訳『イノベーションのジレンマ ―技術革新が巨大企業を滅ぼすとき』翔泳社，2000）

Christensen, C.M. et al. (2016), *Competing Against Luck: The Story of Innovation and Customer Choice*, Harper Business. （依田光江訳『ジョブ理論―イノベーションを予測可能にする消費のメカニズム』ハーパーコリンズ・ジャパン，2017）

Collins, J. (2009), *How The Mighty Fall: And Why Some Companies Never Give In*, Jim Collins. （山岡洋一訳『衰退の五段階 ―ビジョナリー・カンパニー3』日経BP社，2010）

Craig, J.B. and K. Moores, (2017), *Leading a Family Business: Best Practices for Long-Term Stewardship*, Praeger. （東方雅美訳『ファミリービジネス経営論 ―ビジネススクールで教えている』プレジデント社，2019）

Deibel, W. (2018), *Buy Then Build: How Acquisition Entrepreneurs Outsmart the Start-up Game*, Lioncrest Publishing.（神田昌典ほか訳『「買収起業」完全マニュアル ―ベンチャー立上げリスクを回避する「新・起業法」』実業之日本社，2021）

Drucker, P.F. (1954), *The Practice of Management*, Harper & Row.（上田惇生訳『現代の経営（上・下）』ダイヤモンド社，2006）

Drucker, P.F. (1966), *The Effective Executive*, Harper Collins Publishers.（上田惇生訳『経営者の条件』ダイヤモンド社，2006）

Drucker, P.F. (1974), *Management: tasks, responsibilities, practices*, Harper & Row.（上田惇生訳『マネジメント ―課題，責任，実践（上・中・下）』ダイヤモンド社，2008）

Drucker, P.F. (1985), *Innovation and Entrepreneurship: Practice and Principles*, Harper & Row.（上田惇生訳『イノベーションと企業家精神 ―実践と原理』ダイヤモンド社，2007）

Drucker, P.F. (1986), *The Frontiers of Management: Where Tomorrow's Decisions are being Shaped Today*, Truman Talley Books.（上田惇生ほか訳『マネジメント・フロンティア ―明日の行動指針』ダイヤモンド社，1986）

Drucker, P.F. (1992), *The Ecological Vision: Reflections on the American Condition*, Routledge.（上田惇生ほか訳『すでに起こった未来 ―変化を読む眼』ダイヤモンド社，1994）

Dyer, J., H. Gregersen and C.M. Christensen (2011), *The innovator's DNA: mastering the five skills of disruptive innovators*, Harvard Business Review Press.（櫻井祐子訳『イノベーションのDNA ―破壊的イノベータの5つのスキル』翔泳社，2012）

Flamholtz, E.G. and Y. Randle (2000), *Growing Pains: Transitioning from an Entrepreneurship to a Professionally Managed Firm*, Jossey-Bass.（加藤隆哉ほか訳『アントレプレナーマネジメント・ブック ―MBAで教える成長の戦略的マネジメント』ダイヤモンド社，2001）

Foster, R. (1986), *Innovation: The Attacker's Advantage*, Summit Books.（大前研一訳『イノベーション ―限界突破の経営戦略』TBSブリタニカ，1987）

GEM (2009, 2010, 2013, 2015, 2018, 2022, 2023), Global Entrepreneurship Monitor (target year) GLOBAL REPORT, http://www.gemconsortium.org/report

Gersick, K.E., J.A. Davis, M.M. Hampton and I. Lansberg (1997), *Generation to Generation: Life Cycles of the Family Business*, Harvard Business School Press.（犬飼みずほ訳『オーナー経営の存続と継承 ―15年を超える実地調査が解き明かすオーナー企業の発展法則とその実践経営』流通科学大学出版，1999）

Geus, A.D. (1997), *The Living Company*, Harvard Business School Press.（堀出一郎訳『企業生命力』日経BP社，2002）

Govindarajan, V. and C. Trimble (2012), *Reverse innovation*, Harvard Business Review Press.（渡部典子訳『リバース・イノベーション ―新興国の名もない企業が世界市場を支配するとき』ダイヤモンド社，2012）

Greiner, L.E. (1998), "Evolution and Revolution as Organizations Grow", *Harvard Business Review*, Vol.76, Issue 3, HBR CLASSIC.

Hippel, E. (2005), *Democratizing Innovation*, The MIT Press. (サイコム・インターナショナル監訳『民主化するイノベーションの時代』ファーストプレス, 2006)

Hughes, K.H. (2014), *Small Business is Big Business in America*, Wilson Center (http://www.wilsoncenter.org/publication/small-business-big-business-america)

Kalbach, J. (2016), *Mapping Experiences: A Guide to Creating Value through Journeys, Blueprints, and Diagrams*, O'Reilly. (武舎広幸ほか訳『マッピングエクスペリエンス —カスタマージャーニー, サービスブループリント, その他ダイアグラムから価値を創る』オライリー・ジャパン, 2018)

Kim, W.C. and R. Mauborgne (2015), *Blue Ocean Strategy, Expanded Edition: How to Create Uncontested Market Space and Make the Competition Irrelevant*, Harvard Business Review Press. (有賀裕子訳『ブルー・オーシャン戦略 —競争のない世界を創造する』ダイヤモンド社, 2015)

Kotler, P. and G. Armstrong (2001), *Principles of Marketing*, 9th ed., Prentice Hall. (和田充夫監訳『マーケティング原理 —基礎理論から実践戦略まで』ダイヤモンド社, 2003)

Lee, C., W.F. Miller, M.G. Hancock and H.S. Rowen (2000), *The Silicon Valley Edge: A Habitat for Innovation and Entrepreneurship*, Stanford University Press. (中川勝弘ほか訳『シリコンバレー —なぜ変わり続けるのか』日本経済新聞社, 2001)

Maurya, A. (2012), *Running Lean: Iterate From Plan A to a Plan That Works*, 2nd ed., O'Reilly. (角征典訳『Running Lean —実践リーンスタートアップ』オライリー・ジャパン, 2012)

Moore, G.A. (1999), *Crossing the Chasm: Marketing and Selling High-Tech Products to Mainstream Customers*, Rev. ed., Harper Business. (川又政治訳『キャズム—ハイテクをブレイクさせる「超」マーケティング理論』翔泳社, 2002)

Moore, G. A. (2014), *Crossing the Chasm: Marketing and Selling Disruptive Products to Mainstream Customers*, 3rd ed., Harper Business. (川又政治訳『キャズム ver.2—新商品をブレイクさせる「超」マーケティング理論』翔泳社, 2014)

Neck, H.M., C.G. Brush and P.G. Greene (2021), *Teaching entrepreneurship, Volume Two: A Practice-Based Approach*, Edward Elgar Pub. (島岡未来子ほか訳『世界一のアントレプレナーシップ育成プログラム —革新的事業を実現させるための必須演習43』翔泳社, 2023)

Nonaka, I. and H. Takeuchi (1995), *The Knowledge-Creating Company: How Japanese Companies Create the Dynamics of Innovation*, Oxford University Press. (梅本勝博訳『知識創造企業』東洋経済新報社, 1996)

O'Reilly Ⅲ, C. and M. Tushman (2004), "The ambidexterous organization", *Harvard Business Review*, April. (酒井泰介訳「『双面型』組織の構築」『DIAMOND ハー

バード・ビジネス・レビュー』2004年12月号）

O'Reilly Ⅲ, C. and M. Tushman（2016）, *Lead and Disrupt: How to Solve the Innovator's Dilemma*, Stanford Business Books.（入山章栄監訳『両利きの経営 ―「二兎を追う」戦略が未来を切り拓く』東洋経済新報社, 2019）

Ohmae, K.（1982）, *The mind of the strategist: the art of Japanese business*, McGraw-Hill.（田口統吾ほか訳『ストラテジック・マインド ―変革期の企業戦略論』プレジデント社, 1984）

Osterwalder, A. and Y. Pigneur（2010）, *Business Model Generation: A Handbook for Visionaries, Game Changers, and Challengers*, John Wiley & Sons.（小山龍介訳『ビジネスモデル・ジェネレーション ―ビジネスモデル設計書 ビジョナリー, イノベーターと挑戦者のためのハンドブック』翔泳社, 2012）

Osterwalder, A. et al.（2014）, *Value Proposition Design: How to Create Products and Services Customers Want*, Wiley.（関美和訳『バリュー・プロポジション・デザイン ―顧客が欲しがる製品やサービスを創る』翔泳社, 2015）

Piore, M.J. and C.F. Sabel（1984）, *The Second Industrial Divide: Possibilities For Prosperity*, Basic Books.（山之内靖ほか訳『第二の産業分水嶺』筑摩書房, 1993）

Porter, M.E.（1998）, *On Competition*, Harvard Business Review Press.（竹内弘高訳『競争戦略論Ⅰ・Ⅱ』ダイヤモンド社, 1999）

Prahalad, C.K.（2010）, *The Fortune at the Bottom of the Pyramid*, Revised and updated 5th anniversary ed., Wharton School Pub.（スカイライトコンサルティング訳『ネクスト・マーケット［増補改訂版］―「貧困層」を「顧客」に変える次世代ビジネス戦略』英治出版, 2010）

Read, S. and S. Sarasvathy et al.（2017）, *Effectual entrepreneurship*, 2nd ed., Routledge.（邦訳は初版（2011）：吉田孟史ほか訳『エフェクチュアル・アントレプレナーシップ ―創業−すでにここにある未来』ナカニシヤ出版, 2018年）

Reeves, M., K. Haanæs and J. Sinha（2015）, *Your Strategy Needs a Strategy: How to Choose and Execute the Right Approach*, Harvard Business Review Press.（須川綾子『戦略にこそ「戦略」が必要だ ―正しいアプローチを選び, 実行する』日本経済新聞出版社, 2016）

Ries, E,（2011）, *The Lean Startup: How Constant Innovation Creates Radically Successful Businesses*, Portfolio Penguin.（井口耕二訳『リーン・スタートアップ』日経BP社, 2012）

Rogers, E.M.（1983）, *Diffusion of Innovations*, 3rd ed., Free Press.（青池慎一ほか訳『イノベーション普及学』産業能率大学出版部, 1990）

Rogers, E.M.（2003）, *Diffusion of Innovations*, 5th ed., Free Press.（三藤利雄訳『イノベーションの普及』翔泳社, 2007）

Sarasvathy, S.（2008）, *Effectuation: Elements of Entrepreneurial Expertise*, Edward Elgar Pub.（加護野忠男ほか訳『エフェクチュエーション：市場創造の実効理論』碩学舎, 2015年）

Saxenian, A. (1994), *Regional Advantage: Culture and Competition in Silicon Valley and Route 128*, Harvard University Press. (山形浩生ほか訳『現代の二都物語 —なぜシリコンバレーは復活し，ボストン・ルート 128 は沈んだか』日経 BP 社，2009)

Schumpeter J.A. (1926), *Theorie der Wirtschaftlichen Entwicklung.* (塩野谷祐一ほか訳『経済発展の理論』岩波文庫，1977)

Schumpeter J.A. (1950), *Capitalism, Socialism and Democracy*, 3rd ed. (中山伊知郎ほか訳『資本主義・社会主義・民主主義』東洋経済新報社，1995)

Silverstein, D., P. Samuel and N. DeCarlo (2012), *The Innovator's Toolkit: 50+ Techniques for Predictable and Sustainable Organic Growth*, 2nd ed., John Wiley. (野村恭彦ほか訳『発想を事業化するイノベーション・ツールキット —機会の特定から実現性の証明まで』英治出版，2015)

Simon, H. (2009), *Hidden Champions of the Twenty-First Century: The Success Strategies of Unknown World Market Leaders*, Springer. (上田隆穂ほか訳『グローバルビジネスの隠れたチャンピオン企業』中央経済社，2012)

Sinek, S. (2011), *Start With Why: How Great Leaders Inspire Everyone To Take Action*, Portfolio Penguin. (栗木さつき訳『WHY から始めよ！ —インスパイア型リーダーはここが違う』日本経済新聞出版社，2012)

Spinelli, S. and R.J. Adams (2016), *New Venture Creation: Entrepreneurship for the 21st Century*, 10th ed., McGraw-Hill.

Timmons, J. and S. Spinelli (2009), *New Venture Creation: Entrepreneurship for the 21st Century*, 8th ed., McGraw-Hill/Irwin. (邦訳は第 4 版 (1994) のみ：千本倖生ほか訳『ベンチャー創造の理論と戦略』ダイヤモンド社，1997)

Utterback, J.M. (1994), *Mastering the Dynamics of Innovation*, Harvard Business School Press. (大津正和ほか訳『イノベーション・ダイナミクス —事例から学ぶ技術戦略』有斐閣，1998)

Vernon, R. (1966), "International investment and international trade in the product cycle", *Quarterly Journal of Economics*, Vol.80, No.2.

Vogel, E.F. (1979), *Japan as number one: lessons for America*, Harvard University Press. (広中和歌子ほか訳『ジャパンアズナンバーワン —アメリカへの教訓』ティビーエス・ブリタニカ，1979)

Welch, J.F. (2001),「リーダーシップの体現者（第 1 巻）」『CEO EXCHANGE』（日本語字幕版 DVD）

Wessner, C.W. (2003), "Current Trends and Challenges in the U.S. Innovation System: Sustaining Innovation & Growth", Public Policy Support for R&D in France and the United States, The National Academies.

Wessner, C.W. (2013), "Crossing the Valley of Death: The Small Business Innovation Research Program", Technology Caucus, Washington, DC, December 3, 2013, The National Academies.

索　引

【英数】

10 の D	46
2025 年問題	198, 204
3F	102
3K	217
3 つの A	45
3 つの憂慮	5
4P	65

AARRR 指標	90
BOP	53, 183
CAC	95
CPF	64, 69
CSR	180
EBO	200
ELP3 ヶ条	15
ExO	23
GAFA	23
GEM	8, 23, 111
IPO	101, 166
JTBD（片づけるべきジョブ）	64, 67
JTC	174
KJ 法	69
KPI	90, 92, 94, 184
LTV	95
M&A	101, 110, 158, 201, 203
MBO	200
MOT	34
MVP	65, 81, 86, 103
MVV	65, 96, 97
NPO	180, 225
PDCA	100
PEST 分析	98

PMF	20, 65, 93, 95, 103, 112
PMI	204
PSF	65, 70
「P」に囲まれた 4 つの「E」	45
QCD	34, 50, 211
SAM	99
SCAMPER 法	71
SDGs	179
SECI（セキ）	58, 60
SOM	99
SPF	65, 81
STP	28, 65, 99
SWOT 分析	98
TAM	99
TEA	23, 111
UI	87, 128
UX	92
U ターン・I ターン・J ターン	152

【あ】

アーリーアダプター	74, 86
アーリーステージ	100
アイデアソン	57
アイデンティティ	177, 179
アウトソーシング	152
アクション・マトリクス	71
アクセラレーター	225, 227
アトツギベンチャー	169, 171
アントレプレナー	7, 35, 43, 45
アントレプレナーシップ	8, 43, 45, 48
アントレプレナーシップ・プロセス	23, 64
アントレプレナージャーニー	30, 65
暗黙知	58

238

索　引

イグジット ……………………… 101	機会定義 ……………………… 64
異質多元性 …………………… 140	起業家活動 ………………… 8, 13
イノベーション …… 6, 34, 36, 37	起業家教育 …………… 15, 25, 30
イノベーションの機会 ……… 159	企業家的機能 ………………… 36
イノベーションのジレンマ …… 42, 49, 54	起業家的思考 …………… 28, 67
イノベーションの普及 … 109, 126	起業希望者 ……… 10, 14, 23, 30, 64
イノベーター DNA …………… 46	起業実現率 …………………… 10
インキュベーター …………… 227	起業準備者 ……… 10, 15, 23, 30, 64
	企業城下町 …………………… 217
失われた 30 年 …………… 178, 196	企業生存率 …………………… 11
	企業成長の 5 段階モデル …… 116
エコシステム ………………… 213	企業成長マトリクス ………… 131
エノキアン協会 ……………… 174	起業達成率 ……………… 10, 30
エバンジェリスト・ユーザー	起業無関心者 ………………… 11
……… 27, 77, 87, 92, 94, 127	技術の歯抜け状態 …………… 217
エフェクチュエーション	技術のブレークスルー ……… 39
……… 28, 64, 66, 67, 89	基礎素材型 …………………… 217
エマージェント・メソッド	キャズム …………… 94, 111, 128, 133
……… 25, 26, 30, 68, 133	キャズム越え戦略 …… 93, 123, 126, 128
	キャッチアップ ……… 50, 51, 188
オーナー経営 ………………… 150	キャピタルゲイン …………… 101
オープン・イノベーション …… 56	キャリアターゲット ………… 12
オンリーワン企業 …………… 154	急進的イノベーション ……… 41
【か】	共感マップ ……………… 77, 78
	「許容可能な損失」の原則 …… 29, 87
開業率 ………………………… 147	
会社分割 ……………………… 201	国の「ダイヤモンド」………… 219
外部不経済 …………………… 181	クラウドサービス …………… 11
格差の是正 …………………… 190	クラウドファンディング …… 103
隠れたチャンピオン企業 …… 154	クラスター ……………… 218, 220
加工組立型 ……………… 209, 217	グループレンディング ……… 182
カスタマージャーニー …… 30, 77, 79	「クレイジーキルト」の原則 … 30, 89
課題先進国 …………………… 180	クレド …………… 96, 100, 159
価値曲線 ……………………… 74	グローカリゼーション ……… 52
株式譲渡 ………………… 200, 201	グローバルニッチトップ企業 … 154
下流工程 ……………………… 208	
雁行形態論 …………………… 51	軽工業 ………………………… 215
	経済のソフト化・サービス化 … 165

239

形式知 ················· 58	事業承継 ··············· 148, 195, 198
限定合理性 ················· 13	事業承継・引継ぎ支援センター ········· 200
	事業承継型アントレプレナー ······· 148, 195
コア・コンピタンス ················· 152	事業譲渡 ··············· 200, 201
工業地帯型集積 ················· 215	事業創造期起業家 ················· 23
購買力平価 ················· 53	事業創造のプロセス ··············· 64, 103
ゴーイング・コンサーン ··············· 21, 195	事業ドメイン ··············· 20, 97
コーゼーション ················· 28	事業の目的 ··············· 6, 36
コーディネーター ··············· 221, 222	資金調達ラウンド ················· 101
コーポレート・ベンチャー ··············· 171	自己発見 ··············· 64, 66
コーポレート・ベンチャーキャピタル	市場機能促進政策 ················· 189
（CVC） ················· 167	市場機能統制・抑止政策 ················· 189
コーポレートガバナンス ················· 175	市場創造戦略 ················· 136
顧客開発モデル ··············· 27, 77	持続的イノベーション ················· 49
顧客セグメント ················· 74	下請いじめ ················· 212
顧客創造 ··············· 6, 30, 41	下請かけこみ寺 ················· 212
コミュニティビジネス ··············· 182, 183	下請企業 ··············· 210, 217
コモディティ化 ················· 71	下請分業構造 ··············· 190, 210
コンピテンシー ················· 66	シナジー ··············· 21, 204
	老舗企業 ················· 172
【さ】	死の谷 ··············· 112, 123, 124
サービスブループリント ················· 79	地場産業 ················· 214
サクセストラップ ··············· 55, 56	社外への引継ぎ ················· 201
サプライチェーン ················· 208	ジャパン・アズ・ナンバーワン ······· 4, 42
サプライヤー・システム ················· 211	従業員承継 ················· 201
サポーティング・インダストリー ······· 222	収束的思考法 ··············· 69, 70
産業クラスター ··············· 213, 218	柔軟な専門化 ················· 221
産業構造の高度化 ················· 191	「手中の鳥」の原則 ··············· 29, 66, 89
産業集積 ··············· 213, 215	ジョイントベンチャー ················· 57
産地 ················· 214	城下町型集積 ················· 215
産地型集積 ················· 215	小規模企業振興基本法 ················· 194
	上流工程 ················· 208
シーズ・オリエンテッド・	初期起業準備者 ··············· 14, 30
イノベーション ················· 40	初期市場 ················· 95
シードステージ ················· 100	ジョブ・ステートメント ················· 68
事業確立期起業家 ················· 23	ジョブ理論 ················· 67
事業化のジレンマ ················· 123	所有なきコントロール ················· 211
事業機会型 ················· 20	知られざるガリバー企業 ················· 154

索　引

シリアル・アントレプレナー ……………228
シリーズ A, B, C ……………… 101, 103
深化 ……………………………… 19, 55, 56
新結合 …………………………………… 35, 55
進出工場型集積 …………………………218
親族内承継 ………………………………201
信用保証制度 ……………………… 189, 190

衰退の 5 段階 ……………………………118
スイングバイ IPO ………………………103
スタートアップ ………………… 20, 22, 163
スタートアップ・エコシステム
………………………………… 225, 226, 228
スタートアップ・スタジオ … 225, 227, 228
スタートアップ型アントレプレナー … 195
スタートアップの成長 4 段階モデル … 112
ステークホルダー ………………………… 26
スピルオーバー …………………………218
スピンアウト ……………………………164
スモールビジネス ………………… 20, 23
スリーサークルモデル …………………175

生活関連型 ………………………………151
生計確立型 ………………………………… 20
生産性のジレンマ ………………… 39, 42
生成 AI ……………………………… 35, 225
成長の痛み ………………………………113
製品ライフサイクル ……………………108
セグメンテーション ……………………… 99
潜在的起業家 ……………………………… 23
漸進的イノベーション ………………… 41
戦略キャンバス …………………… 71, 74
戦略パレット ……………………………134

創造的破壊 ………………………… 35, 41
創発的戦略 ………………………………136
ソーシャル・アントレプレナー ………182
ソーシャル・イノベーション …………181

ソーシャルキャピタル …………… 225, 226
ソーシャルビジネス ……………… 54, 181
素材・部品型 ……………………………151
組織開発ピラミッド ……………………115
組織間ネットワーク ……………………222

【た】

ダーウィンの海 …………………… 123, 124
ターゲティング …………………………… 99
ターン・アラウンド ……………………136
体系的廃棄 ………………………… 36, 60
第三のイタリア …………………………220
第二創業 …………………………… 169, 171
多能工化 …………………………………151
団塊世代 …………………………………197
探索 ………………………………… 19, 55, 56

地域イノベーションシステム …………213
地域企業 …………………………………214
地域産業 …………………………………214
地域資源依存型ビジネス ………………150
地域中核企業 ……………………………155
地域ネットワーク ………………… 184, 225
地域ネットワーク型 ……………………223
知識創造 …………………………………… 58
中間投入比率 ……………………………210
中堅企業 …………………………… 22, 152
中小企業基盤整備機構 …………………191
中小企業基本法 …………………… 190, 192
中小企業憲章 ……………………………193
中小企業問題 ……………………………188
地理的集積 ………………………………220

ティール組織 ……………………………100
ティッピングポイント …………………… 93

倒産 ………………………………………198
同族経営 …………………………… 150, 154

241

独占禁止法 ································ 189
独立企業型 ······························ 223
都市型集積 ······························ 217
ドミナント・デザイン ··········· 39, 208
トリガー・イベント ··················· 24
取引構造のメッシュ化 ··············· 211
取引コスト ································ 226
トレードオフ ···············39, 176, 181

【な】

ニーズ・オリエンテッド・
　イノベーション ······················· 40
二重構造論 ································ 190
ニッチ ·······························22, 152
ニッチトップ企業 ···············22, 154
日本的経営の三種の神器 ············· 177
日本的系列取引 ························· 210
ニューエコノミー ······················· 42

ネクスト・ボリュームゾーン ········· 54
ネットワーク型産業システム ······· 225
ネットワーク効果（外部性）··· 76, 133, 222

【は】

バーンアウト ······························ 93
バーンレート ······························ 93
バイアウト ································ 110
ハイエンド ································· 49
廃業 ··· 198
廃業率 ····································· 147
破壊的イノベーション ·······42, 49, 170
弾み車の法則 ···························· 118
ハッカソン ································· 57
パックス・アメリカーナ ··············· 43
発散的思考法 ······················69, 70
バブル経済 ·······················5, 166, 192
ハリウッドモデル ······················ 228
バリュー ·······························96, 97

バリュー・イノベーション ············· 71
バリュー・プロポジション ········69, 99

「飛行機の中のパイロット」の原則 ······· 30
ビジネス・エコシステム ·········136, 213
ビジネス・エンジェル
　·············· 101, 102, 112, 124, 226
ビジネス・トランスフォーメーション
　·· 136
ビジョナリー（顧客）··········27, 77, 100
ビジョン ·······························96, 97
ピッチ ····································· 103
ピボット ······························87, 92
ピラミッド型の分業構造 ··············· 210

ファイブ・フォース分析 ············· 135
ファミリービジネス
　··············· 150, 154, 155, 172, 174
フォーチュン・グローバル 500 ········· 144
付加価値額 ································ 142
普及・成長のジレンマ ··············· 123
プラザ合意 ···························4, 192
プラチナ企業 ···························· 155
プランニング・メソッド ··············· 25
ブルーオーシャン戦略 ··············· 71
ブレーンストーミング ··············· 69
プレシード ································ 103
プレマチュアスケーリング ········93, 94
プロセス・イノベーション ············· 37
プロダクト・イノベーション ············ 37
プロダクトサイクル理論 ············· 51
プロフェッショナル企業 ············· 114
分業制 ····································· 208
分散型自律組織（DAO）··············· 100

ペルソナ ·······························77, 79
変化 ··································36, 43, 45, 178
ベンチャーキャピタル ·········164, 165, 226

索　引

ベンチャー三銃士……………………… 166
ベンチャーブーム ………………… 164, 165

萌芽期起業家……………………………… 23
ポジショニング…………………………… 99
ホラクラシー組織……………………… 100

【ま】

マーケティング……………………… 6, 36
まちづくり……………………………… 183
マネジメントシステム………………… 97, 159

ミッション………………………………… 96, 97
ミドルステージ…………………………… 100

メインストリーム市場…………………… 95, 127
メガベンチャー………………………… 22, 171

モスクワ・メソッド（MoSCoW Method）
　………………………………………………… 88

【や】

ユーザー・イノベーション……………… 28, 92
ユニコーン………………………………… 133, 228
ユニットエコノミクス…………………… 94, 95

緩やかな連結…………………………… 225

予実管理…………………………………… 92

【ら】

ライフステージ………………………… 108
ライフステージ戦略………… 123, 137, 141

リード・ユーザー………………………… 28, 92
リーン・スタートアップ………………… 28, 86
リーンキャンバス………………………… 74
リサイクルシステム……………………… 226
リスクマネー………………… 164, 170, 189
立地依存型ビジネス……………………… 150
リテラシー………………………………… 66
リバース・イノベーション……………… 51
両利きの経営………………… 21, 54, 132
両利きのリーダーシップ………………… 56

レイターステージ……………………… 100
「レモネード」の原則………………… 29, 157

ローエンド………………………………… 49
ロールモデル………… 12, 48, 66, 126, 157, 226
ローンチ…………………………………… 19

プラスα情報のご案内

本書の内容をさらに深めることのできるテンプレートや参考情報など，プラスα情報を公開しています。
右記のQRコードより弊社ウェブサイトをご覧ください。
https://www.dobunkan.co.jp/books/detail/003406

243

【著者紹介】

田中　史人（たなか　ふみと）

国士舘大学経営学部，大学院経営学研究科（修士課程，博士課程）教授
博士（経営学），中小企業診断士
主な担当科目：事業創造論，中小・ベンチャー経営，ビジネスプラン
など

学習院大学経済学部経営学科卒業，中央大学大学院商学研究科博士後
期課程修了。
企業の経営企画部門や経営コンサルタントなどの実務に携わった後，
山梨総合研究所主任研究員を経て，北海学園大学経営学部に奉職。
その後，国士舘大学政経学部，経営学部准教授を経て現職。創業セミ
ナーの講師・審査員，中小企業診断士育成支援，商店街活性化や地域
観光交流支援活動などに従事。

主な著書

『経営学の定点（増補改訂版）』（共著）同文舘出版，2018 年
『現代日本企業の競争力―日本的経営の行方』（共著）ミネルヴァ書房，
　2011 年
『現在マーケティングの理論と応用』（共著）同文舘出版，2009 年
『地域企業論―地域産業ネットワークと地域発ベンチャーの創造』同
　文舘出版，2004 年　ほか
e-mail：fumito@kokushikan.ac.jp

2024 年 9 月 18 日　初版発行　　　　　　　略称：事業創造のすすめ

事業創造のすすめ
―起業と成長のマネジメント―

著　者　　ⓒ　田　中　史　人

発行者　　　　中　島　豊　彦

発行所　　**同文舘出版株式会社**

東京都千代田区神田神保町 1-41　〒101-0051
電話 営業(03)3294-1801　編集(03)3294-1803
振替 00100-8-42935
https://www.dobunkan.co.jp

Printed in Japan 2024　　　　　　　製版・印刷・製本：藤原印刷
　　　　　　　　　　　　　　　　　　　　　装丁：オセロ

ISBN978-4-495-39089-1

JCOPY〈出版者著作権管理機構委託出版物〉
本書の無断複製は著作権法上での例外を除き禁じられています。複製される
場合は，そのつど事前に，出版者著作権管理機構（電話 03-5244-5088，FAX
03-5244-5089，e-mail: info@jcopy.or.jp）の許諾を得てください。